Actuel Marx

N° 1 - Premier semestre 1987

L'ÉTAT DU MARXISME

Publié avec le concours de Paris-X Nanterre

Editions L'Harmattan
5-7, rue de l'Ecole-Polytechnique
75005 Paris

Dessin de couverture par **Béatrice Tabah**
d'après Pablo Picasso, suite Vollard, planche 49
L'atelier du sculpteur

L'Harmattan
ISBN : 2-85802-862-1

SOMMAIRE

PRÉSENTATION

Pour les marxistes, l'heure n'est guère aux proclamations. La face du monde change rapidement et plus encore peut-être notre façon de le percevoir et de nous y engager. Mais la théorie ? Ne semble-t-elle pas rester ce qu'elle est, ce qu'elle fut ? Et cela comme par nature, ne pouvant, à la différence de nous-mêmes, devenir autre en restant la même ? Ne se trouve-t-elle pas déjà, dans ses principes, constituée, inscrite dans les livres, monument ? Et nous pouvons avoir l'impression qu'elle nous reste comme un héritage, comme l'instrument de grandes ou terribles œuvres du passé, mais inopérantes dans le dur et complexe présent, et désormais sans objet, à ranger au Musée de nos enfances historiques ?

Crise, donc. Et c'est bien d'elle qu'il faut partir quand on lance une nouvelle revue consacrée au(x) marxisme(s). Car il est vrai que la théorie tend constamment à se constituer en orthodoxie rigide, et que les changements qu'elle connaît sont souvent vécus comme révision-trahison. Le marxisme a déjà derrière lui une longue histoire, dont l'étude relève de la méthode marxiste elle-même, et sur laquelle il reste beaucoup à apprendre.

Désenchantement, scepticisme, révision déchirante, ressentiment. Crise pratique parfois jusqu'à la paralysie. Que faut-il donc faire aujourd'hui pour « faire le socialisme » ? Quelles sont, selon les pays et les continents, les voies de l'émancipation humaine ? Crise théorique, car ce sont ses principes mêmes qui sont ébranlés, c'est leur capacité à rendre compte de la réalité concrète qui est mise en cause. Où chercher « l'économie marxiste » ? Que faut-il faire des théories de la valeur, du capital, des modes de production ? Quel tableau peut-on, sur ces bases, donner des sociétés contemporaines ? Crise particulièrement ressentie dans le domaine du politique : carence, dit-on de divers côtés, des analyses marxistes de l'Etat, de la conception de la démocratie.

Le matérialisme historique, tel qu'il s'est configuré jusqu'à présent de multiples façons, peut-il affronter ces problèmes ? Faut-il le « reconstruire » pour le rendre capable d'intégrer les acquisitions des sciences de l'homme et de la société ? Quelle est sa nature ? Est-ce une philosophie de l'histoire ? Faut-il le débarrasser de toute vision téléologique ? Faut-il l'abandonner en tant que forme ultime de la métaphysique, irrémédiablement rendue caduque par son recours aux catégories de sujet, de progrès historique et par son projet utopique d'émancipation radicale ?

Le marxisme est-il science ou philosophie ? Qu'en est-il du matérialisme dans sa conception de l'histoire ? Que faire de la dialectique quand on se réclame de la scientificité ? S'il faut une forme philosophique au savoir marxiste, quelle est celle qui lui convient aujourd'hui et que peut-elle conserver des traditions antérieures, matérialisme dialectique, philosophie de la praxis, marxisme épistémologique etc ?

A cette crise, avec ses aspects de confusion, d'incertitude mais aussi de déblocage, d'ouverture, répond la mondialisation de la culture marxiste. Une certaine approche de la société — à partir des rapports sociaux qui structurent la production, à partir de la division du travail, des luttes pour l'hégémonie et la domination etc. — est devenue commune à un grand nombre. Le sentiment que notre monde capitaliste ne constitue pas la nature même de toute société, mais une réalité historique transitoire, est devenue une opinion de masse, idée régulatrice de l'activité d'une part notable de l'espèce humaine. Tout cela s'exprime dans la variété des marxismes réels, dans d'innombrables formes de discours marqués plus ou moins par l'influence marxiste : analyse du capitalisme, mais également de la réalité des pays socialistes, discours de l'action politique concrète, recherches développées dans toutes les disciplines en référence, explicite ou non, au marxisme. Et cette riche diversité ne semble guère préfigurer une mort prochaine.

Nous n'entendons pas faire triompher une orientation déterminée, mais prendre acte et connaissance précise de toutes les orientations. Nous croyons qu'il y a un savoir critique lié au mouvement de l'émancipation des hommes. C'est ainsi que nous entendons l'actualité de Marx. Nous n'avons pas de solutions toutes prêtes, mais nous croyons à la possibilité de formuler des problèmes et d'organiser le travail d'information et de confrontation. Nous voulons prendre en compte la critique des armes et celle des luttes, là où elle se déploie, et manier du mieux que nous pouvons l'arme de la critique. Et aussi apprendre à penser les échecs, les reflux, les blocages et les piétinements, le désenchantement ou la tragédie.

Avec les forces (immenses !) qui sont les nôtres et les moyens matériels (très limités pour l'instant) dont nous disposons, tenter « un état du marxisme » ne peut constituer qu'un projet à long terme, dont nous livrons aujourd'hui une esquisse. Dans ce premier numéro, nous partons du constat que les marxismes divers se sont à ce jour, avec de notables différences bien sûr d'un pays à l'autre, largement ignorés les uns les autres. Nous cherchons à faire paraître cette riche diversité. Nous prenons donc le parti d'une certaine dispersion, qui doit manifester le sens de notre entreprise, la multiplicité des directions dans lesquelles nous entendons poursuivre la recherche. Si le marxisme y apparaît face à ses problèmes et capable, en les affrontant, de produire un certain savoir, nous aurons atteint notre but.

Chaque auteur assume ici la responsabilité de son écrit. La revue pour sa part se fixe comme règle d'accueillir sur les principaux problèmes les analyses d'orientations les plus diverses.

Avec **I. Wallerstein** nous examinerons si le marxisme a quelque chose à dire sur ces questions idéologiques qui occupent aujourd'hui l'avant-scène, et qui se nomment racisme, nationalisme, ethnie. **C. Preve** présente la thèse de son dernier ouvrage, *La filosofia imperteffa,* où il propose l'ontologie sociale du dernier Lukács comme la forme philosophique adéquate au marxisme. A **G. Dostaler,** nous avons demandé son point de vue sur le rapport Sraffa/Marx, qui est au centre des confrontations les plus radicales de l'économie marxiste. Le texte de **S. Stojanovic** nous a semblé introduire un élément essentiel dans le débat actuel sur la question de l'Etat bourgeois et les formes de vie démocratiques qui peuvent s'y développer. **R. Nemitz** tente une synthèse audacieuse qui intègre dans le matérialisme historique des éléments théoriques généralement classés ailleurs ; il reflète une réception berlinoise du marxisme français, qui nous est renvoyée en miroir et nous surprend. **B. Chandra** non seulement nous rappelle qu'il y a des historiens marxistes en Inde (il faudra y revenir), mais que tout le mouvement politique de l'Inde moderne entretient un rapport tacite avec la culture marxiste, et que quelque chose comme l'esprit de Gramsci est passé par là. **J.-J Lecercle** nous ouvre à l'univers de Jameson, le plus discuté des critiques marxistes anglo-saxons.

L'article de **J. Rojahn** présente un tableau de l'édition moderne de Marx. Il constitue le point de départ d'une information régulière qui concernera la mise à jour des grands textes et l'histoire du marxisme.

La **Chronique** présente quelques grands moments du débat-Marx des années 83-86, en France, chez les Anglo-Saxons et les Hispano-Américains, en Italie et en Chine. Elle nous dit de quoi débat effectivement la recherche marxiste aujourd'hui.

Quant aux **Livres,** le choix était bien difficile, vu l'abondance. Nous avons cherché à donner une certaine idée de l'éventail idéologique et théorique de la publication actuelle.

Nous présentons donc quelques figures vivantes du travail marxiste, points de repère dans la diversité des disciplines, des orientations politiques, des aires culturelles. Et pour le reste une information aussi large et diverse que possible. Jalons pour cette découverte et réception incessante que nous voulons faire en coopération non seulement avec le Collectif de rédaction, le Conseil international et le Comité de lecture, mais avec l'ensemble des chercheurs concernés par le marxisme.

J. Bidet, J. Texier

DOSSIER
UN ETAT DU MARXISME

La construction des peuples : Racisme, Nationalisme, Ethnicité

WALLERSTEIN Immanuel (New-York)
Traduction : C. Bernas et J.-J. Lecercle

How is peoplehood constructed ? Using a debate between members of the ANC as a starting-point, the article defines the concepts of race, nation and ethnic group. Each of them is related to a basic structural feature of the capitalist world-system : the core-periphery antinomy (race), the political superstructures of the historical system (nation), the division of labour, with particular reference to the creation of household structures (ethnic group).

Rien ne semble plus évident que l'identité et la notion d'un peuple. Les peuples ont des noms, qui nous sont familiers. Ils ont aussi, semble-t-il, une longue histoire. Et pourtant, tout spécialiste des sondages d'opinion sait que si l'on pose la question ouverte « Qu'est-ce que vous êtes ? » à des individus qui en principe appartiennent au même « peuple », les réponses seront incroyablement diverses, surtout si le problème n'est pas d'une actualité politique brûlante. Et tout observateur de la scène politique sait que des débats politiques passionnés tournent autour de ces noms de peuples. Existe-t-il des Palestiniens ? Qui est juif ? Les Macédoniens sont-ils bulgares ? Et les Berbères des Arabes ? Quelle est l'étiquette juste : nègre, afro-américain, noir (avec ou sans majuscule) ? A propos de ces étiquettes, des gens s'entretuent tous les jours. Et pourtant, ceux-là mêmes qui agissent ainsi ont tendance à nier que la question soit complexe ou déroutante, ou autre chose qu'évidente.

I. Je voudrais commencer en décrivant une discussion récente à propos d'un peuple précis. Elle a une caractéristique rare : il s'agit d'une discussion amicale entre des gens qui ont des objectifs politiques communs ; et la discussion a été publiée dans l'espoir affirmé de résoudre le problème de façon amicale, entre camarades.

Le cadre en est l'Afrique du Sud. Le gouvernement sud-africain a décrété [1] par voie législative l'existence de quatre (coloured) « peuples », ayant chacun leur nom : les Européens, les Indiens, les Métis, les Bantous. Ces catégories légales sont complexes et impliquent la possibilité de nombreux sous-groupes. Le rassemblement de ces sous-groupes sous la même étiquette légale est parfois, vu de loin, curieux. Néanmoins, ces étiquettes ont force de loi et ont des conséquences précises pour les individus. Toute personne résidant en Afrique du Sud est classée administrativement dans l'une de ces quatre catégories, et possède, en vertu de ce classement, des droits politiques et sociaux spécifiques. Ainsi chacun est censé vivre dans un quartier attribué par l'Etat à sa catégorie, et parfois à sa sous-catégorie.

Il y a en Afrique du Sud beaucoup de gens qui sont opposés à cette catégorisation légale, plus connue sous le nom d'apartheid. L'histoire de cette opposition fait cependant apparaître au moins un tournant significatif en ce qui concerne les étiquettes légales. A l'origine, les opposants à l'apartheid formèrent des organisations distinctes dans le cadre de chacune des catégories. Ces organisations conclurent ensuite une alliance politique et agirent de concert. Ainsi, en 1955, se tint le célèbre Congrès du Peuple, co-organisé par quatre groupes qui étaient chacun composés d'hommes et de femmes appartenant à un des peuples définis par le gouvernement. Ce Congrès du Peuple proclama une Charte de la Liberté qui demandait, entre autres, la fin de l'apartheid.

La plus importante de ces quatre organisations était le Congrès national africain (ANC), représentant ceux que le gouvernement appelle les Bantous, c'est-à-dire environ **80 %** de la population sud-africaine. Dans les années soixante ou soixante-dix — on ne sait pas exactement quand — l'ANC se mit à utiliser le terme « africain » pour désigner tous ceux qui n'étaient pas « européens », incluant ainsi sous la même étiquette Bantous, Métis et Indiens. D'autres personnes — on ne sait pas vraiment qui — prirent une décision semblable, et se mirent à appeler tous ces gens des « non-Blancs », par opposition aux « Blancs ». Le résultat est le même : la réduction d'une classification en quatre groupes à une dichotomie.

Cette décision — si c'est bien d'une décision qu'il s'agit — n'est cependant pas dépourvue d'ambiguïté. Ainsi, l'organisation sœur de l'ANC parmi les Indiens, le Congrès indien d'Afrique du sud (SAIC), a continué à exister, bien que son président et une partie de ses membres soient également membres de l'ANC.

De toutes ces catégories, la plus problématique est sans nul doute celle de « Métis ». Historiquement, ce « groupe » est constitué par les descendants des unions entre Africains et Européens. Mais il inclut aussi ceux que l'on appelle « Malais du Cap », que l'on a fait venir des Indes orientales, il y a des siècles. Les « Métis » sont ceux que dans d'autres parties du monde on dénomme « mulâtres », et qui, aux Etats-Unis étaient considérés comme membres de la « race nègre », selon les lois aujourd'hui défuntes qui organisaient la ségrégation raciale.

En juin 1984, Alex La Guma, membre de l'ANC, métis selon la classification gouvernementale, écrit une lettre au rédacteur en chef de *Sechaba,* l'organe officiel de l'ANC. Il pose ainsi le problème :

« J'ai remarqué que dans les discours, articles et interviews que je lis dans *Sechaba,* on me qualifie de « soi-disant métis » (parfois même avec une minuscule [1]). Quand le Congrès a-t-il décidé de m'appeler ainsi ? Lorsque j'étais en Afrique du Sud, je militais à l'Alliance du Congrès et j'étais membre du Congrès des Métis, et non du « Congrès des soi-disant métis ». Lorsque nous militions pour le Congrès du Peuple et la Charte de la Liberté, nous chantions : « Nous, peuple métis, devons lutter pour notre identité ». Je me souviens qu'à cette époque certains membres du soi-disant « mouvement unitaire » [organisation rivale de l'ANC] parlaient de « soi-disant métis », mais non notre Congrès. Les vieux numéros de *Sechaba* ne permettent pas de dire quand ni pourquoi le changement a eu lieu. Peut-être que ce sont les gouvernements, les administrations, les rapports politiques et sociaux qui font que depuis des siècles on m'appelle métis. Mais les gens savants, ethnologues, professeurs d'anthropologie, etc., ne se sont jamais intéressés à ce que je suis réellement.

« Camarade rédacteur, je suis plongé dans la confusion, j'ai besoin de clarification. J'ai l'impression d'être un « soi-disant » être humain, un humanoïde, une de ces choses qui ont toutes les caractéristiques d'un être humain mais qui sont en fait artificielles. Les autres minorités n'ont pas le droit à la qualification de « soi-disant ». Pourquoi moi ? Serait-ce « la malédiction de Ham ? »

Cette lettre eut trois réponses. La première, qui parut également dans le numéro de juin, était signée du rédacteur en chef :

1. NdT. Il y a une différence orthographique entre le français et l'anglais : en anglais, les adjectifs de nationalité prennent la majuscule, comme les noms : « The Coloured », les Métis ; « The Coloured people », le peuple métis. L'opposition majuscule/minuscule devient donc, pour les adjectifs, pertinente.

« Pour autant que je m'en souvienne, notre mouvement n'a jamais pris la décision de passer de « métis » à « soi-disant métis ». Tout ce que je sais est qu'il y a des gens chez nous — par exemple Allan Boesak [Allan Boesak est, selon la classification gouvernementale, métis] lors de la fondation de l'UDF [United Democratic Front, organisation qui lutte contre l'apartheid] — qui utilisent de plus en plus l'expression « soi-disant métis ». Je pense que le phénomène que tu as remarqué reflète ce nouvel état de choses.

« Il y a quelque temps nous avons publié dans *Sechaba* un compte-rendu du livre de Richard Rive, *Writing Black (Ecrire Noir),* dans lequel il était écrit ceci : « Notre lutte pour l'unité ne doit pas nous aveugler sur des différences qui, si on les ignore, créeront des obstacles à cette unité que noux voulons réaliser. Il ne suffit pas de dire « soi-disant métis » ou de mettre le terme « métis » entre guillemets. Nous devons élaborer une façon positive d'aborder ce problème, car nous avons affaire à un peuple que l'on peut identifier et distinguer. »

« En d'autres termes, ce que nous disions dans ce compte-rendu, c'est qu'il est nécessaire d'avoir une discussion sur la question, et je pense que ta lettre est un bon point de départ pour cette discussion. Nous sommes prêts à publier des interventions sur cette question. »

Dans le numéro d'août 1984 de *Sechaba* parut une lettre signée P.G. D'après le contenu de la lettre, il apparaît que P.G. est également métis selon la classification gouvernementale. Mais, à la différence d'Alex La Guma, il récuse catégoriquement le terme :

« Je me souviens que, dans l'ouest de l'État du Cap, nous avions des discussions sur le thème « métis », lors des réunions de groupes du Mouvement des Camarades. Il s'agissait de groupes plutôt informels de jeunes, qui s'étaient rassemblés dans l'action et dans l'étude au cours du soulèvement de 1976, et qui étaient globalement pro-ANC. Nous utilisions couramment l'expression « soi-disant métis », en tant qu'expression populaire de la terminologie de l'apartheid.

« Je suis tout à fait d'accord avec ce que *Sechaba* dit dans le compte-rendu d'*Ecrire Noir* de Richard Rive, mais j'y ajouterai que, s'il est vrai comme vous le dites qu'« il ne suffit pas de dire « soi-disant métis » ou d'utiliser le terme « métis » avec des guillemets, il me paraît également erroné d'accepter le terme de métis. Je dis cela parce que la plupart des gens récusent aujourd'hui ce terme. Les membres du Congrès, ceux de l'UDF, ceux des groupes civiques, religieux ou syndicaux, les dirigeants ayant une influence de masse parlent de « soi-disant métis », sans que ni eux ni ceux dont ils parlent se sentent réduits à l'état d'humanoïdes. De fait, c'est plutôt, à mon avis, le terme « métis » qui donne à ceux qu'il désigne l'impression d'être artificiels. « Métis » est un nom qui désigne de façon criante une absence d'identité.

« Le terme « métis » n'est pas apparu au sein d'un groupe

distinct, c'est une étiquette imposée à ceux que le Population Registration Act de 1950 définit ainsi : « N'est pas, par son aspect physique, visiblement blanc ou indien, et n'est pas membre d'une race aborigène ou d'une tribu africaine. » Cette définition est fondée sur l'exclusion : elle désigne l'identité de ceux qui n'en ont pas... Le nom de métis a été donné par les racistes à ceux qu'ils considéraient comme des marginaux. Il est essentiel pour le mythe raciste de l'Afrikaner blanc pur. Accepter le nom « métis », c'est permettre à ce mythe de se perpétuer.

« Aujourd'hui, les masses disent : « Nous rejetons le cadre imposé par les racistes, nous rejetons leur terminologie », et elles commencent à construire le NOUVEAU contre l'ancien, au sein même du système ennemi. Le terme de métis (*Coloured-Kleurling*), tout commes les expressions « sang-mêlé », « Bruine Afrikaner », « bel enfant de l'Afrique du Sud » nous ont été transmis par les racistes.

« Au lieu de nous sentir offensés par l'usage du préfixe « soi-disant », ou d'être offusqués par son emploi dans un sens trop restrictif, nous devrions voir en lui le premier pas vers la solution d'un problème qui depuis des années nous crée des difficultés.

« Nous devons réagir face à cette expression de façon positive. Aujourd'hui les masses disent que c'est à nous de choisir comment nous nous nommerons et, dans l'esprit d'une nation qui émerge, la plupart choisissent « Sud-Africain ». La discussion peut prendre plusieurs directions, mais nous ne pouvons pas retourner en arrière en adoptant le terme des racistes. S'il nous faut absolument une identité plus précise que celle de Sud-Africain, peut-être une discussion au sein du peuple pourrait-elle résoudre la question. »

Dans le numéro de septembre 1984 de *Sechaba*, Arnold Selby, qui est blanc selon la classification gouvernementale, prend part à la discussion en utilisant des notions qui établissent une distinction entre « nation » et « minorité nationale ».

« Comme point de départ, considérons quelques faits établis :

a) pour l'instant, il n'y a pas de nation sud-africaine ;

b) la majorité africaine est une nation opprimée, les métis et les Indiens sont des minorités nationales opprimées distinctes et identifiables, la population blanche constitue une nation monoritaire et oppressive ;

c) les minorités nationales métis, indienne et blanche ne sont pas homogènes, mais comprennent divers groupes nationaux ou ethniques. Ainsi, la communauté libanaise est pour l'essentiel classée comme blanche et se considère comme telle, les Malais et les Griquas se considèrent comme partie intégrante du peuple métis, tandis que la minorité chinoise voit certains de ses membres classés comme blancs, d'autres comme asiatiques, d'autres enfin comme métis.

d) c'est la libération nationale de la nation africaine qui détient la clé de l'avenir de l'Afrique du Sud et la solution de la question nationale. La victoire de notre révolution nationale démocratique, sous la direction du Congrès national africain, entraînera la libération nationale de la nation africaine, et déclenchera le processus d'émergence d'une nation sud-africaine.

« Comme je l'ai dit en *b*),le peuple métis constitue une minorité nationale opprimée distincte et identifiable. Mais la définition du terme « métis », la terminologie qui en découle et son utilisation dans la pratique quotidienne ne sont pas nées de causes sociales naturelles, ou d'un choix des métis eux-mêmes. Ils leur ont été imposés par les régimes qui se sont succédé à la suite des vagues d'agression, de pénétration et de peuplement de l'Afrique du Sud par les nations bourgeoises d'Europe, dans leur phases commerciale et impérialiste, ainsi qu'après la fondation de l'Etat sud-africain agresseur en 1910.

« J'en viens maintenant à la tendance qu'ont certains d'entre-nous à parler de « soi-disant » métis. D'après moi, cela provient de deux facteurs auxquels nous sommes réellement confrontés.

« Le premier est la question de la propagande à l'étranger. D'autres pays ou nations ont des conceptions différentes du sens de « métis », qui sont fort loin de la réalité de la minorité nationale métis, opprimée en tant que telle, que nous connaissons dans notre pays. Lorsque nous parlons de notre pays, des luttes qui y sont menées, du rôle des métis dans ces luttes, nous devons expliquer qui sont les métis, et il se trouve que nous utilisons souvent l'expression « soi-disant » (noter les guillemets) pour insister sur le fait que le terme nous a été imposé par les agresseurs. Ainsi, on pourrait également parler des « soi-disant » Indiens pour dénommer les premiers habitants de ce qui est devenu les USA. Cela fournit une image plus claire à ceux qui, à l'étranger, veulent en savoir plus sur notre lutte de libération.

Deuxièmement,je ne pense pas que la tendance qu'ont certains d'entre-nous à utiliser l'expression « soi-disant » implique un rejet du terme généralement accepté de « métis ». Il me semble que ces mots sont employés pour marquer l'unité croissante des minorités opprimées métis et indienne avec la nation africaine opprimée majoritaire. Je pense que l'usage de ces mots implique une identification avec les Noirs plutôt que la séparation entre Noirs et métis. En même temps, cet usage éloigne les métis de la nation blanche oppressive minoritaire. De tout temps, celle-ci a tenté en vain de faire accepter l'idée que les métis sont une branche inférieure de la nation blanche, dont ils sont les alliés naturels. L'usage de « soi-disant » signifie le refus des tentatives de l'agresseur de faire accepter cette idéologie raciste, habillée de terminologie scientifique.

« Que nous disions « soi-disant » ou non, le fait est que dans notre pays les métis constituent une minorité nationale opprimée. Selon moi, dans la conjoncture actuelle, il n'est pas erroné de dire « soi-disant » pourvu qu'on le fasse dans le bon contexte, afin d'exprimer le véritable sens de l'expression et qu'on mette celle-ci entre guillemets. En aucun cas nous ne devons nier la réalité de l'existence des métis en tant que nation minoritaire opprimée. »

On notera que la position de Selby est assez différente de celle de P.G.. Si tous deux acceptent d'utiliser « soi-disant » devant « métis », P.G. le fait parce que pour lui il n'existe pas de peuple métis, tandis que Selby pense que les métis existent en tant que peuple, cette variété de peuple qu'il appelle « minorité nationale », mais il défend l'usage de « soi-disant » dans le cadre d'une stratégie de communication.

Enfin, dans le numéro de novembre 1984, La Guma répond, sans bouger d'un pouce :

« [P.G.] nous dit que « soi-disant métis » a été utilisé en tant qu'expression populaire du refus de la terminologie de l'apartheid. Pourtant, il dit aussi plus loin que « la plupart, dans l'esprit d'une nation qui émerge, choisissent « sud-africain ». Mais, camarade rédacteur, il ne nous dit pas qui a donné à notre pays son nom officiel d'Afrique du Sud. Qui a pris cette décision ? Il y a des gens qui, refusant cette « terminologie », appellent notre pays « Azanie » (là encore, qui l'a décidé ?). Peut-être appelleraient-ils le reste de la population « soi-disant Sud-Africains ». Mais il semble que, bien que l'hymne boer fasse référence à la *Suid Afrika,* le nom d'Afrique du Sud soit généralement accepté. Pourtant, qu'une minorité (même soi-disant) croit avoir le droit de prendre à sa convenance le nom de « Sud-Africain » me semble quelque peu anti démocratique, sinon franchement présomptueux : ce droit appartient naturellement à la majorité.

« J'ignorais, je l'avoue, que, comme P.G. semble l'indiquer, le terme « métis » provient d'une définition formulée par le Population Registration Act ou le Group Area Act. Je suis né bien avant que ces lois ne soient votées : il faut bien croire que mon peuple est un peu plus vieux que cela. Et ne croyons pas que nous soyons les seuls à souffrir de ces circonstances pénibles que rappelle P.G. (la division des familles, l'exclusion). Dans d'autres pays, les communautés marginales et les sang-mêlés sont victimes d'épreuves et de tribulations semblables.

« P.G. affirme même que « soi-disant » ne va pas, mais que « métis » ne va pas non plus, ce qui, camarade rédacteur, ajoute à la confusion dans laquelle je me trouve. Ce n'est pas le terme « métis » qui « depuis des années crée des difficultés », mais la façon dont mon peuple a été et est traité, quel que soit le nom qu'on lui donne, de même que les termes « Asiatique » ou « Indien » ne veulent pas dire « source de difficulté »... J'attendrai patiemment le résultat de la « discussion de masse » que demande P.G., mais j'aimerais quand même savoir ce que je suis aujourd'hui. Aussi, camarade rédacteur, appelez-moi ce que diable vous voulez, mais pour l'amour du ciel ne m'appelez pas « soi-disant ».

II. Si j'ai cité longuement cet échange, c'est pour montrer d'abord que même la discussion la plus amicale peut être passionnée ; et ensuite, que la question est difficile à résoudre en termes historiques ou logiques. Y a-t-il un peuple métis, une minorité nationale métis, ou un groupe ethnique métis ? Tout ce qu'on peut dire, c'est que certains pensent qu'il y en a et/ou en a eu un, que d'autres ne le pensent pas, que d'autres encore n'ont pas d'opinion sur la question, ou même ignorent la notion.

Qu'en est-il alors ? Si le phénomène correspond à une essence, s'il existe un peuple métis, nous devrions être capable de déterminer ses paramètres. Mais si nous n'arrivons pas à montrer que ce terme désigne un « peuple », ou même qu'aucun autre terme ne désigne un peuple de façon déterminée, peut-être est-ce parce que la notion de peuple n'est pas seulement une construction, mais une construction dont les limites changent avec chaque cas particulier. Peut-être un peuple est-il un objet dont la forme est instable. Mais s'il en est ainsi, d'où provient la passion qu'il suscite ? Peut-être est-elle due au fait que personne n'est censé remarquer cette instabilité. Si j'ai raison, nous avons là un phénomène social fort curieux — dont les traits principaux sont la réalité de l'instabilité et le déni de cette réalité. Voilà une situation bien compliquée, et même bizarre ! Qu'y a-t-il dans le système historique qui est le nôtre qui produise un processus social aussi curieux ? Peut-être y a-t-il là un quark à découvrir.

Je me propose d'aborder la question par étapes successives. Nous allons d'abord passer rapidement en revue les conceptions que les sciences sociales se font de la notion de peuple. Ensuite, nous envisagerons ce qui, dans la structure ou les processus de notre système historique a pu donner naissance à cette notion. Enfin, nous verrons si une reformulation de la notion peut être utile.

Première constatation : dans les sciences sociales historiques le terme de « peuple » n'est pas d'usage très fréquent. Les trois termes les plus courants sont plutôt ceux de « race », de « nation » et de « groupe ethnique », dont on peut penser qu'ils désignent tous trois des variétés de « peuples » dans le monde moderne. Le troisième de ces termes est le plus récent, et il tend à remplacer le terme de « minorité », dont l'usage était autrefois très répandu. Naturellement, chacun de ces termes a de nombreuses variantes, mais je pense néanmoins que statistiquement et logiquement parlant nous avons là les trois catégories modèles.

La « race » est censée être une catégorie génétique, correspondant à une forme physique apparente. Depuis 150 ans, il y a beaucoup de discussions scientifiques sur les noms et les caractéristiques des races. Le débat est assez fameux, et en grande partie infâme. La « nation » est censée être une catégorie socio-politique, liée de quelque façon aux frontières réelles ou virtuelles d'un Etat. Le « groupe ethnique » est une catégorie culturelle, définie par certains comportements persistants, transmis de génération en génération, et qui à la différence de nation ne sont pas en théorie circonscrits dans les frontières d'un Etat.

Les termes sont, bien sûr, utilisés de façon incroyablement changeante — sans parler du nombre important d'autres termes utilisés. Dans la discussion citée, nous venons de voir qu'un intervenant appelait « minorité nationale » ce que d'autres considéraient comme un « groupe ethnique ». La plupart de ceux qui utilisent ces trois termes le font pour désigner un phénomène persistant qui, à cause de ses racines dans le passé, a non seulement un effet important sur le comportement quotidien, mais fournit aussi une base sur laquelle s'appuient les revendications politiques du présent. Ce qui veut dire qu'un « peuple » est ce qu'il est ou agit comme il le fait à cause soit de ses caractéristiques génétiques, soit de son histoire socio-politique, soit de ses normes et valeurs « traditionnelles ».

L'objet principal de ces catégories semble être de nous permettre d'avancer des propositions utilisant le passé contre les processus « rationnels » faussement objectifs du présent. Nous pouvons les utiliser pour expliquer pourquoi la situation est comme elle est, et ne *doit* pas, ou ne *peut* pas, être modifiée. Inversement, elles peuvent aussi servir à expliquer pourquoi les structures actuelles devraient disparaître, au nom de réalités sociales plus profondes et plus anciennes, donc plus légitimes. La dimension temporelle du passé est essentiellement dans le concept de peuple — elle en est partie intégrante.

Mais pourquoi veut-on avoir un passé, une « identité », pourquoi en a-t-on besoin ? Cette question est tout à fait pertinente ; certains même parfois la posent. Notons, par exemple, que P.G., dans la discussion citée plus haut, défend l'idée qu'il faut refuser l'appellation de « métis » et lui préférer le terme plus englobant de « Sud-Africain ». Puis il ajoute : « si l'on a vraiment besoin d'une identité plus limitée que celle de Sud-Africain ». Ce « si » implique un « pourquoi ? ».

Le sens du passé est quelque chose qui fait que l'on agit dans le présent autrement qu'on aurait pu le faire. C'est un instrument que l'on utilise contre des adversaires. C'est un élément essentiel de la socialisation des individus, du maintien des solidarités de groupe, de l'établissement ou de la contestation de la légitimation sociale. Le sens du passé est avant tout un phénomène moral, et donc politique ; et c'est toujours un phénomène contemporain. Là est, bien sûr, la raison de son instabilité. Comme le monde réel change constamment, ce qui est pertinent pour la politique courante change aussi, par nécessité, constamment.

En conséquence, il va de soi que le contenu de ce sens du passé change lui aussi sans cesse. Mais comme il implique par définition l'affirmation d'un passé constant, personne ne peut jamais admettre que le passé a changé ou aurait pu changer. Le passé est normalement considéré comme gravé dans le marbre et irréversible. Le passé réel est, bien sûr, gravé dans le marbre. Mais quant au passé social, c'est-à-dire à la façon dont nous comprenons le passé réel, c'est au mieux dans l'argile qu'il est gravé.

Puisqu'il en est ainsi, il importe peu que nous définissions le passé en termes de groupe génétique continu (race), de groupe socio-politique historique (notion) ou de groupe culturel (groupe ethnique). Ce sont tous là des modes de construction de la notion de peuple, des façons d'inventer le passé, et des phénomènes politiques contemporains. Mais alors nous nous trouvons devant une autre énigme. Pourquoi existe-il trois termes là où un seul aurait suffi ? Il doit y avoir une raison à cette séparation d'une seule catégorie en trois catégories sociales. Pour la découvrir, il nous suffit de considérer la structure historique de l'économie-monde capitaliste.

Chacune des trois catégories correspond à un trait structural fondamental de l'économie-monde capitaliste. Le concept de « race » est lié à la division axiale du travail dans l'économie-monde, c'est-à-dire l'opposition entre centre et périphérie. Le concept de « nation » est lié à la superstructure politique du système historique, aux Etats souverains qui forment le système interétatique et sont définis par lui. Le concept de « groupe ethnique » est lié à la création de structures de ménages, qui permettent qu'une proportion importante de la force de travail reste non salariée au cours de l'accumulation capitaliste. Aucun de ces termes n'est directement relié au concept de classe. Cela est dû au fait que « classe » et « peuple » se repèrent sur deux axes orthogonaux distincts, ce qui, comme nous allons le voir, constitue une des contradictions de notre système historique.

La division axiale du travail au sein de l'économie-monde a entraîné une division spatiale du travail. On parle d'une antinomie entre centre et périphérie, constitutive de cette divison du travail. Centre et périphérie sont, à proprement parler, des concepts relationnels qui se réfèrent à des structures de production de coût différentiel. La localisation de ces différents processus de production dans des régions éloignées les unes des autres n'est pas une caractéristique inévitable et constante de la relation entre centre et périphérie. Mais elle tend à en être une caractéristique normale. Il y a à cela plusieurs raisons.

Dans la mesure où les processus périphériques sont associés à la production de matières premières — ce qui a été une réalité historique mais qui a aujourd'hui nettement moins d'importance qu'auparavant — une contrainte s'exerce alors sur le redéploiement géographique de ces processus, associés qu'ils sont à des environnements particuliers aptes à certaines cultures ou à des gisements géologiques.

Deuxièmement, dans la mesure où des éléments politiques déterminent un certain nombre de rapports entre le centre et la périphérie, le fait que certains produits d'une filière de production franchissent des frontières politiques facilite les processus politiques nécessaires, puisque le contrôle du passage des frontières est un des pouvoirs réels les plus importants dont les Etats disposent.

Troisièmement, la concentration des processus centraux dans des Etats différents de ceux où se concentrent les processus périphériques tend à produire des structures politiques internes différentes dans chaque Etat, différence qui à son tour joue un rôle décisif dans le maintien du système interétatique inégalitaire qui contrôle et perpétue la division axiale du travail.

De ce fait, et pour dire les choses simplement, on va sur le long terme vers une situation où certaines régions du monde sont essentiellement le lieu des processus de production centraux, alors que d'autres sont essentiellement le lieu des processus de production périphériques. En vérité, bien qu'il y ait des fluctuations cycliques dans le degré de polarisation, il y a une tendance séculaire à une aggravation de cet écart. Cette différenciation spatiale à l'échelle du monde a d'abord pris la forme politique de l'expansion d'une économie-monde capitaliste dont le centre était l'Europe, pour inclure ensuite l'ensemble du globe, phénomène communément connu sous le nom d'« expansion européenne ».

Dans l'évolution de l'espèce humaine sur la planète Terre, au cours de la période précédant le développement d'une agriculture sédentaire, la distribution des variantes génétiques s'est faite de telle manière qu'au début du développement de l'économie-monde capitaliste l'homogénéité des divers types génétiques dans un lieu donné était nettement plus grande qu'aujourd'hui.

Au fur et à mesure que l'économie-monde capitaliste dépassait les limites originelles de l'Europe, au fur et à mesure que les concentrations de processus de production centraux et périphériques devenaient de plus en plus disparates du point de vue géographique, des catégories « raciales » commencèrent à se greffer sur certaines dénominations. Il peut sembler évident qu'un nombre important de traits génétiques diffèrent, et ce considérablement d'un individu à l'autre. Il n'est pas du tout évident que, pour autant, il faille les rattacher à trois, cinq ou quinze groupes réifiés qu'on appellera « races ». Le nombre des catégories, le fait même d'établir des catégories, sont des décisions sociales. Ce que l'on observe, c'est que plus la polarisation s'est accentuée, plus le nombre de catégories s'est réduit. Quant W.E.B. Du Bois disait en

1900 que le « problème du XXe siècle, c'est le problème de la différence de couleur », les couleurs auxquelles il se référait se réduisaient en réalité à blanc et non-blanc.

La race, et donc le racisme, est l'expression, le ferment et la conséquence de concentrations géographiques associées à la différentiation axiale du travail. Cette réalité a été brutalement mise en évidence par la décision de l'Etat d'Afrique du Sud, dans les vingt dernières années, de classer les hommes d'affaires japonais en tournée dans le pays non comme Asiatiques (comme les Chinois locaux) mais plutôt comme « Blancs honoraires ». Dans un pays où les lois sont censées se fonder sur la permanence de catégories génétiques, apparemment la génétique prend en compte les réalités de l'économie-monde. L'Afrique du Sud n'a pas l'apanage de décisions aussi absurdes. Elle s'est simplement mise dans la mauvaise posture d'avoir à mettre ces absurdités noir sur blanc.

La race n'est toutefois pas la seule catégorie que l'on utilise pour définir l'identité sociale. Apparemment elle ne suffit pas, puisqu'on utilise aussi celle de nation. Comme je l'ai déjà dit, la nation résulte de la structuration *politique* du système-monde. Les Etats qui sont aujourd'hui membres de l'ONU sont tous des créations du système-monde moderne. La plupart d'entre-eux n'existaient même pas à titre de noms ou d'entités administratives il y a un siècle ou deux. Quant au petit nombre d'entre-eux qui peuvent revendiquer un nom et l'existence d'une entité administrative permanente sur le même territoire depuis une période antérieure à 1450, il y en a moins qu'on ne pense : la France, la Russie, le Portugal, le Danemark, la Suède, la Suisse, le Maroc, le Japon, la Chine, l'Iran, l'Ethiopie sont peut-être les cas les moins ambigus. Encore peut-on faire remarquer que même ces Etats ne sont devenus des Etats souverains modernes qu'avec l'émergence du système-monde actuel.

Il y a quelques autres Etats modernes qui peuvent retrouver la trace d'une histoire plus discontinue de l'utilisation d'un nom pour désigner une région, par exemple la Grèce, l'Inde, l'Egypte. Le terrain devient encore plus glissant si l'on songe à des noms tels que Turquie, Allemagne, Italie ou Syrie. Le fait est que si l'on examine, à la date de 1450, plusieurs entités qui existaient alors — par exemple les Pays-Bas bourguignons, le Saint Empire Romain germanique, l'Empire du Grand Mogol — on découvre que, dans chaque cas, il existe aujourd'hui non pas un Etat, mais au moins trois Etats souverains qui peuvent prétendre à un certain degré de filiation politique, culturelle et spatiale avec ces entités.

Et le fait qu'il y ait aujourd'hui trois Etats signifie-t-il qu'il y a trois nations ? Y a-t-il une nation belge, une nation hollandaise, une nation luxembourgeoise aujourd'hui ? La plupart des observateurs semblent le croire. Mais si tel est le cas, n'est-ce pas parce qu'a existé *d'abord* un Etat hollandais, un Etat belge, un Etat luxembourgeois. Un examen systématique de l'histoire du monde moderne montrera, je crois, que, dans presque tous les cas, l'Etat a précédé la nation, et non l'inverse, contrairement à un mythe largement répandu.

Certes, à partir du moment où le système interétatique a commencé à fonctionner, des mouvements nationalistes ont vu le jour dans de nombreux endroits, pour réclamer la création de nouveaux Etats souverains, et ces mouvements ont parfois atteint leurs objectifs. Mais deux remarques s'imposent. Ces mouvements, à de rares exceptions près, sont apparus à l'intérieur de limites administratives déjà constituées. On pourrait donc en conclure qu'un Etat, certes non indépendant, préexistait à ces mouvements. En outre, on peut se demander jusqu'à quel point la « nation » comme sentiment commun existait avant la création effective de l'Etat. Prenons par exemple le cas du peuple sahraoui. Y a-t-il une nation sahraoui ? Si vous posez la question au mouvement de libération nationale du Polisario, il répondra par l'affirmative, et ajoutera que la nation sahraoui existe depuis un millénaire. Si vous posez la même question aux Marocains, ils répondront qu'il n'y a jamais eu de nation sahraoui et que les gens qui vivent dans ce qui était autrefois la colonie du Sahara espagnol ont toujours fait partie de la nation marocaine. Comment résoudre intellectuellement un tel différend ? La réponse est qu'il n'y a pas de solution. Si en l'an 2000 ou 2020 le Polisario gagne la guerre qu'il mène à l'heure actuelle, il y aura eu une nation sahraoui. Si c'est le Maroc qui gagne, il n'y en aura pas eu. Et tout historien écrivant en 2100 considèrera que la question est réglée ou, plus vraisemblablement, qu'elle ne se pose pas.

Pourquoi faudrait-il que la création d'un Etat souverain particulier à l'intérieur du système interétatique crée parallèlement une « nation », un « peuple » ? La chose n'est pas vraiment difficile à comprendre et les exemples sont nombreux. Les Etats, dans un tel système, ont des problèmes de cohésion. Une fois que leur souveraineté a été reconnue, ils se trouvent fréquemment menacés à la fois de désintégration interne et d'agression externe. L'apparition d'un sentiment « national » réduit ces menaces. Les gouvernements ont tout intérêt à encourager ce sentiment, de même que toutes sortes de sous-groupes à l'intérieur de l'état considéré. Tout groupe qui voit un avantage quelconque à utiliser les pouvoirs légaux de l'Etat pour promouvoir ses propres intérêts à l'encontre d'autres groupes extérieurs à l'Etat ou défendant des intérêts régionaux à l'intérieur de l'Etat a intérêt à encourager le nationalisme pour légitimer ses propres revendications. De surcroît les Etats ont intérêt à l'uniformité administrative qui accroît l'efficacité de leurs politiques. Le nationalisme est l'expression, le ferment et la conséquence d'une telle uniformité au niveau de l'Etat.

Il y a une autre raison, qui est encore plus importante, à la montée du nationalisme. Le système interétatique n'est pas un simple assemblage de soi-disant Etats souverains. C'est un système hiérarchique où l'ordre de préséance est stable, mais susceptible d'être modifié, ce qui veut dire que de lents déplacements dans l'ordre hiérarchique ne sont pas simplement possibles mais historiquement normaux. Les inégalités qui sont significatives et nettes sans être pour autant immuables sont précisément le genre de processus qui conduisent à des idéologies capables de justifier un bon rang dans la hiérarchie, mais aussi de mettre en cause un mauvais rang. Ce sont de telles idéologies que l'on qualifie de nationalistes.

Pour un Etat, ne pas être une nation signifie être en dehors du jeu qui consiste à empêcher ou à favoriser toute modification de son rang dans la hiérarchie. Mais un tel Etat ne ferait pas partie du système interétatique. Les entités politiques qui existaient en dehors du développement de ce système comme superstructure politique d'une économie-monde capitaliste n'avaient nul besoin d'être des « nations ». Elles ne l'étaient d'ailleurs pas. Du fait que nous utilisons à tort le même mot « Etat » pour décrire à la fois ces autres entités politiques et les Etats créés au sein du système interétatique, nous ne saisissons pas souvent le lien évident et nécessaire entre la réalité d'Etat de ces derniers et leur réalité de nation.

Si l'on demande à quoi sert d'avoir deux catégories — race et nation — au lieu d'une seule, on voit qu'alors que la catégorie de race est d'abord apparue comme un moyen d'exprimer et de justifier l'antinomie centre-périphérie, la catégorie de nation a été, à l'origine, un moyen d'exprimer la rivalité entre les Etats au cours de cette lente mais régulière modification de l'ordre hiérarchique et donc des divers avantages offerts par le système, par opposition à la classification plus grossière fondée sur les races. De manière simpliste, on pourrait dire que la race et le racisme unifient intrarégionalement les régions du centre et les régions de la périphérie dans les luttes qui les opposent, alors que la nation et le nationalisme divisent les régions du centre et celles de la périphérie intrarégionalement dans la rivalité intrarégionale et interrégionale qui, de manière plus complexe, les oppose pour modifier leur rang dans l'ordre hiérachique. Ces deux catégories expriment la volonté d'améliorer sa position au sein de l'économie-monde capitaliste.

Comme si tout cela ne suffisait pas, nous avons créé la catégorie de groupe ethnique, qui correspond à ce qu'on appelait autrefois les minorités. Pour qu'il y ait des minorités, il faut qu'il y ait une majorité. Les analystes ont depuis longtemps remarqué que la notion de minorité ne découle pas nécessairement d'une réalité mathématique et qu'elle renvoie à un degré de pouvoir social. Les majorités numériques peuvent être des minorités sociales. Le lieu où nous mesurons ce pouvoir social n'est évidemment pas le système-monde dans son ensemble, mais chaque Etat pris séparement. Le concept de « groupe ethnique » est donc autant lié, dans la pratique, aux frontières des Etats que l'est le concept de « nation », bien que ceci n'ait jamais été inclus dans sa définition. La différence vient seulement de ce qu'un Etat tend à avoir *une seule* nation et *plusieurs* groupes ethniques.

Le système capitaliste est fondé non seulement sur l'antinomie capital-travail, qui est permanente et fondamentale, mais aussi sur une hiérarchie complexe à l'intérieur de l'élément travail qui fait que, bien que tous les travailleurs soient exploités parce qu'ils créent de la plus-value qui est transférée à d'autres, certains travailleurs « perdent » une part plus grande de la plus-value qu'ils ont créée que d'autres. L'institution clé qui permet cet état de choses est la variété de ménages dans lesquels les travailleurs qui s'y retrouvent sont salariés à temps partiel. Ces ménages sont organisés de telle manière que ces salariés perçoivent un salaire horaire inférieur à ce que coûte la reproduction de la force de travail. Cette institution est très largement répandue et concerne la plus grande partie de la main-d'œuvre mondiale. Je ne reprendrai pas ici les éléments de cette analyse, qui ont été présentés ailleurs (voir Wallerstein, 1983 ; 19-26 ; 1984). Je veux simplement discuter les conséquences d'une telle organisation du travail par rapport à la notion de peuple. Partout où l'on trouve des salariés appartenant à des structures de ménages différentes, depuis les travailleurs mieux payés, qui sont ceux des ménages les plus « prolétarisés », jusqu'aux travailleurs moins bien payés, qui sont ceux des ménages plutôt « semi-prolétarisés », il s'avère en règle générale que ces différentes sortes de structures de ménages se rencontrent à l'intérieur de « communautés » appelées « groupes ethniques ». En d'autres termes, la hiérarchie des emplois entraîne l'« ethnisation » de la force de travail à l'intérieur des frontières d'un Etat donné. Même s'il n'y a pas de cadre légal qui impose une telle organisation, comme il y en a aujourd'hui en Afrique du Sud ou comme il y en a eu aux Etats-Unis, il y a toujours une très forte corrélation entre l'ethnicité et l'emploi, à condition de classer les « emplois » selon des catégories pas trop étroites.

Il semble y avoir toutes sortes d'avantages à l'ethnisation des catégories professionnelles. On peut penser que différents types de rapports de production exigent différents types de comportement de la part de la main-d'œuvre. Comme ce comportement n'est pas génétiquement déterminé, il doit être appris. La socialisation de la force de travail doit se faire par l'apprentissage d'attitudes relativement spécifiques. La « culture » d'un groupe ethnique est précisément l'ensemble des règles que les parents appartenant à ce groupe se sentent contraints d'inculquer à leurs enfants. Evidemment l'Etat ou le système scolaire peut se charger de ce travail. Mais le plus souvent ils s'efforcent de ne pas accomplir cette tâche trop particularisée tout seuls ou trop ouvertement, parce que cela implique une violation du concept d'égalité « nationale ».

Les quelques Etats qui acceptent cette violation sont constamment soumis à des pressions pour qu'ils y renoncent. Mais les « groupes ethniques » n'ont pas seulement la *possibilité* de socialiser leurs propres membres différemment de ce que font les autres groupes ethniques : ce qui définit précisément un groupe ethnique, c'est le fait qu'il pratique une forme particulière de socialisation. Ainsi, ce qui est illégitime pour l'Etat ressurgit par la petite porte comme le comportement « volontaire » d'un groupe défendant son « identité » sociale.

Cela permet de légitimer la réalité hiérarchique du capitalisme sans mettre en cause l'égalité formelle devant la loi qui est une de ses prémisses politiques avouées. Le quark que nous cherchions est peut-être bien là. L'ethnisation, la notion de peuple résolvent l'une des contradictions fondamentales du capitalisme historique, à savoir, sa recherche simultanée de l'égalité théorique et de l'inégalité pratique. Et ceci se fait en utilisant les mentalités des couches laborieuses du monde.

Dans cette tentative, l'instabilité des catégories de peuple dont nous avons parlé s'avère particulièrement importante. Car si le capitalisme en tant que système historique a besoin d'une inégalité permanente, il a aussi besoin de restructurer constamment les processus économiques. Aussi ce qui fonde aujourd'hui une certaine hiérarchie des relations sociales peut ne plus fonctionner demain. Le comportement de la force de travail doit changer sans mettre en péril la légitimité du système. La naissance, la restructuration et la disparition incessantes de groupes ethniques sont par conséquent un précieux élément de souplesse dans le fonctionnement de la machine économique.

La notion de peuple est une construction institutionnelle majeure du capitalisme historique. C'est un pilier essentiel qui, pour cette raison, n'a cessé d'acquérir de l'importance au fur et a mesure que le système se densifiait. En ce sens, cette notion ressemble à celle d'Etat, elle aussi pilier essentiel et qui n'a cessé d'acquérir de l'importance. Ces *Gemeinschaften* fondamentales à l'intérieur de notre *Gesellschaft* historique, l'économie-monde capitaliste, prennent pour nous de plus en plus, et non de moins en moins, d'importance.

En réalité, le concept de classe est une construction tout à fait différente de celui de peuple, comme Marx et Weber le savaient pertinemment. Les classes sont des catégories « objectives », c'est-à-dire des catégories analytiques, c'est-à-dire un moyen de formuler les contradictions d'un système historique et non de décrire des communautés sociales. Le problème est de savoir où et dans quelles circonstances une communauté de classe peut se créer. C'est la célèbre distinction *en soi/pour soi*. Les classes *pour soi* ont toujours été une entité relativement insaisissable.

Peut-être, et nous terminerons sur ce point, la raison en est-elle que les « peuples » constitués — les races, les nations, les groupes ethniques — correspondent fortement, quoiqu'imparfaitement, à la « classe objective ». Le résultat en est qu'une part très importante de l'activité politique fondée sur la notion de classe a pris la forme d'une activité politique fondée sur la notion de peuple. La chose sera encore plus évidente si l'on analyse attentivement les organisations dites « purement » ouvrières qui, très souvent, sont de fait et implicitement fondées sur l'idée de « peuple », même si elles utilisent une terminologie se référant exclusivement à la notion de classe et non à celle de peuple.

Depuis plus d'un siècle, la gauche mondiale se heurte à ce douloureux dilemme : les travailleurs du monde se sont souvent donné des organisations structurées par l'idée de « peuple ». Mais ce dilemme est insoluble parce qu'il découle des contradictions du système. Il ne peut y avoir d'activité de classe *pour soi* totalement dissociée d'une activité politique fondée sur l'idée de peuple. On le voit dans ce qu'on appelle les mouvements de libération nationale, dans tous les mouvements sociaux dits nouveaux, dans les mouvements anti-bureaucratiques des pays socialistes.

Ne serait-il pas plus judicieux d'essayer de comprendre ce que véhicule la notion de peuple, qui n'est en aucun cas une réalité sociale stable et primordiale, mais un produit historique, complexe et malléable, de l'économie-monde capitaliste, dans les termes duquel s'affrontent des forces antagonistes ? On ne peut jamais se débarrasser de la notion de peuple dans ce système, pas plus qu'on ne peut lui assigner un rôle simplement mineur. Inversement, on ne doit pas se laisser désorienter par les vertus que cette notion est censée avoir, sous peine d'être induit en erreur par la manière dont elle légitime le système existant. Ce qu'il faut analyser plus attentivement, ce sont les directions dans lesquelles la notion de peuple nous conduit, au fur et à mesure qu'elle devient plus décisive pour le système historique ; ces directions, au point de bifurcation du système, peuvent mener à diverses issues, dans le processus incertain de transition entre notre actuel système historique et celui ou ceux qui le remplaceront.

Quelle « forme philosophique » pour le marxisme ?

PREVE Costanzo

Can historical materialism as science of social formations renounce its philosophical dimension or reduce it to a simple epistemological moment ? The author does not believe it and formulates in what sense the philosophical form of marxism must be developped to-day through Lukács's social ontology.

La dimension et la grandeur de la crise théorique et politique du matérialisme historique ont été au cours des années passées gravement sous-évaluées, et on a ainsi laissé se « gangréner » la situation au-delà de toute limite raisonnable. D'un côté, on a trop légèrement pensé que l'offensive vulgaire conduite par ceux qu'on appelle les *nouveaux philosophes* s'épuiserait d'elle-même comme il advient pour tout type de « mode », et que le très bas niveau « épistémologique » de leur argumentation ne méritait pas quant au fond une confrontation sérieuse et rigoureuse. Il s'agissait néanmoins d'une erreur : le « style argumentatif » utilisé par les *nouveaux philosophes* ne permettait pas en effet un débat scientifiquement digne de ce nom, mais l'« effet rhétorique » qu'ils s'étaient promis d'atteindre eut pour résultat de faire apparaître toute perspective politique de type anticapitaliste comme écœurante et totalitaire.

Par ailleurs, l'attention des observateurs (en particulier en France) s'est concentrée sur les raisons politiques et sociales de la faiblesse des propositions et de la capacité de la « gauche au pouvoir » et sur les causes de la trop facile revanche électorale de la droite. Tout cela était sans aucun doute inévitable. Mais le résultat final a consisté à différer une nouvelle fois la remise en cause des vieilles formulations du paradigme théorique marxiste qui s'était révélées incapables d'un renouvellement radical dans le contexte de la nouvelle situation historique qui s'était créée.

A un premier niveau d'approximation, le paradigme théorique du matérialisme historique présente deux dimensions, l'une de type scientifique, l'autre de caractère philosophique. Cette double nature donne donc lieu à deux problématiques distinctes, que nous désignerons respectivement par les termes de « statut épistémologique » d'un côté, et de « forme philosophique du discours » de l'autre.

On a coutume de dire à ce sujet que les deux dimensions, scientifique et philosophique, sont liées de façon « dialectique », en laissant à l'auditeur le soin du déchiffrement et de l'interprétation de la signification exacte du mystérieux petit mot « dialectique ». En un premier sens, « dialectique » signifie certainement « action réciproque », et donc également « rétroaction », *feedback,* ce qui veut dire d'une part qu'il serait dépourvu de cadres philosophiques de référence, et que d'autre part, la « pratique philosophique » même est une variable dépendante des progrès de connaissances scientifiques sur la société produits sur la base de la théorie des modes de production et des formations économico-sociales. En un second sens, à notre avis encore plus important, « dialectique » signifie « comprésence essentielle » des deux termes, ce qui veut dire surtout que les deux dimensions se développent de telle sorte que la disparition ou bien la perte d'importance de l'une d'entre elles est exclue.

Si cela est vrai (et nous nous excusons de ne pouvoir le développer plus avant par manque de place), le choix méthodologique de ceux qui, dans le camp marxiste, se sont battus en première instance pour une intégrale scientificisation de tout le savoir historico-matérialiste (croyant pouvoir ainsi, au nom de la référence à l'objectivité et à l'incontestabilité de la science, réduire au silence tous les défenseurs et les apologètes du maintien et du renforcement de la société bourgeoise-capitaliste), et qui se sont engagés en seconde instance pour l'intégrale réduction de la problématique philosophique à la problématique épistémologique, ce choix-là apparaîtra assez problématique et, à notre avis, franchement erroné. En effet, la problématique epistémologique, ou mieux la question du « statut épistémologique » des propositions du matérialisme historique entendu comme science sociale moderne des modes de production, est à tous les égards un moment « interne » à la construction de la science sociale elle-même ; elle n'en est en aucune façon la « forme philosophique » qui rend socialement « expressives » ces propositions elles-mêmes. Ce qui ne signifie évidemment pas que l'épistémologie du matérialisme historique comme science sociale spécifique (qui n'a donc ni le même objet ni la même méthode que les autres sciences sociales comme la sociologie, l'économie politique, la politologie, etc.) soit quelque chose d'inessentiel ou de peu d'importance qui pourrait être négligé sans péril. Au contraire, la réflexion épistémologique n'est pas seulement un moment génétique limité aux origines et à la formation d'un savoir scientifique, mais est un moment essentiel à toutes les phases du développement et des transitions du savoir scientifique même. Nous voulons seulement dire ici que la *philosophie* du matérialisme historique *ne* se réduit *pas* du tout à la seule et nécessaire *épistémologie* du matérialisme historique.

Un savoir scientifique, en particulier un savoir expressif seulement quand il est inséré dans un ensemble « idéologique » déterminé, dont il est impossible de faire abstraction, et qui comprend l'ensemble complexe des représentations quotidiennes et préscientifiques dans lesquelles l'homme concret se meut. En parlant d'« homme », nous n'entendons pas du tout réintroduire la représentation idéologique que s'en fait l'idéologie appelée « Humanisme » (nous tenons à ce sujet comme désormais irréversible la critique althusérienne des représentations naïves des notions d'Homme qu'à l'intérieur de rapports sociaux de production déterminés et spécifiés, et cependant c'est toujours cet « homme concret », dans son individualité historique et personnelle spécifique, qui est le sujet du projet historique et du choix entre les alternatives technologiques et sociales. L'expressivité sociale de ce savoir scientifique est donc inévitablement médiatisée par une « représentation » philosophique du monde (et il est étrange que cette relative évidence soit admise à propos de l'antiquité grecque ou du Moyen Age, cependant qu'on résiste à la reconnaître pour le présent historique).

Dans les dix dernières années, d'importants courants de la pensée marxiste ont prodigué des trésors de finesse et d'intelligence pour « démontrer » que le produit de leurs efforts théoriques étaient « épistémologiquement garanti », comme si l'aspect principal de la contradiction (pour emprunter innocemment au lexique de Mao Tse-Toung) consistait à convaincre les différents chercheurs en sciences sociales de l'université, de la qualité des lettres de créance épistémologiques des marxistes et de leurs « égales dignités » par rapport à tout autre type de savoir social. Cependant l'aspect principal de la construction (et nous utilisons ici le terme de contradiction dans un contexte de lutte idéologique et culturelle) s'était entre-temps déplacé d'un domaine épistémologique à un domaine beaucoup plus général et fondamental : la défaite quasi simultanée à l'Est du projet de la révolution culturelle chinoise et à l'Ouest du grand mouvement de contestation ouvrière et étudiante produisait un ample *fall-out* idéologique antimarxiste et anticommuniste à même de se fonder sur un message simple et clair, facilement communicable et facilement compréhensible pour tous. Brièvement, le message était le suivant : indépendamment des « prétentions » de scientificité qu'elle avance, la transformation communiste n'est ni *possible* ni *désirable*, et elle est donc infondée sur le plan ontologique et négative sur le plan axiologique. Tandis que les marxistes se croyaient engagés et triomphants au niveau de l'épistémologie des sciences sociales, leurs adversaires occupaient les positions stratégiquement les plus importantes sur le plan de la philosophie politique et plus généralement sur celui de la conception globale, même « métaphysique », du monde.

Une reprise « globale » de la discussion sur la forme philosophique du discours marxiste apparaît donc nécessaire (alors que nous sommes au contraire déjà très gravement en retard). Le problème apparaît tout de suite très difficile, puisqu'il ne semble pas en fait possible de refonder un discours philosophique marxiste cohérent et crédible à partir des vieilles formulations auxquelles nous sommes habitués, formulations que nous qualifierons de « marxisme oriental », soviétique, et de « marxisme occidental », répandu à différents niveaux, parmi les groupes d'opposition au capitalisme, à l'intérieur ou à l'extérieur des partis communistes.

Par « marxisme oriental » nous entendons ici en première instance ce qu'on appelle « matérialisme dialectique » compris comme cosmologie matérialiste naturelle fondée sur de prétendues « lois de la dialectique » et le « matérialisme historique » compris comme théorie historico-évolutive de la succession des modes de production guidée par les progrès « neutres » de la science et de la technologie. Il s'agit, comme on le sait, des notions spécifiques du matérialisme historique et dialectique qui servent d'idéologie de légitimation sociale aux partis et aux pays du « socialisme réel ». Elles ne peuvent plus sérieusement être proposées de nouveau, en tant que la crise sociale et politique de ces sociétés a désormais montré avec clarté la fausseté et le caractère illusoire d'une conception évolutioniste-technologique des modes de production.

Par « marxisme occidental » nous entendons au contraire le paradigme philosophique centré sur l'unité du sujet et de l'objet, c'est-à-dire sur le mythe idéaliste de la coïncidence de la conscience du prolétariat et de l'histoire universelle. Comme on le sait, sa genèse historico-psychologique, amplement justifiée, fit l'adhésion de vastes couches d'intellectuels à la révolution russe de 1917 et le refus des mythes réactionnaires de la supériorité et de la neutralité des intellectuels dans leur rapport aux classes sociales. Toutefois, la

« soumission idéale », subjectivement sincère, des intellectuels aux contenus de la conscience du prolétariat (soit que ces contenus aient été compris sous la forme empirico-sociologique, factuelle, soit qu'ils aient été métamorphosés sous la forme idéale-typique, métaphysique) s'est finalement révélée comme un piège qui, au lieu de les en approcher, a éloigné les intellectuels de la connaissance de la totalité des rapports sociaux et de la reproduction complexe du mode de production capitaliste.

Si ces deux « marxismes » ne peuvent être proposés, il est nécessaire que la reprise d'une forme philosophique crédible du discours marxiste ne soit pas la reproduction à quelques petits détails près des éléments essentiels de ces deux paradigmes, mais ait le courage théorique et politique de rompre avec eux. Evidemment, cette rupture ne doit pas annuler les mérites historiques que ces deux formulations hétérogènes du marxisme ont eus dans des conjonctures historico-sociales déterminées (ce que nous pourrions appeler leur « valeur de position »). Il est néanmoins nécessaire de leur donner congé de façon claire et irrévocable de même que de divorcer d'avec les « illusions épistémologiques » sur l'intégrale « scientificisation », conçue de façon positiviste, du matérialisme historique comme science sociale des modes de production.

Le problème de la forme philosophique par laquelle s'« exprime » le matérialisme historique ne peut bien sûr être résolu une fois pour toutes. Il s'agit d'un problème « conjoncturel » (la formulation althusérienne qui voit la lutte entre les diverses philosophies comme fonction de la lutte des classes est donc juste pour l'essentiel), pourvu qu'on comprenne bien que le terme « conjoncturel » n'a rien à voir avec la rouerie, l'opportunisme, l'art de saisir un générique et vague « esprit des temps ». La conjoncture actuelle est pour l'essentiel caractérisée dialectiquement par une mondialisation croissante du problème du communisme (de l'aggravation de l'exploitation impérialiste à la crise écologique mondiale et aux menaces croissantes contre la paix) et en même temps par une crise profonde des vieux sujets collectifs (en premier lieu la classe ouvrière des grandes usines) qui ont traditionnellement servi de cadres référentiels aux projets révolutionnaires. Si cette analyse est juste, il apparaît alors plausible de reformuler sur un mode complexe la philosophie du matérialisme historique dans la forme explicite d'une « ontologie de l'être social ».

Le premier effort systématique en ce sens, nécessairement demeuré à l'état de fragment, a été entrepris après 1956 par le grand philosophe hongrois György Lukács dans les quinze dernières années de sa vie. Son œuvre, intitulée *Pour une ontologie de l'Etre social*, écrite en allemand, dont il n'existe pas malheureusement de traduction française (une bonne traduction italienne d'Alberto Scarponi est disponible), marque un clair tournant par rapport aux trois positions philosophiques que nous avons précédemment critiquées, l'illusion épistémologique de la scientificisation absolue du discours marxiste, le mythe positiviste-évolutioniste du progrès des forces productives garanti par une cosmologie athée-matérialiste, et enfin la légende ouvriériste de l'omnipotence du prolétariat et de ses formes de conscience et d'action. Le point de vue ontologico-social est un point de vue rigoureusement impersonnel et désanthropomorphisé, qui a en premier lieu comme objet une doctrine des catégories logico-ontologiques (dans un sens hégélien, donc, et non kantien, mais *sans* la reprise de la transfiguration métaphysique de la nécessité absolue du développement de l'« Esprit » qu'il y a dans l'idéalisme absolu hégélien), lesquelles étant propres à l'Etre social déterminé en tant que tel sont nécessairement impersonnelles et désanthropomorphisées, et qui parvient ensuite à une sorte d'individualisation et d'anthropomorphisation de « second degré », dans laquelle la transition sociale du capitalisme au communisme apparaît *ontologiquement possible et axiologiquement* désirable.

L'unité essentielle entre l'éthique et l'ontologie (typique des meilleures philosophies du passé, et nous pensons en premier lieu à l'épicurisme), ou mieux, la fondation ontologique des valeurs éthiques (dont le plus illustre exemple est la philosophie de Spinoza), représentent une véritable « révolution copernicienne » par rapport aux approches marxistes traditionnelles, qui ont toujours philosophiquement oscillé du pragmatisme opportuniste et de la philosophie néo-kantienne des « valeurs » (« enveloppes » idéologiques typiques du réformisme social-démocrate) au volontarisme subjectiviste et au culte héroïque du sacrifice des avant-gardes (« enveloppes » typiques de toute forme d'extrémisme). En particulier, une refondation matérialiste et dialectique de l'unité entre ontologie et éthique dans la considération de la spécificité de l'Etre social contemporain semble être l'unique position en mesure de s'opposer rationnellement à ce qu'on appelle l'« ontologie différentielle » qui s'est développée à partir de la pensée de Martin Heidegger. Cette « ontologie différentialiste », qui considère la totalité articulée et complexe de l'Etre social moderne comme une sorte de Destin immuable, produit de la transformation intégrale de la métaphysique occidentale en domination technique impersonnelle et irréversible, représente un défi au matérialisme historique bien plus grand que celui des traditionnels courants de l'anticommunisme vulgaire. On est bien ici confronté à une pensée articulée et robuste qui semble en outre « correspondre » à un sens commun croissant et répandu au sujet de l'inévitable et de l'invincibilité de la domination capitaliste à laquelle il serait désormais vain d'opposer un projet alternatif de dépassement.

Evidemment, le contenu direct et explicite de l'ontologie différentialiste heideggerienne n'est aucunement l'apologie directe de la vie quotidienne sous le capitalisme. Au contraire, on y propose une sorte de « sécession » aristocratique par rapport aux valeurs éthiques et sociales du capitalisme actuel, qui est correctement analysé comme destructeur soit de l'environnement naturel soit de toute forme sensée d'existence humaine. Cependant cette « sécession » se présente de fait comme une pure « intériorité à l'ombre du pouvoir », une position purement conscientialiste, en tant que l'ensemble des rapports sociaux y est de fait déclaré non modifiable par quelque pratique projectuelle révolutionnaire que ce soit. Ainsi, plus encore la notion même de « praxis » est vue comme « interne » au mécanisme de reproduction de la domination, de même que cette dernière se représente sur un mode mystifié dans l'idéologie « humaniste ».

L'ontologie différentialiste heideggerienne a dans l'ensemble adressé des objections pénétrantes et absolument pertinentes aux vieilles « philosophies de la praxis » (y compris celle qui se réfère à la pensée d'Antonio Gramsci), dans la mesure où ces dernières se sont donné une auto-conscience théorique de type volontariste et subjectiviste, caractérisée également par un « prométhéisme » humaniste de mauvais aloi, destiné à devenir bien vite subalterne du stalinisme politique. En d'autres termes, une bonne « philosophie de la praxis » ne peut ressusciter que sur des bases nettement ontologiques. A ce sujet, la catégorie de « travail », à laquelle Lukács donne tant d'importance en repérant en elle la forme originelle et le modèle de toute action téléologique, peut être interprétée, sans déformation, comme une spécification ontologique fondamentale de la catégorie même de « praxis », en lui ôtant toute équivoque volontariste et activiste.

Le marxisme théorique italien (dont le lecteur français a maintenant avec l'ouvrage de Jean-Pierre Potier une histoire scrupuleuse et précise) se trouve aujourd'hui dans une grave crise d'identité théorique et de développement, crise qu'il partage avec la tradition théorique marxiste française. Comme on le sait, sa tradition philosophique principale vient de la « philosophie de la praxis » d'Antonio Gramsci, dont on commémorera en 1987 le cinquantenaire de sa mort. Cette tradition, malgré une certaine vulgarisation scolastique et un certain appauvrissement propagandiste présente encore des éléments dignes d'être « sauvés » et revalorisés d'une certaine façon. La requalification de la tradition gramscienne de « philosophie de la praxis » ne pourra néanmoins advenir sans son approfondissement sous la forme ontologico-sociale. Il s'agit d'une opération absolument compatible avec les éléments les plus féconds de la philosophie de la praxis elle-même, alors que la même opération devient incompatible avec la dissolution de l'héritage gramscien dans l'éclectisme, dans l'opportunisme, dans l'abandon tacite ou explicite de toute perspective marxiste et communiste. La philosophie marxiste italienne court un grave danger. Seul un projet collectif conscient, visant à lier les contenus émancipateurs de la tradition gramscienne et les nouvelles perspectives de type ontologico-social ouvertes par le grand effort systématique de Lukács, pourra de toute façon tracer un chemìn pour sortir de l'impasse actuelle.

Valeur et prix dans la théorie marxiste, un débat séculaire

DOSTALER Gilles (Montréal)

The purpose of this paper is to outline the debates's story on price theory and marxian labour value theory. It shows their theoretical objects and their actuality.

En 1867 est publié le livre premier du *Capital, critique de l'économie politique*, de Karl Marx. C'est le seul des quatre livres de cette œuvre, dont le plan général a été ébauché en 1857, à être publié du vivant de son auteur. Les deuxième et troisième livres seront édités par Friedrich Engels en 1885 et 1894, à partir de manuscrits laissés par Marx. Le premier chapitre de ce livre, intitulé « la marchandise » reprend en la développant une thèse déjà présentée dans la *Contribution à la critique de l'économie politique*, parue en 1859. Selon cette thèse, la « valeur » d'une marchandise est déterminée par le temps de travail « socialement nécessaire » requis pour sa production. Cette thèse donne lieu à des développements complexes que Marx a d'ailleurs lui-même comparés à des « sentiers escarpés ».

Il distingue d'abord, à la suite d'Aristote et d'Adam Smith, la valeur d'usage et la valeur d'échange, mettant de côté la première dans son analyse de la marchandise (mais on la verra ressurgir à divers moments dans les analyses ultérieures). Il distingue ensuite — mais cela n'est pas très clair dans la traduction française — la valeur d'échange et la valeur qui serait, pour ainsi dire, son fondement, sa substance. La section sans doute la plus difficile du premier chapitre du *Capital* est consacrée à une analyse, de facture très hégélienne, des formes de la valeur. Marx y expose la « genèse » de la « forme prix », expression de la valeur d'échange dans la marchandise qui fonctionne comme équivalent général, c'est-à-dire comme monnaie. Dès lors est suggérée la possibilité d'un écart quantitatif entre le prix et la valeur, et même celle que des choses sans valeur au sens formel, parce que non marchandises (l'honneur, la vertu), puissent avoir un prix. Par ailleurs, du travail qui constitue la « substance » de la valeur, Marx écrit qu'il s'agit de travail abstrait, qu'il faut distinguer du travail concret, fondement de la valeur d'usage.

De ces analyses complexes et parfois obscures, dont le sens continue aujourd'hui de faire l'objet d'exégèses souvent non moins complexes et obscures, le lecteur de 1867 a sans doute d'abord retenu que Marx est un adepte de la théorie connue sous l'expression de théorie de la valeur-travail. Quatre ans plus tard, Jevons et Menger, puis, en 1874, Walras, allaient proposer de faire table rase de cette théorie et de la remplacer par une « nouvelle » théorie de la valeur fondée sur l'utilité — bref, pour faire simple, une théorie des prix fondée sur la valeur d'usage. Notre lecteur de 1867 voit donc en Marx un successeur de celui qui, en 1817, aurait donné à cette théorie sa formulation la plus rigoureuse, l'économiste anglais David Ricardo, dans ses *Principes de l'économie politique et de l'impôt.*

C'est Ricardo, et non Marx qu'il ne connaissait sans doute pas, que Jevons attaque en 1871, pour avoir « dévié la locomotive de la science économique sur une mauvaise voie » (1). S'il connait très bien Marx, le lecteur de 1867 sait qu'il a, dès 1847, dans *Misère de la philosophie,* opposé la théorie « scientifique » de Ricardo, en particulier la valeur-travail, aux utopies proudhoniennes. Enfin, si c'est un intime de Marx, il sait qu'il a été amené à cette révision de son opinion de Ricardo — considéré comme un apologue cynique du capitalisme dans les *Manuscrits* de 1844 — après avoir découvert, durant l'été de 1845, les écrits des socialistes ricardiens qui ont fondé sur la théorie de la valeur de ce dernier leur revendication à l'effet que la totalité du produit du travail revienne aux travailleurs. L'un des premiers critiques du *Capital,* l'économiste français Maurice Block, accusait d'ailleurs Marx d'avoir transformé la théorie de la valeur-travail en « arme contre la bourgeoisie » (2).

La théorie de la plus-value, fondement de l'analyse de l'exploitation, apparaît en effet comme une déduction de la théorie de la valeur-travail. La force de travail est une marchandise « louée » à sa valeur, égale au temps de travail socialement nécessaire pour la reproduire. La plus-value vient de ce que la valeur d'usage de la force de travail est de produire de la valeur, et qu'elle s'exécute durant une période qui excède sa propre valeur. Profits, rentes, intérêts, tous les revenus non-salariaux sont des formes de la plus-value, fruit du « travail gratuit » des prolétaires. Marx voyait dans cette dernière découverte, et dans sa distinction entre travail concret et travail abstrait, ses deux contributions les plus importantes dans le *Capital.*

Il y avait un problème, un problème important, dans la présentation de la théorie de la valeur-travail, dont Marx était du reste parfaitement conscient, mais que ses premiers lecteurs n'ont pas vu. Sauf un, le correcteur d'épreuves Engels, qui s'étonne de ce que Marx n'avait pas présenté de réponse à une objection qu'on avait déjà servie à Ricardo, et ce dès 1818. Sous la plume de Torrens, l'objection prenait la forme suivante : la théorie ricardienne de la valeur est mise en échec par le fait que des capitaux égaux mettent généralement en mouvement des quantités inégales de travail. Or, la péréquation des taux de profit est considérée par Ricardo, comme par Smith et Marx, comme une loi fondamentale des économies capitalistes. Dès lors, le problème qui se pose est celui de la compatibilité entre la loi de la valeur-travail et la tendance à l'égalité des taux de profit.

De ce problème, Ricardo était lui-même conscient et il essaie péniblement de le résoudre dans les quatrième et cinquième sections des *Principes*. Il aboutit à la conclusion que le travail est, de loin, le principal facteur déterminant la valeur, mais que les différences de proportion entre capital fixe et circulant ont un effet sur la valeur.

Marx attribue à l'impuissance des disciples de Ricardo à répondre à l'objection de Torrens la désintégration de l'école ricardienne, l'abandon de la théorie de la valeur-travail et le remplacement de l'économie politique scientifique — fût-elle bourgeoise (Ricardo) — par l'économie vulgaire (Mill). Il est donc important de trouver une solution qui permettrait en même temps de dépasser Ricardo. Marx la trouve et il la communique à Engels dans une lettre du 2 août 1862. D'où la surprise de ce dernier de ne pas la voir dans le manuscrit. Marx lui écrit que la réponse à « l'objection inévitable du philistin et de l'économiste vulgaire... revient, en termes scientifiques, à la question suivante : comment la valeur de la marchandise se transforme-t-elle en son prix de production (3) ? Cette réponse devait venir au livre troisième, et son absence permettait de tendre un piège aux économistes. C'est ainsi qu'Engels, dans sa préface au livre deuxième, en 1885, met les économistes au défi de résoudre la contradiction entre « la loi de la valeur » et « l'égalité du taux de profit moyen ». Il s'agissait en fait de montrer comment la théorie de la valeur peut se concilier avec la formation des prix.

On peut considérer cette date de 1885 comme le point de départ du débat maintenant séculaire sur le rapport entre valeur et prix dans la théorie marxiste. Entre 1885 et 1894, date de la publication du livre troisième, plusieurs économistes répondront au défi d'Engels. Et, nonobstant le compte-rendu défavorable de ce dernier dans sa postface au livre troisième, il est clair qu'au moins deux économistes, Wilhelm Lexis et Conrad Schmidt, sont arrivés, par des voies différentes, à des solutions très proches de celle de Marx. Cette dernière est bien connue. Rappelons-la brièvement. Les marchandises sont dotées d'une valeur, égale au temps de travail socialement nécessaire pour les produire, qui se décompose en capital constant (c), capital variable (v) et plus-value (pl), soit :

$$\text{valeur} = c + v + pl$$

où pl/v = taux de plus-value, expression de « l'exploitation du travail ;
c/v = composition organique du capital, expression du rapport entre moyens de production et travail vivant.

Les marchandises s'échangent toutefois à des prix de production différents des valeurs et donnés par :

$$\text{prix de production} = (c + v)(1 + r)$$

où r = $\Sigma pl/\Sigma (c + v)$, représente le taux de profit moyen de l'économie.

Le processus de « transformation des valeurs en prix de production » s'opère donc par un transfert de plus-value, des secteurs à faible composition organique du capital aux secteurs à forte composition organique du capital, au terme duquel les taux de profit sont égalisés. Au total, la somme des profits est égale à la somme des plus-value et la somme des prix de production à celle des valeurs, de sorte qu'en fin de compte, c'est bien la valeur — et donc le temps de travail — qui détermine les prix et le sur-travail qui est à l'origine du profit. On devine que c'est cette dernière assertion qui soulève le plus de problèmes... et de passions.

De Marx à Sraffa

Le débat sur le rapport entre la théorie de la valeur et la formation des prix n'est pas clos avec la publication du troisième livre du *Capital*, bien au contraire. Böhm-Bawerk, parmi d'autres (Pareto, Wicksteed, Loria,...) publie en 1896 une brillante critique du *Capital*, qui servira de modèle et d'inspiration pour les critiques néo-classiques à venir dont la plupart se contenteront de la paraphraser. Pour l'économiste autrichien, il y a une « grande contradiction » entre la valeur du livre premier et la théorie des prix du livre troisième, qui sonne le glas du marxisme. La loi de la valeur-travail est un postulat métaphysique. La théorie des prix de production est une théorie très ordinaire des prix fondés sur les coûts de production de long terme. Les deux univers de Marx (livre I - livre III) sont incommensurables.

A cette époque, les « réactions marxistes » furent diverses mais on peut les grouper en trois catégories. La première réaction, la réaction orthodoxe, consiste à poser la lettre du texte de Marx comme vérité incontournable (exemple : Kautsky). On peut le faire vulgairement ou de manière plus sophistiquée. On peut reconnaître, par exemple, comme Labriola, qu'il y a une contradiction dans le texte du *Capital*, mais que cette contradiction est le reflet des contradictions réelles, que ne peuvent voir les « économistes bourgeois ». A l'autre extrême, des auteurs qui continuent à se réclamer de Marx proposent de remplacer la théorie de la valeur-travail par la nouvelle théorie marginaliste des prix tout en maintenant la théorie marxiste de l'exploitation. Telle est la position de Bernstein, première en date des tentatives de synthèses « marginalo-marxistes ».

Entre ces deux extrêmes, plusieurs auteurs ont tenté de réinterpréter le sens et l'objet même de la théorie de la valeur de Marx. On souligne que la théorie des prix de production vise à expliquer les rapports d'échange entre les marchandises, mais que tel n'est pas l'objet de la théorie de la valeur dont le sens est, pour ainsi dire, plus qualitatif et qui vise à rendre compte des rapports sociaux. Sombart, Croce et, surtout, Hilferding dans sa réponse à Böhm-Bawerk, ont mis l'accent sur cet aspect. Un peu plus tard, en 1927, l'économiste russe Isaac Roubine, dont l'œuvre a été récemment redécouverte, a développé cette thèse en mettant l'accent sur le concept de travail abstrait comme travail privé socialisé par l'échange.

Se sont précisées, dès lors, deux conceptions assez différentes du travail — substance de la valeur, et donc de la valeur. Selon la première, le travail abstrait est une « dépense physiologique » coagulée dans la marchandise — sang et sueur transformés en valeur. C'est la version « travail incorporé » de la théorie de la valeur. Selon la seconde, le travail abstrait renvoie à un rapport social, il indique le mode de socialisation des travaux privés sous le capitalisme. Selon la version « travail abstrait », l'aspect quantitatif cède le pas à l'aspect qualitatif, au point que les relations quantitatives entre valeur et prix n'ont plus d'importance.

Toutefois ces relations mathématiques ont intéressé quelques auteurs qui, tout en se situant en dehors ou à la périphérie du marxisme, ne manifestaient pas la même hostilité que Böhm-Bawerk ou Pareto vis-à-vis de la théorie de Marx. Dès 1895, Lexis s'interroge sur la rigueur logico-mathématique du modèle de Marx, et se demande si les conclusions de Marx (les fameuses égalités quantitatives) ne sont pas contenues dans ses prémisses. En 1905, Tugan-Buranovski décèle une incompatibilité entre les schémas de reproduction et le modèle de transformation.

C'est un élève de Lexis, Bortkiewicz, qui met en lumière la source de l'erreur de Marx : il a transformé les valeurs finales, mais pas les valeurs intermédiaires. Bortkiewicz propose donc une « correction » de la construction de Marx dans laquelle intrants et extrants sont simultanément transformés. Simplement, au terme de cet exercice, on ne peut obtenir, sauf hypothèses très contraignantes, les deux égalités de Marx. Par ailleurs, s'appuyant sur les travaux de l'économiste russe Dimitriev, Bortkiewicz présente un modèle général de « calculs en valeur » et « calculs en prix » qui est en réalité beaucoup plus proche de Sraffa que de Marx.

On peut montrer, en effet que les valeurs au sens de Marx sont redondantes dans le modèle de Bortkiewicz. Des marchandises produisent des marchandises, avec un surplus. Une règle de répartition du surplus (égalité du taux de profit) permet de déduire les prix. Bortkiewicz estimait néanmoins que sa théorie était plus proche de celle de Marx, pour qui le profit est une déduction du produit du travail, que de celles de Böhm-Bawerk et des marginalistes, pour qui le profit découle de la productivité du capital.

La contribution de Bortkiewicz, publiée en 1907, constitue le point de départ d'une littérature technique à laquelle pour plusieurs se réduit souvent le débat sur la « transformation des valeurs en prix de production ». De nombreux « modèles » sont proposés, à la suite de Bortkiewicz, qui cherchent en particulier à établir les conditions pour obtenir des équivalences quantitatives qu'on estime fidèles à « l'esprit » du texte de Marx. Des auteurs de toutes les tendances théoriques s'intéressent à cette question qui, néanmoins, soulève relativement peu d'intérêt, en particulier dans le marxisme, où le plus souvent ces problèmes sont passés sous silence.

Avant Sraffa, cette littérature se clôt avec une contribution de Francis Seton en 1957. Seton s'appuie sur Leontieff et utilise l'algèbre matricielle pour désagréger le modèle traditionnel à trois secteurs. Il en ressort, beaucoup plus clairement que chez Bortkiewicz, qu'on a nul besoin des valeurs d'échange pour déduire les prix et le taux de profit. Une donnée technique initiale — les valeurs d'usage — suffit. Bref, c'est la conclusion théorique que plusieurs ont tirée jusqu'à ce jour, le livre premier du *Capital* — avec sa théorie de la valeur — est un détour inutile, d'intérêt heuristique (Samuelson) ou purement métaphysique (Robinson). C'est le livre troisième qui compte.

Economiste d'origine italienne établi à Cambridge dans les années vingt, ami de Gramsci et de Keynes, Piero Sraffa publie en 1925 et 1926 deux articles dévastateurs contre la théorie marginaliste de la valeur, puis il se consacre essentiellement à l'édition des œuvres de Ricardo, parues en dix volumes entre 1951 et 1956, avant de produire, en 1960, un petit livre de cent pages : *Production de marchandises par des marchandises*. Sraffa a donc peu écrit, mais il a fait énormement écrire !

Sraffa propose, dans cet ouvrage, une solution au problème qui a tourmenté Ricardo jusqu'à la fin de sa vie : comment trouver un étalon de valeur invariable aux modifications dans la répartition (ce qui est une autre façon de voir le problème dont nous avons fait état plus haut). Voici, encore une fois très succinctement, le modèle. Des marchandises produisent des marchandises. C'est une donnée technique. Ces marchandises sont hétérogènes. Les prix (valeurs, prix, prix de production, c'est la même chose dit Sraffa) permettent de les homogénéiser. Ils permettent, en particulier, de mesurer le surplus de marchandises produites sur les marchandises utilisées. Ce surplus est réparti en deux catégories : salaires et profits. Ces derniers doivent être répartis entre les branches de manière telle qu'on ait égalité des rapports entre profits par branche et valeur des marchandises utilisée par branche : c'est le taux de profit τ. Ce taux, le salaire et les prix sont déterminés simultanément. Quel est l'étalon qui permet de mesurer prix et salaires et qui soit tel qu'on puisse être assuré qu'aucune modification dans la répartition (i.e. le partage du gâteau) ne modifie les prix et donc la grandeur du surplus (i.e. la grandeur du gâteau) ? Il ne se trouve pas. Il faut le construire. Sraffa montre que de tout « système réel » on peut déduire un système-étalon, lequel a un « taux de surplus » unique R, qui sert d'étalon. Si le salaire w est donné comme proportion du surplus du système-étalon, Sraffa montre que, pour tout système réel :

$$\tau = R\,(1 - w)$$

Où sont Marx, sa valeur et ses prix dans tout cela ? Il en est peu question dans le texte de Sraffa, même s'il le mentionne dans ses « Notes sur les sources ». Mais dans une conversation, il nous a dit qu'il n'aurait pu écrire son livre s'il n'y avait pas eu avant les trois livres du *Capital*. De sa formule exprimant la divergence d'intérêts entre travailleurs et capitalistes, Sraffa nous affirmait qu'elle décrit exactement la même réalité que celle dont rend compte la théorie de la plus-value de Marx, réalité par ailleurs camouflée par les économistes néo-classiques. Enfin, en ce qui concerne le problème de la transformation, Sraffa considérait qu'il le réglait, en même temps que celui de Ricardo.

Après Sraffa

Mais Sraffa n'est plus, et sa parole, pas plus que celle de Marx d'ailleurs, ne peut clore le débat. Ce qui est toutefois remarquable, c'est qu'on peut dessiner le tableau des discussions actuelles sur la théorie de la valeur et des prix chez Marx autour des débats engendrés par l'œuvre de Sraffa et des réactions qu'elle a suscitées.

Ces réactions vont de l'acceptation globale au refus global, avec la palette des réactions intermédiaires (4). L'acceptation globale, c'est celle du courant souvent qualifié de « ricardo-marxiste » ou « marxiste-sraffien ». Il y a, selon cette vision, une ligne d'évolution politique qui va de Ricardo à Sraffa en passant par Marx et Bortkiewicz. C'est celle de la logique du surplus, opposée à la logique néo-classique de l'équivalence. Les instruments analytiques varient (de la plus-value de Marx au taux de surplus de Sraffa par exemple), mais la problématique fondamentale est la même. La plupart des tenants de cette position reconnaissent qu'après Sraffa, il est devenu nécessaire d'abandonner la théorie de la valeur de Marx et de reconnaître que le modèle de Sraffa résout une fois pour toutes le problème de la transformation de Marx. Evidemment, il y a des nuances dans cette position. Un auteur comme Steedan souligne, dans son *Marx after Sraffa,* qu'il faut « épurer » Marx de tout ce qui n'est pas fondamentalement ricardien, alors que Garegnani cherche plus à préserver l'apport propre de Marx. Des auteurs déjà bien connus avant Sraffa, Meek et Dobb (ce dernier a été le collaborateur de Sraffa pour son édition de Ricardo) ont revu leurs thèses à la lumière de l'œuvre de Sraffa.

Un autre courant, qui s'est d'abord surtout développé en France, et qu'on qualifie parfois de « marxiste critique », a, face au « défi sraffaien », repris le débat amorcé par Croce, Labriola, Hilferding et Roubine (sans nécessairement se référer explicitement à ces auteurs), sur le sens des concepts de marchandise, valeur et travail abstrait. Ce courant met l'accent sur le sous-titre du *Capital,* « Critique de l'économie politique », et donc sur la rupture plutôt que la continuité de Ricardo à Marx. Cela se traduit par une interprétation « qualitative » de la théorie de la valeur, dont l'objet n'est pas l'élucidation des rapports d'échange, mais celle des rapports sociaux. Dès lors, théorie de la valeur et théorie des prix de production sont à des niveaux d'abstraction différents et, d'une certaine manière, incommensurables. Du coup, selon cette interprétation, la liaison quantitative entre valeur et prix est un faux problème. Du moins ne prend-il sens que si on interprète tout à fait différemment les prix, et dans un sens différent de celui de Sraffa. Sraffa est perçu comme un continuateur de Ricardo, auquel s'applique la critique que Marx fait de Ricardo.

Il y a, toutefois , un problème sérieux avec le livre troisième du *Capital,* puisqu'il y est bel et bien question de transformation des valeurs en prix de production, et que cette dernière est illustrée mathématiquement. Dans le courant « critique », plusieurs en viennent à dire que Marx, critique de l'économie politique, « retombe » dans l'économie politique dans le livre troisième. Bref, Marx n'a pas mené à terme le projet esquissé dans le premier livre. Certains vont plus loin, et remettent en cause des éléments fondamentaux du livre premier : du statut de « marchandises problématiques » telles la monnaie et la force de travail, à la théorie de la valeur-travail comme telle. On se propose dès lors de reconstruire une théorie de la société marchande qui parte, non pas du travail abstrait, mais de la monnaie comme fondement de la socialisation.

Face à cette « révision en profondeur », telle qu'il reste peu de chose de la « charpente marxiste », plusieurs essaient de maintenir l'édifice tout en tenant compte de l'apport de Sraffa. La tâche n'est pas facile, mais elle donne quand même un certain nombre de résultats intéressants. Ainsi Jacques Bidet propose-t-il une « refondation » à partir d'une vision du but vers lequel tendait Marx, mais qu'il n'a pas atteint. Des solutions nouvelles et diverses sont proposées du problème de la transformation, celles par exemple de Dumenil et de Lipietz ou encore celle de Shaikh. Avec ce dernier, toutefois, nous nous approchons de l'attitude du refus global, pour qui Marx a défini un cadre théorique radicalement différent et incompatible avec celui des classiques, et qu'il faut respecter si on ne veut pas tomber dans le camp des économistes bourgeois ou, pire, vulgaires. Pour ce courant, Sraffa et Samuelson sont dans le même camp face à Marx.

Il faut noter toutefois, en terminant ce survol par trop rapide, que les économistes néo-classiques ont eux-mêmes commencé, depuis une quinzaine d'années, à s'intéresser à Marx, d'une manière plus positive que celle de leurs prédécesseurs de la fin du XIXᵉ siècle. Ce regain d'intérêt est sans doute lui aussi lié à l'apport de Sraffa et à la résurgence des débats sur la valeur. Alors que les « sraffaiens » réduisent Marx à Ricardo, plusieurs de ces auteurs font des rapprochements entre Marx et, par exemple, Walras, qui seraient, de l'avis de Morishima, les deux fondateurs de l'économie moderne. Ce sont d'autres passages du *Capital*, sur la valeur d'usage et sur les échanges qui attirent cette fois l'attention, passages dans lesquels on lit l'ébauche d'une théorie de la demande et de la valeur-utilité. Ces synthèses « marginalo-marxistes » ne sont d'ailleurs pas uniquement le fait d'auteurs d'obédience strictement néo-classique. Qu'on pense par exemple à Oscar Lange ou, plus récemment, à Gérard Roland.

Il y a de quoi être perplexe, au terme de cette brève revue des troupes, dans laquelle nous avons dû négliger plusieurs bataillons. Autour d'une question en apparence relativement simple — si on la compare à des phénomènes plus « complexes », comme la crise ou les relations internationales — les analyses, interprétations et lectures sont multiples, contradictoires, souvent inconciliables. Toutes, par ailleurs, peuvent trouver appui sur le texte, ou plutôt l'un des innombrables textes de Marx, dont l'œuvre est, on le sait, complexe, touffue, parfois confuse et contradictoire, et surtout incomplète. De sorte que l'exégèse, en ce domaine comme dans tous les autres, ne mène à rien. On trouvera toujours une citation ou un passage pour confirmer ou infirmer un propos.

Nous croyons donc qu'il faut renoncer à l'idée selon laquelle il y a *une* interprétation correcte de la théorie de la valeur et de la théorie des prix de Marx, ou, plus encore, qu'il y a une théorie correcte de la valeur, une « vérité » » en ce domaine. Sans épouser les thèses de l'anarchisme épistémologique, nous estimons néanmoins qu'il y a quelque chose d'intéressant dans l'idée selon laquelle la coexistence de plusieurs « théories » contradictoires, loin d'être signe de chaos et d'impuissance, peut être source de progrès. Mais nons préférons parler de « théories » qui appréhendent, à divers niveaux, divers aspects de la réalité. Tel est l'un des messages du débat sur la théorie de la valeur. Selon qu'on se pose la question de la genèse de la marchandise, de la socialisation, des rapports de force dans la société, des rapports d'échange à long ou à court terme entre les marchandises, des relations internationales, de l'accumulation, la « théorie de la valeur » sera différente. Marx, comme plusieurs autres, essayait souvent de répondre à plusieurs questions à la fois, avec une théorie englobante. La recherche d'une vérité, dans ce domaine des sciences sociales, est périlleuse.

Il est donc dangereux de supposer qu'il y a une interprétation unique et correcte de la théorie de la valeur et de la relation valeur-prix. Il l'est encore plus de chercher une vérité et une cohérence sans faille dans le *Capital* de Marx. Et, surtout, de poser que la théorie de la valeur est la clef de voûte de cette cohérence. Cela est dangereux du moins, pour ceux qui tiennent à préserver certains éléments de l'analyse de Marx. Car cette clef de voûte, on l'a vu, peut être diversement interprétée. Et si elle tombe, avec elle s'écroule l'édifice. Nous préférons donc nous passer d'une clef de voûte qui serait la seule voie vers la vérité. Retenir qu'il y a, plutôt qu'un édifice parfaitement cohérent, un système complexe, incomplet, parfois confus, dont certains éléments sont contradictoires, mais qui contient néanmoins des intuitions fondamentales, des énoncés extrêmement féconds, des instruments opératoires pour appréhender certaines des caractéristiques les plus importantes des économies contemporaines. L'analyse de la marchandise en contient plusieurs, nonobstant le fait qu'on peut l'interpréter diversement, et peut-être même à cause de ce fait. Le débat est toujours ouvert.

Bibliographie sommaire

BENETTI C. *Valeur et répartition*. Paris, PUG/Maspéro, 1974.

BIDET J., *Que faire du « Capital » ? Matériaux pour une refondation*. Paris, Klincksieck, 1985.

DENIS H., *L'économie de Marx, histoire d'un échec*, Paris, PUF, 1971.

DOBB M. *Théories of Value and Distribution since Adam Smith*. Cambridge, Cambridge University Press, 1973.

DOGNIN P.D. *Les « sentiers escarpés » de Karl Marx*. Paris, Le Cerf, 1977.

DOSTALER G. *Valeur et prix, histoire d'un débat*. Montréal, Maspéro/P.U.G./P.U.Q., 1978.

DOSTALER G. et LAGUEUX M. (éd.). *Un échiquier centenaire : théorie de la valeur et formation des prix*. Paris, La Découverte/P.U.Q., 1985.

DUMENIL G. *De la valeur aux prix de production*. Paris, Economica, 1980.

FACCARELLO G. *Travail, valeur et prix. Une critique de la théorie de la valeur*. Paris, Anthropos, 1983.

LIPIETZ A. *Le monde enchanté. De la valeur à l'envol inflationniste*. Paris, Maspéro, 1983.

MEEK R.-L. *Studios in the Labour Theory of Value*. Londres, Lawrence & Wishart, 1973.

MORISHIMA M. *Marx's Economica : A Dual theory of Value and Gnouth*. Cambridge, Cambridge university Press, 1973.

ROUBINE I. *Essais sur la théorie de la valeur de Marx*. Paris, Maspéro, 1978.

SALAMA P. *Sur la valeur*. Paris, Maspéro, 1975.

SRAFFA P. *Production de marchandises par des marchandises*. Paris, Dunod, 1970.

STEEDMAN I. *Marx after Sraffa*. Londres, New Left Books, 1977.

Notes

(1) Voir Dostaler (1978), p. 17. Pour ne pas alourdir considérablement ce texte, et compte tenu de l'espace imparti, nous ne donnerons pas les références directes aux auteurs dont nous faisons état dans ce texte. Nous renvoyons, pour les travaux qui précèdent Bortkiewicz, à la bibliographie établie dans Dostaler (1978), et, pour la période contemporaine, à celle de Dostaler et Lagueux (1985).

(2) *Ibid.*, p. 12.

(3) *Ibid.*, p. 34.

(4) On trouvera une éventail de ces réactions dans notre recueil Dostaler et Lagueux (1985).

Le Congrès national indien et sa stratégie d'hégémonie *

CHANDRA Bipan (*New-Dehli*)
traduit de l'anglais par M. Charlot

Confronded with a semi-hegemonic colonial power, the INC chose to follow the revolutionary path of a « war of attrition » (struggle-truce-struggle). The principal of non-violence ensured that ideology and politics were in the forefront, and allowed the intervention of the masses in the struggle.

(...) La stratégie nationaliste reposait sur une conception particulière de la nature spécifique de la domination britannique, de l'Etat colonial et de ses politiques. En premier lieu, les aspects dominateurs et exploiteurs du colonialisme étaient parfaitement saisis. Mais on saisissait aussi que cet Etat colonial était de nature semi-hégémonique, semi-autoritaire. Il ne ressemblait pas à l'Allemagne de Hitler ou à la Russie tzariste, ni à la Chine de Tchang Kai Chek, ni à Cuba sous Batista, au Nicaragua de Somoza, au Mozambique portugais, ni même à l'Algérie française ou au Vietnam. La meilleure caractéristique serait peut-être de le définir comme un autoritarisme légaliste. L'Etat colonial était simultanément hégémonique et répressif, de droit et « semi-fasciste ».

L'Etat colonial fut installé par la force et la force resta son ultime recours, souvent utilisé ; la poigne de fer dans le gant de velours. Il recourut à la force brutale et à la répression — parfois sauvage —

* *Extraits de l'exposé inaugural de B. Chandra, président de la 46ᵉ session de l'Indian History Congress (AMRISTAR, déc. 1985).*

pour faire face à des mouvements de masse pacifiques. Des centaines de milliers de personnnes portèrent dans leur chair les traces des charges à la matraque, des milliers de personnes, celles des traitements parfois barbares infligés en prison — par exemple, fouetter en public le dos nu ou les fesses à coups de lanières de cuir pour non-respect du règlement.

Mais il ne reposait pas sur la force seule. Il reposait aussi sur la création de certaines institutions civiles, le respect des lois, sur un certain nombre de libertés et une relative tolérance ainsi que sur un comportement correct à l'égard des opposants. Tout en procédant à la répression, il respectait certaines règles juridiques ou administratives. Autrement dit, il était semi-démocratique.

En outre, il s'appuyait pour obtenir le consentement de la population sur deux idéologies sœurs stipulant, l'une, que les maîtres étaient bienveillants et justes, l'autre que leur pouvoir était durable et invincible. L'idée de bienveillance était diffusée par la présentation idéologique des Britanniques comme Mai-Baap du peuple, protecteurs de l'Inde contre les agresseurs étrangers, ayant apporté l'ordre et le règne de la loi ainsi qu'une administration stable et équitable après des siècles d'anarchie, de despotisme, d'arbitraire dans la justice et l'impôt, défenseurs de la propriété privée face à l'anarchie et aux confiscations, arbitres, justes et impartiaux dans les conflits entre les différents groupes et communautés d'Indiens tout en protégeant les plus faibles, ayant assuré l'égalité devant la loi entre riches et pauvres, hautes et basses castes, protégeant les paysans de la rapacité des propriétaires fonciers et des prêteurs, les ouvriers des appétits des capitalistes, les femmes de l'oppression des hommes, assurant par-dessus tout le développement de l'Inde et mettant fin à la pauvreté.

(...) Il y avait un certain nombre d'autres traits hégémoniques de l'Etat colonial qu'il avait en commun avec une orientation démocratique, comme le souci permanent de créer les procédures, les institutions et les occasions permettant l'intégration des opposants, et l'offre de concessions constitutionnelles, économiques ou autres, aux mouvements populaires et certaines satisfactions aux mécontents plutôt que de compter sur la force pour les mater lorsque l'usage de la force risquait de se retourner contre lui-même ou qu'il était rendu impraticable, en certains cas, du fait de l'érosion de l'hégémonie.

L'une des raisons pour lesquelles l'Etat colonial en Inde a développé ses caractéristiques hégémoniques tient à ce que les Britanniques jouissaient chez eux d'un gouvernement démocratique qui devait justifier devant son opinion la politique et le comportement de ses agents en Inde. Les tendances libérales-radicales au XIXe siècle et le développement de puissants sentiments anti-impérialistes dans les rangs des syndicats et du Parti travailliste au XXe siècle rendirent encore plus impératif le recours multiplié aux instruments hégémoniques alors même que la montée d'un fort mouvement national appelait l'emploi accru des moyens de coercition. L'Etat colonial devait aussi prendre en compte la sensibilité des administrateurs britanniques, dont la formation se faisait dans le cadre de *public schools* qui enseignait qu'on ne frappe pas un homme en situation d'infériorité ou qui n'oppose aucune résistance, puis dans des universités aux valeurs humanistes et libérales. De manière générale, ce personnel était le produit d'un système politique légaliste et démocratique.

Peut-être que l'usage systématique de la force fut aussi écarté parce que non adapté à un pays aussi vaste et peuplé que l'Inde, alors que la Grande-Bretagne était plus petite et très éloignée et qu'en nombre les Britanniques restaient relativement faibles dans le personnel colonial et l'armée. En même temps, l'Etat colonial en Inde fut un Etat dur et puissant. Il disposait de forces considérables. En cas de nécessité, il avait la capacité, sauf peut-être sur la fin, de faire usage de cette force.

La nature semi-hégémonique et légaliste de la domination britannique et sa différence par rapport à des régimes fondés sur la force brutale furent pleinement perçues par les nationalistes. La plupart des personnes que nous avons interrogées, même celles qui avaient été sauvagement matraquées ou avaient passé des années en prison, ont souligné cet aspect. Plusieurs femmes militantes, surtout dans l'Andhra et le Gujarat où le niveau de participation des femmes fut phénoménal, nous ont expliqué que ce qui leur avait donné la force d'aller en prison et qui avait persuadé leurs familles de leur en laisser prendre le risque ce fut de savoir ou d'estimer confusément que la police ne les déshonorerait pas. Beaucoup des interviewés ont déclaré qu'un combat non violent n'aurait pas été possible contre Hitler ou le Tzar.

(...) Gandhi lui-même avait pleinement conscience de ce caractère semi-hégémonique et semi-répressif de la domination britannique. Il écrivait dans le journal *Harijan* du 4 Septembre 1937 : « La domination britannique de l'Inde a dans l'ensemble été une malédiction. Elle s'est maintenue tout autant par la force militaire que par les parlements, la distribution de titres, les tribunaux, le système éducatif, la politique financière et d'autres moyens comparables ».

(...) En pleine lutte contre l'Etat colonial en 1942 Gandhi, d'une part, fit référence aux « très forts éléments de fascisme dans la domination britannique » et d'autre part à « la différence fondamentale entre le fascisme et cet impérialiste que je combats ».

C'est dans ces circonstances et en opposition à cet Etat colonial semi-hégémonique, semi-autoritaire que progressivement le mouvement national trouva sa stratégie et sa tactique. Nous pouvons, de ce point de vue, souligner que stratégie et tactique dépendent moins de la nature de classe du mouvement que de la structure politique et des caractéristiques de l'Etat qu'il faut renverser. Ainsi, les paysans taïping, les seigneurs de guerre semi-féodaux, le démocrate bourgeois Sun Yat Sen, Chiang Kaï Chek, le leader de la bourgeoisie compradore et des propriétaires fonciers, et les communistes à la tête des ouvriers et des paysans empruntèrent-ils tous la stratégie de la lutte armée en Chine, malgré les différences de leurs positions de classe. Il en va de même pour les révoltes nationales de Pologne, d'Irlande, d'Italie et pratiquement partout en Amérique latine au XIXe siècle, ainsi que de la Turquie et d'autres pays au XXe siècle.

L'orientation stratégique fondamentale du Congrès national indien fut de conduire une longue lutte patiente pour l'hégémonie ou, en termes gramsciens, une guerre de position, une lutte pour gagner les esprits et les cœurs de hommes et des femmes, étendant constamment son influence par des canaux différents et selon des modes d'action, des phases et des étapes distincts. Cette stratégie comporte deux points essentiels. Elle visait à l'hégémonie et faisait alterner des phases de lutte de masse illégale avec des phases de trêve respectant le cadre légal, c'est-à-dire, en termes gramsciens, la guerre de mouvement et la guerre de position. Mais l'une et l'autre étaient menées avec l'objectif d'étendre l'influence du mouvement national parmi le peuple.

La stratégie profonde ne changeait pas mais la tactique évoluait selon les phases et avec le temps. Il ne s'agissait nullement d'une stratégie de réformes graduelles ou de « compromis » avec le colonialisme ni d'une tentative de s'intégrer, de partager pouvoir et privilèges avec ce dernier. Il s'agissait d'une véritable lutte pour constituer des réserves de puissance hégémonique avec au bout la volonté d'arracher à l'Etat colonial le pouvoir politique. Tout en représentant une voie différente de la lutte armée mais, sur bien des points aussi, de la stratégie léniniste, elle avait en commun avec cette dernière un objectif stratégique, s'emparer du pouvoir.

Le deuxième aspect essentiel de la stratégie du Congrès fut le caractère prolongé de la lutte pour l'hégémonie qui faisait alterner deux phases de type différent. Dans la stratégie gandhienne qui plonge ses racines dans les phases modérées et extrémistes et qu'on peut décrire comme CTC (combat-trêve-combat), des phases de vigoureux mouvement de masse illégal avec des phases pendant lesquelles la confrontation directe est évitée, les concessions politiques et les réformes éventuellement arrachées au régime colonial sont mises en œuvre pour en montrer les limites inadéquates et un travail idéologique et politique intense est accompli parmi les masses dans les limites du cadre légal et constitutionnel existant, lequel en retour, facilite ce travail ; des forces sont rassemblées pour un nouveau mouvement de masse de niveau supérieur jusqu'à ce que finalement soit lancé le mot d'ordre

« hors de l'Inde » et arrachée l'ultime concession de l'indépendance.

L'une et l'autre phase furent utilisées, chacune à sa manière, pour affaiblir l'hégémonie coloniale et pour recruter et entraîner des cadres et développer les capacités de lutte. Tout le processus politique CTC formait une spirale ascendante qui supposait donc différentes étapes de la lutte de libération devant déboucher sur le transfert final du pouvoir.

(...) Cette stratégie envisageait de progresser par étapes mais il s'agissait d'étapes dans la lutte pour la liberté, pas d'étapes de la liberté. La liberté était indivisible ; tant qu'on ne l'avait pas totalement arrachée il n'y avait rien de fait. On ne pouvait conquérir la liberté « pas à pas », ou « par deux ou quatre centimes », comme disait Nehru. Les concessions constitutionnelles de 1892, 1907, 1919, 1935 jusqu'à 1946 devaient être prises comme autant de résultats de la lutte de libération mais ne devaient pas être tenues pour une moitié ou un quart de la liberté à atteindre. Chaque étape marquait un progrès mais ceci ne devait pas faire oublier que la tâche restait incomplète et que le pouvoir continuait d'appartenir à l'adversaire et le resterait jusqu'au transfert...

Donc la participation dans le cadre des réformes ne devait pas se confondre avec la participation au système ; le mouvement ne devait pas se laisser intégrer. A vrai dire, c'était une préoccupation essentielle d'avancer d'étape en étape sans tomber dans cette intégration. Il ne faut pas prendre non plus les phases sans mouvement de masse pour des phases d'assouplissement politique ou d'absence de lutte. Seule la force de la lutte était modifiée, passant de la désobéissance civile et de la contestation des lois à une agitation de masse et à un intense travail idéologique, comportant de grands déplacements de dirigeants, l'organisation de meetings publics à grande échelle etc.

(...) La stratégie gandhienne part du principe que, par sa nature même, un mouvement de masse ne peut pas être prolongé indéfiniment ni même sur une longue période, qu'un tel mouvement doit tôt ou tard refluer, que des périodes de repos et de consolidation, pour reprendre souffle, doivent intervenir pour permettre au mouvement de se préparer à l'affrontement ultérieur.

Et pourquoi cela ? Parce que les masses s'épuisaient inévitablement avec le temps. Leur capacité d'affronter l'Etat ou de supporter la répression (emprisonnement — charge à la matraque (très brutales souvent) — fortes amendes — mise aux enchères et confiscation de biens) ou d'endurer la souffrance, surtout celle de vieux parents, des femmes, des enfants, ou de faire des sacrifices avait (et cela reste vrai aujourd'hui) des limites.

Malgré la claire conscience de leurs intérêts à long terme, celle de l'exploitation et de la pauvreté, malgré la force de la conviction nationaliste, les gens n'allaient pas dans leur engagement au-delà d'un certain seuil à cause du prix à payer. La réponse au problème consistait à accroître continuellement leur capacité de sacrifice par la force de la motivation idéologique et en même temps à reconnaître les limites des gens et à ne pas exiger l'impossible. Il faut aussi voir qu'un Etat fort, qui n'est pas en crise, a des moyens considérables d'écraser un mouvement, comme le fit Willingdon en 1922-33 avec des mesures brutales et Linlithgow en 1942 en déchaînant une violence léonine.

Ce n'était pas la classe bourgeoise possédante qui connaissait ces limites. Les paysans ayant de la terre, y compris les plus petits, étaient bien plus exposés aux pressions politiques de l'Etat, car ils risquaient leur terre. En 1932, les paysans qui participèrent au mouvement de désobéissance civile furent assez facilement réduits, sauf dans quelques poches de résistance, lorsque leurs terres et leurs biens furent vendus à des prix dérisoires pour payer les amendes et l'impôt. Les journaliers agricoles et ceux des villes avec leurs familles, qui dépendaient presque exclusivement de leurs gains quotidiens, ne pouvaient tenir bien longtemps et même trouvaient difficile la simple participation à des manifestations de défi des lois qui pouvaient les conduire en prison. Après tout, un paysan avait un frère ou un métayer pour cultiver sa terre, un bourgeois, un propriétaire foncier ou un paysan moyen pouvait compter sur des ressources financières ou un appui familial. Un journalier et sa famille mouraient de faim si le salarié s'absentait de son travail pour une certaine durée. Il faut signaler que la conscience de cette difficulté ne peut s'expliquer par la pusillanimité de dirigeants de la petite ou de la grande bourgeoisie que nous avons interviewés. D'abord, c'est un jugement que partagent les militants de gauche.

(...) La non-violence fut un concept et une réalité à multiples facettes. Nous ne nous occuperons ici que des aspects qui se rapportent à la stratégie globale du Congrès, car elle en fut un élément essentiel à la fois comme mode d'action politique et de comportement personnel. De fait, la non-violence a marqué la stratégie du Congrès dès sa formation. Il ne s'agit pas du dogme d'un individu ni d'une ruse des classes possédantes, cela fait pleinement partie de la nature du mouvement national indien en tant que mouvement hégémonique s'appuyant sur une vaste mobilisation de masse. En même temps, la différence de ce mouvement national n'est pas sa forme non-violente de lutte mais son caractère hégémonique de masse. C'est à cause de ce caractère que la non-violence est devenue un de ses aspects essentiels.

L'adoption de formes de lutte non-violentes permit la participation de la masse de la population qui n'aurait pu le faire autrement ou dont l'engagement n'aurait pas eu la même force. Le « coût » d'une participation à une action violente est nécessairement bien plus élevé et un nombre plus réduit de personnes s'y engagent. La participation à des actions violentes soit sous forme de terrorisme, de guerilla ou d'une armée de libération, entraîne inévitablement de longues absences du foyer, un bouleversement complet de la vie quotidienne et la perte de vies humaines.

La lutte non-violente, tout en conduisant en prison et donc à un bouleversement de la vie normale, est qualitativement différente en termes de coût. De toute manière, de savoir que la répression serait moins dure que dans le cas d'actions violentes était pour beaucoup un encouragement à s'y joindre, surtout pour les couches les plus pauvres. Beaucoup de personnes que nous avons interrogées ont souligné le rôle de la non-violence pour la participation des masses à la lutte. C'est ce que nous ont dit aussi un grand nombre de femmes ; l'opposition des familles, la peur étaient bien moindres. D'ailleurs, selon elles, les femmes auraient eu beaucoup de mal à participer à une action armée. Mais, nous ont-elles dit, quand il s'agissait de supporter la souffrance, les charges à la matraque etc., les femmes se montrèrent probablement plus résistances que les hommes.

(...) Les mouvements de masse non-violents mettaient l'adversaire dans son tort et mettaient à nu le fondement coercitif du pouvoir lorsque les autorités avaient recours à la force des armes contre des satyagrahis désarmés. En fait, de tels mouvements enfermaient les dirigeants dans un dilemme. S'ils hésitaient à les réprimer parce qu'ils étaient pacifiques, il perdaient une bonne part de l'hégémonie car les militants violaient effectivement les lois existantes et ne pas y répondre était une abdication. Les fondements du pouvoir qui reposait sur un petit nombre d'étrangers dans l'administration, la police et l'armée et sur une minorité d'Indiens loyalistes s'en trouvaient sérieusement minés. S'ils réprimaient le mouvement, ils perdaient tout de même car il était moralement difficile de justifier l'usage de la force contre des manifestants pacifiques.

Le mouvement national, lui, avait une stratégie efficace : un pouvoir semi-démocratique n'avait pas vraiment de réponse à un mouvement non-violent de masse jouissant d'un soutien populaire étendu. En pratique, les autorités coloniales hésitèrent constamment entre l'une et l'autre réplique, finissant en général par se résoudre à l'emploi de la manière forte. Mais elles y perdaient constamment en puissance hégémonique. De plus, à la différence d'une société hégémonique et démocratique, l'Etat colonial ne pouvait livrer combat sur le terrain politique et idéologique.

L'adoption de la non-violence fut aussi liée au fait qu'un peuple désarmé n'a guère d'autre issue. D'une part l'Etat colonial avait complètement désarmé le peuple indien depuis 1858 et rendu difficile l'achat d'armes et l'entraînement à leur maniement. D'autre part, c'était un Etat fort et non passif. Les dirigeants du mouvement national comprirent dès le départ que les Indiens n'avaient pas les moyens de livrer la guerre à un pouvoir aussi fort. Dans le cas de la lutte non-violente au contraire, c'est la puissance morale et le soutien de masse qui comptent et là un peuple désarmé n'a pas de handicap. En d'autres termes, la non-violence est aussi une méthode pour rétablir par des atouts politiques l'égalité avec un Etat armé, dans une guerre de position.

(...) Un aspect essentiel de la dynamique de longue durée du mouvement national indien, c'est la lutte menée par J. Nehru, les socialistes du Congrès, les communistes et d'autres groupes de tendance socialiste pour donner à ce mouvement et au Congrès une orientation de gauche, socialiste. Mais quel devait être le terrain de cet affrontement ? Il s'agissait là d'une question capitale puisqu'elle contribuerait à décider au bénéfice de quels intérêts de classe se résoudrait la contradiction principale avec l'impérialisme, autrement dit, quelle Inde naîtrait le jour de l'indépendance.

Peut-être conviendrait-il d'examiner dès le début ce que ce terrain ne pouvait pas être, compte tenu des données spécifiques du mouvement qu'on cherchait à transformer.

Il n'était pas question de changer le caractère de classe, l'essence de classe d'un mouvement national bourgeois ou d'un parti bourgeois (le Congrès) pour en faire un mouvement ou un parti prolétarien ou paysan, de passer d'un mouvement où toutes les autres classes et couches sociales anti-impérialistes étaient subordonnées à la bourgeoisie ou dominées par elle à un mouvement où elles l'auraient été par la classe ouvrière. Le mouvement national indien en tant que mouvement anticolonial, alors que la contradiction principale dresse toute la société contre le colonialisme, fut un mouvement populaire large, un mouvement de masse multi-classe représentant les intérêts anti-impérialistes de toutes les classes et couches. Il n'avait pas à avoir, de ce fait, une essence de classe définie, inévitable ou à entretenir un lien étroit ou nécessaire avec les classes.

Bien que le nationalisme anticolonial ne vive pas dans un monde vide de classes et de structures sociales, il n'est pas obligé d'avoir une appartenance de classe spécifique car il représente la contradiction de base de toute la société coloniale en face du colonialisme. Il est donc erroné de supposer qu'un mouvement national anticolonial sert (ou doive servir) en pratique une classe et une seule en s'opposant ou en refusant de tenir compte d'autres intérêts de classe. Une telle hypothèse est particulièrement insoutenable pour un mouvement qui a acquis un large caractère de masse.

Cela ne revient pas à prétendre qu'un mouvement anticolonial n'a pas de conséquences de classe. Assurément il importe au résultat final que les ouvriers, les paysans, la petite bourgeoisie et les intellectuels jouent un rôle actif. Les conséquences de classe d'un mouvement national dépendent de l'équilibre variable des forces sociales et politiques, ainsi que du poids, de l'étendue et des formes de la participation des différentes classes, groupes et couches sociales, en particulier au moment où la liberté est obtenue.

L'une des tâches de la gauche est de veiller que cet équilibre soit favorable aux travailleurs et aux forces et tendances qui les représentent et non aux classes possédantes et au capitalisme. L'historien doit éviter d'attribuer au mouvement national une essence de classe historique et doit au contraire étudier l'équilibre réel des forces sociales, politiques, idéologiques tout au long du mouvement historique concret dont le but est, bien sûr, le renversement de l'Etat colonial.

Nous ne sommes naturellement pas d'accord avec qui assimile nationalisme et idéologie bourgeoise et soutient que tout nationalisme, toute idélologie nationale est en soi d'essence bourgeoise, qu'ils ne peuvent être associés qu'à la classe capitaliste, que par nature ils ne peuvent être que favorables à la bourgeoisie, que le nationalisme ne peut être une idéologie véritable que pour la bourgeoisie alors que pour les autres il ne serait que conscience fausse et donc que travailleurs et paysans, s'ils peuvent s'allier à la bourgeoisie dans son effort pour unifier ou libérer un pays, ne peuvent et ne doivent absolument pas adopter l'idéologie nationaliste ni en aucun cas intérioriser le nationalisme, et que leur propre idéologie — du moins pour ce qui est des ouvriers — ne saurait être que le socialisme.

Toutefois, un peuple, bien qu'unifié contre le colonialisme, est en même temps divisé en classes. Dans un mouvement populaire, cette division se reflète dans le domaine idéologique. Plusieurs idéologies sociales fonctionnent et coexistent dans un mouvement national populaire de masse. Et sous des aspects variés, parfois d'une manière globale, certains éléments idéologiques ou même une idéologie tout entière occupent une position hégémonique dans le contexte général de l'hégémonie idéologique nationaliste en opposition avec l'hégémonie idéologique coloniale. Le projet de transformation socialiste relève non de l'hégémonie anticoloniale mais de l'hégémonie à l'intérieur du camp du peuple.

(...) A notre sens il n'y avait nul besoin de placer la transformation sur le terrain de la stratégie, des formes de lutte, du caractère de masse, de l'engagement et du caractère anti-impérialiste du mouvement national indien. Stratégies et formes de lutte n'ont à notre avis, aucun caractère de classe. Comme nous l'avons expliqué précédement, la non-violence comme idéologie, les satyagraha, le défi aux lois , les piquets, les meetings de masse, les défilés interdits, les jathas, morchas, etc, ou la stratégie CTC ne sont pas liés à la pratique de classes particulières, il n'y a rien de spécifiquement bourgeois là-dedans. A vrai dire, la bourgeoisie indienne comme classe s'est peu associée à de nombreuses formes de lutte du mouvement national. Tout au plus a-t-elle pris part à des collectes de fonds et à des hartals, qui ne furent jamais déclarés illégaux par le gouvernement. On ne peut pas dire non plus que la bourgeoisie d'aucun pays ait montré beaucoup d'aversion pour la violence ou un grand attachement pour la non-violence.

La question de la bonne adaptation des formes de lutte et de la stratégie C-T-C aux circonstances de l'Inde coloniale n'était pas à débattre en termes de socialiste ou de capitaliste, de gauche ou de droite. Elle ne se rapportait pas à la transformation socialiste mais à la manière de mener le combat. La transformation socialiste n'exigeait pas un changement des formes de lutte ou de la stratégie. La droite et la gauche pouvaient fort bien — et ce fut le cas — se répartir dans l'un ou l'autre camp du débat stratégique et changer de camp sans changer d'idéologie, comme le montre l'exemple de Nehru en 1937. De même, la contradiction droite-gauche ne concernait ni le caractère de masse de mouvement — la droite y étant aussi attachée que la gauche — ni l'engagement politique du mouvement.

(...) Il n'y eut pas non plus, à notre avis, de différence quant au degré d'engagement anti-impérialiste. On ne saurait faire de plus lourde erreur qu'en recherchant la caractéristique de la droite dans son attitude envers l'impérialisme ou en partant de l'idée qu'elle a tendance au compromis, à la collaboration ou à la capitulation vis-à-vis de l'impérialisme. Tout autant que la gauche, la droite a adopté un anti-impérialisme résolu et systématique.

Le projet de transformation de gauche du mouvement nationaliste ne peut pas avoir non plus pour enjeu la ligne du Congrès consistant à tenir pour secondaires les contradictions internes de la société indienne et à pratiquer donc l'accord des classes plutôt qu'une guerre ouverte contre les propriétaires fonciers et les capitalistes. Nous pensons que l'acceptation de deux idées fondamentales : 1/d'une société divisée en classes mutuellement hostiles et se livrant entre-elles une lutte de classe ; 2/d'une domination et d'une exploitation coloniale entraînant une contradiction principale entre le peuple colonisé et le colonialisme, a ouvert une perspective nouvelle dans l'histoire de la société coloniale et du nationalisme. Si ces deux idées sont prises ensemble, leur interaction saisie, un point de vue nouveau se présente pour examiner des aspects jusque-là négligés dans l'étude de l'anticolonialisme et du rôle de la lutte de classe dans le contexte colonial.

La division et l'exploitation de classe amènent à penser qu'une tâche essentielle de la gauche est d'organiser les travailleurs et les paysans dans des organisations de classe et de combattre pour leurs intérêts de classe par le moyen de luttes populaires. En même temps, la primauté de la contradiction principale signifie que les exploiteurs et les exploités indiens appartiennent au même camp anticolonialiste. Le problème est donc de combiner les luttes de classes avec la priorité de la lutte anticoloniale. De toute évidence, il faut que les contradictions internes soient secondaires et subordonnées ; il faut qu'elles soient considérées comme internes au camp du peuple et que les luttes de classes soient menées de manière non-antagonique. Cela signifie qu'il ne faut pas pousser jusqu'au bout les luttes de classes à l'intérieur de la société indienne. Cela signifie qu'il faut passer des compromis de classe et négocier des accords entre classes indiennes hostiles. Si le congrès, et tout spécialement Gandhi, ont pratiqué cette stratégie de l'accord de classe, aucun dirigeant à notre connaissance n'a théorisé la chose, pas même Gandhi.

Les dirigeants marxistes du mouvement national, au contraire, l'ont non seulement pratiquée mais lui ont donnée une forme programmatique explicite dans les années 30. Face à l'ennemi impérialiste, ont-ils soutenu, la lutte de classe doit connaître des limites, chaque classe opposée devant faire des concessions aux autres. La position marxiste classique en ce domaine a été ébauchée par Marx et Engels (sur la question irlandaise) et complètement développée par Mao Zedong pendant la lutte anti-japonaise du peuple chinois.

Les communistes vietnamiens l'ont eux aussi pratiquée et théorisée de la même manière. Il est intéressant de constater que le Parti communiste indien l'a pratiquée aussi dans la période de la Guerre du peuple après avoir estimé que la contradiction était la lutte contre le fascisme à l'échelle internationale.

(...) La transformation idéologique du congrès vient à l'ordre du jour à la fin des années 20 et durant les années 30 et le projet marque des points assez rapidement. L'influence de la Révolution russe de 1917 est immédiate et assez large et un courant de gauche se développe au sein du mouvement national, dès le début des années 20. Sur la fin de cette décennie, l'hégémonie de l'idéologie bourgeoise commence à être sérieusement contestée par les premiers groupes de communistes, par Nehru, Subash Chandra Bose et des personnalités socialisantes.

La bataille idéologique s'intensifie dans les années 30 lorsque ces forces reçoivent l'appoint du Parti socialiste du Congrès, du Parti communiste réorganisé et des amis de Roy. Les discours et écrits de Nehru jouent un rôle d'avant-garde dans cette évolution. La grande crise du monde capitaliste, le succès des plans quinquennaux soviétiques, la vague antifasciste mondiale et le passage au marxisme de beaucoup d'intellectuels britanniques sont aussi des facteurs influents. Les dirigeants du mouvement de la jeunesse de la fin des années 20 et les volontaires du Mouvement de désobéissance civile devinrent socialistes dans ce contexte et aussi parce que l'effondrement du Mouvement de désobéissance civile en 1932-33 et son remplacement par l'engagement positif et la participation parlementaire après 1934 créèrent en eux des doutes sur l'efficacité du style de politique de Gandhi.

Pratiquement tous les jeunes intellectuels qui ont grandi dans les années 30 devinrent socialistes d'une manière ou d'une autre. Les mouvements de paysans et les syndicats évoluaient aussi de plus en plus à gauche. Les Socialistes du Congrès et les Communistes après 1935 devinrent des membres actifs du Congrès. Nehru parcourut le pays en propageant le socialisme et le Congrès adopta des positions de plus en plus radicales. Cette radicalisation trouve son expression dans la résolution de Karachi de 1931, dans l'Adresse présidentielle de Nehru au Congrès de Lucknow au début de 1936, dans l'adoption d'un programme agraire radical à la session de Faizpur du Congrès fin 1936, l'adoption d'un programme électoral radical pour les élections de 1937 aux Assemblées provinciales, la formation d'un Comité national de planification, la position militante adoptée contre la guerre et contre le fascisme et la législation agraire en faveur des paysans due aux ministères du Congrès de 1937 à 1939.

Pendant cette période, plusieurs dirigeants nationalistes et un grand nombre de dirigeants terroristes révolutionnaires passèrent au marxisme, et le Parti communiste ainsi que le Parti socialiste du Congrès purent acquérir une position forte et même dominante dans le Congrès dans plusieurs régions, notamment au Kérala, dans l'Andhra Pradesh, les Provinces unies et l'Orissa. La période était si favorable aux idées socialistes, elles gagnaient si vite du terrain, qu'on avait l'impression que la gauche était sur le point d'opérer la transformation idéologique du Congrès et du mouvement national dans une direction socialiste. Mais l'occasion fut manquée. La gauche croissait en nombre, Nehru et Subhash devinrent présidents du Congrès de 1936 à 1939, le CPI, le CSP et les partisans de Roy multipliaient selon une progression géométrique le nombre de leurs adhérents, la gauche fut capable de créer des organisations d'ouvriers et de paysans, un mouvement étudiant, l'Association des écrivains progressistes et d'autres organisations culturelles, des mouvements de femmes, de publier revues et journaux, de populariser le marxisme et de créer sympathie et solidarité envers l'Union soviétique, et pourtant elle ne fut pas capable d'assurer son hégémonie sur le mouvement national, c'est-à-dire de réussir la transformation idéologique.

Comment expliquer cet échec ? Compte tenu du fait que la gauche pouvait librement agir au sein du Congrès, nous pensons que la réponse est essentiellement à rechercher dans les théories et la pratique de cette gauche et non dans une inévitable domination de Gandhi ou de la droite sur cette organisation. C'est ce que nous avons tenté de montrer dans un livre : *Struggle for the Ideological Transformation of the National Congress in the 1930s,* Bipan Chandra, à paraître.

Notre réponse est que la gauche, y compris parfois Nehru et

Subhas Bose, ont défini la droite qu'elle cherchait à déloger en termes erronés, non idéologiques, qu'elle traita souvent de questions tactiques en termes idéologiques et confondit les problèmes de stratégie et de formes de lutte avec les positions idéologiques droite-gauche. D'un autre côté, elle eut tendance à négliger le travail idéologique au bénéfice de luttes corporatistes des travailleurs ou de polémiques politiques. Surtout, au lieu de saisir une réalité très complexe d'une manière elle aussi complexe, la gauche prêta au monde politique indien les traits de ce qui était à ses yeux critiquable et entreprit de le critiquer. Le résultat fut qu'elle mena sa lutte contre l'hégémonie bourgeoise sur le terrain de la tactique de la non-violence, des formes de lutte, de l'accord des classes entre elles, des faiblesses de la direction du Congrès, Gandhi compris, concernant l'anti-impérialisme et la lutte de masse, chose qu'il ne fallait pas faire, ainsi que nous l'avons montré.

Il semble que la dynamique de longue durée du Congrès national, particulièrement l'expérience stratégique du mouvement national sous la direction du Congrès et de Gandhi, présente une valeur historique mondiale comparable à celle des révolutions d'Angleterre, de France, de Russie, de Chine, de Cuba et du Vietnam. C'est le seul exemple historique de fait d'une structure d'Etat de type démocratique ou semi-démocratique qui fut remplacée ou transformée et d'une perspective théorique en gros gramscienne d'une guerre de position menée jusqu'à la victoire. L'étude de cette expérience peut beaucoup éclairer les processus de changement historique et de transformation de l'appareil d'Etat, à la fois pour le passé et le présent, pour l'historien et le militant politique (...).

C'est le seul exemple concret d'une lutte prolongée pour l'hégémonie dans laquelle on ne s'empare pas du pouvoir d'Etat en un court moment historique révolutionnaire mais en terme d'un processus politique prolongé, où le terrain principal des luttes est « national-populaire » (selon le concept produit par Gramsci et, indépendamment de lui, par Ajoy Gosh, le dirigeant communiste indien, au début des années 50), c'est-à-dire le terrain moral, politique et idéologique à l'échelle de la nation et de la société, dans lequel se constituent patiemment au fil des années les réserves de la contre-hégémonie, dans lequel les mouvements de masse sont limités dans le temps mais la lutte politique permanente, dans lequel la lutte pour le pouvoir d'Etat connaît des étapes, chacune marquant un progrès sur la précédente, dans lequel les masses jouent un rôle actif et ne peuvent se reposer sur une « armée permanente » de cadres et où, pourtant, les cadres jouent un rôle crucial, dans lequel le mouvement connaît inévitablement des phases passives mais où la conscience politique du peuple est non seulement préservée mais portée à un niveau supérieur (...).

Marxisme et démocratie : Classe régnante ou classe dominante ?

(première partie)

STOJANOVIC Svetozar *(Belgrade)*
traduit de l'anglais par R. Fischer et J.J. Lecercle

There is a general understimation of democracy in traditional Marxism, because of the failure to distinguish between a ruling and a *dominant* class. *The bourgeoisie, while it is the dominant class in capitalism, is not a ruling class in the sense that feudal lords or slave owners were. This distinction is also applied to an analysis of the class nature of Eastern block statism, and of the Asiatic mode of production.*

Marx a fondé ses généralisations historiques sur l'analyse de la transition du féodalisme au capitalisme. Sa théorie de l'histoire était inspirée par le modèle de développement *capitaliste*. Mais avec le concept de classe régnante, il a appliqué à la bourgeoisie un modèle de pouvoir de classe *pré-capitaliste*.

Le passage historique du féodalisme au capitalisme est marqué par deux révolutions, industrielle et bourgeoise-démocratique. Celles-ci ont ouvert la voie à la disparition des grands domaines, à la transformation de la populace en collectivité d'hommes libres, ainsi qu'à la douloureuse émergence de la démocratie. Marx n'a pas analysé ces deux révolutions avec la même acuité. Pour être plus précis, son analyse du potentiel de développement démocratique de la révolution bourgeoise et de l'Etat bourgeois est insuffisante.

Tom Bottomore caractérise ainsi les deux grandes orientations opposées de la pensée politique :

« La transformation que Marx a fait subir à la pensée de Hegel implique surtout le rejet de l'idée que l'Etat est l'universel suprême, au sein duquel les contradictions de la société civile peuvent être surmontées, ainsi que l'affirmation de la dépendance de l'Etat à l'égard de la contradiction, dans le mode de production, entre richesse et pauvreté, et donc à l'égard du conflit entre les deux classes, la bourgeoisie et le prolétariat, qui incarnent ces aspects contradictoires de la société. L'Etat est donc conçu comme dépendant du processus social total, au sein duquel les forces principales sont celles qui sont déterminées par le mode de production.

« Mais il existe un autre style de pensée politique, qui traite différemment de la relation entre Etat et société civile, et produit une sociologie politique différente. On trouve dès l'œuvre de Tocqueville une expression de cette position, avec cette « nouvelle science politique (qui) répond aux besoins d'un monde nouveau », science dont l'objet d'étude est le développement de la démocratie et la formation d'une société « moderne » (par opposition à celle de l'ancien régime) en France, en Angleterre et en Amérique. La caractéristique spécifique de la conception de Tocqueville peut être formulée ainsi : dans son analyse des deux courants révolutionnaires du XVIIIe siècle (la révolution démocratique et la révolution industrielle) qui ont créé ce « monde nouveau », il s'est plus intéressé, au contraire de Marx, au premier qu'au second, et lui a attribué un rôle plus grand dans la formation des sociétés modernes. Quelles qu'aient pu être en effet les sources de ce mouvement démocratique, ses conséquences, selon lui, étaient claires : il avait tendance à développer l'égalité sociale, en abolissant les privilèges héréditaires, et en rendant tous les emplois, avantages et honneurs accessibles à chaque membre de la société.

« Tocqueville n'ignorait pas que le mouvement démocratique se situait dans le contexte du capitalisme industriel, comme on peut le voir, par exemple, dans son analyse des révolutions de 1848 ; mais il attribuait au régime politique démocratique (...) un efficace distinct dans la détermination des conditions générales de la vie sociale. Cette idée de l'autonomie du politique fut développée par bon nombre de ses successeurs, en opposition explicite au marxisme, et constitue depuis la fin du XIXe siècle une des grandes orientations de la théorie politique ». (*Political sociology*, Londres 1979, p. 9 et sq).

Dans le marxisme classique, la dépendance complète du politique à l'égard de l'économique provient non seulement du modèle base/superstructure, mais aussi de l'application du concept de classe régnante à la bourgeoisie. Si une classe économique règne sur l'Etat, en quoi l'autonomie (même relative) de celui-ci, en tant qu'institution politique centrale, peut-elle bien consister ?

Il faut combler le fossé entre les deux orientations théoriques décrites plus haut. Un façon de le faire serait d'établir une distinction entre les concepts de classe régnante et de classe dominante non régnante *. Toute classe régnante est aussi une classe dominante, mais toute classe dominante n'est pas régnante. La classe régnante est la classe qui, totalement ou partiellement, règne sur l'Etat et par là exclut complètement du processus politique une autre classe, ou la totalité des autres. Naturellement, il s'agit là de pouvoir de classe, dont les différents degrés sont les suivants : règne, domination, subordination, privation totale de droits. Les classes régnantes sont les propriétaires d'esclaves, les seigneurs féodaux, les administrateurs d'Etat dans ce qu'on appelle le mode de production asiatique, et la classe étatique contemporaine. Je reviendrai sur ces deux dernières.

La transformation conceptuelle que je propose est conforme à ma reconstruction de la conception marxiste de l'histoire, dans laquelle j'insistais sur la plurilinéarité et le polymorphisme. Il ne s'agit pas de couper des cheveux en quatre, mais bien plutôt de répondre à des besoins théoriques et pratiques. Si cette transformation est adoptée, elle aura des conséquences importantes, aussi bien sur le plan théorique que sur le plan pratique. Elle se fonde sur la conviction que les révolutions démocratiques bourgeoises n'ont pas seulement remplacé le règne d'une classe par celui d'une autre, mais ont fait naître un type de société de classe *fondamentalement* nouveau *(dans son essence)*, qui rend possible le développement d'une activité politique démocratique pour tous les citoyens.

Il est intéressant de constater que Bottomore ne propose pas une telle distinction conceptuelle, bien qu'il insiste sur le fait que la transformation capitaliste ait été sans précédent dans l'histoire humaine. « Mais cette transition, par la brutalité de sa rupture avec le passé, par sa signification révolutionnaire pour l'avenir, n'a sans doute pas de précédent historique, si ce n'est la révolution néolithique, au tout début de l'histoire humaine. Aucune autre transformation historique n'a été aussi nette et aussi marquée. » (op. cit., p. 89).

Que gagnerions-nous à adopter la modification conceptuelle que je suggère ? Quels problèmes permettrait-elle de résoudre ? Quel avantage nous donnerait-elle sur le marxisme traditionnel ? Telles sont les questions auxquelles je vais m'efforcer de répondre.

La culture léniniste (en fait toute la culture bolchévique)

---

* NdT : Le concept de « classe régnante » est à entendre au sens technique défini ici, sens que la langue française connaît dans l'expression « le règne de la bourgeoisie ». L'opposition « classe régnante/classe dominante » n'a rien à voir avec l'opposition gramscienne entre direction et domination de classe.

sous-estime la démocratie bourgeoise. Dans le stalinisme, cela est même devenu la condition *sine qua non* de la légitimation de la dictature d'Etat. Lénine a simplifié et aggravé certaines propositions du marxisme classique, notamment l'idée que le gouvernement n'est que le conseil de gestion des affaires de la bourgeoisie dans son ensemble. Dans la version *idéologique* du marxisme, la conception que se fait Marx du règne d'une classe est confondue avec la dictature de cette classe. De fait Marx lui-même confond souvent les deux notions. Pour cette raison, les marxistes ont conclu que chaque fois que la classe capitaliste règne, il s'agit *plus ou moins* d'une dictature des capitalistes. Les léninistes ont déplacé l'accent du *moins* sur le *plus*, et les staliniens ont finalement abondonné toute précaution de langage. Il ne faut pas s'étonner qu'ils n'aient pas su distinguer entre capitalisme dictatorial et démocratique, ce qui dans les années trente a eu dans le monde entier des conséquences catastrophiques. Voici ce qu'en dit Karl Popper :

« Après tout, comme la révolution était inévitable, le fascisme n'était qu'un des moyens de hâter sa venue (...). Seuls les vains espoirs, suscités par la démocratie, la retardaient dans les pays avancés. Aussi, la destruction de la démocratie par les fascistes ne pouvait que favoriser la révolution en faisant perdre aux ouvriers leurs illusions sur les méthodes démocratiques. » *The open Society and its Enemies* (Londres, 1969, II, p. 164).

Voilà ce qui advient losqu'on ne consacre pas ses efforts à la réduction et à l'élimination de la domination bourgeoise au sein de l'Etat démocratique, mais plutôt à la lutte contre la démocratie elle-même.

Nous ne pouvons ignorer le fait que, à l'époque de Marx et d'Engels, la démocratie était toute jeune. Au milieu du XIXe siècle, la classe ouvrière était effectivement privée de droits. De nombreuses luttes, souvent sanglantes, ont dû être menées avant que la propriété privée et les autres obstacles empêchant l'obtention de droits électoraux et politiques ne soient éliminés, avant que les travailleurs n'obtiennent la possibilité de faire grève, de former des syndicats et des partis politiques, ou avant que les femmes ne deviennent des citoyennes à part entière. Jean Ellenstein a calculé que, en comptant à partir du début de la Révolution française, il a fallu quatre-vingts ans pour obtenir le suffrage universel, quatre-vingt quinze ans pour la liberté de la presse, et cent douze ans pour la liberté d'association. C'est pourquoi, au siècle dernier ou au début de notre siècle, il était beaucoup plus convaincant qu'aujourd'hui de soutenir que la bourgeoisie n'était qu'une des classes régnantes de l'histoire, et d'analyser la démocratie comme une forme camouflée de règne de classe, ou même comme la dictature de la bourgeoisie.

L'attitude de Marx vis-à-vis de la démocratie bourgeoise était aussi liée à une observation épistémologique dans son analyse du capitalisme : l'opposition qu'il établissait entre *forme* et *apparence* d'un côté, *contenu* et *essence* de l'autre. Le fait que la relation sociale capitaliste a pour forme manifeste l'échange libre et équitable entre propriétaires de capitaux et force de travail amène l'analyse à insister sur l'aspect formel et apparent de la démocratie. Ce n'est que lorsqu'on va au-delà de cette apparence, jusqu'à l'essence et au contenu, qu'on trouve ce qu'on proclame être le noyau fondamental, la dictature bourgeoise, le règne de la bourgeoisie en tant que classe. Les idéologues marxistes ont ignoré le fait que chez Marx, ce disciple de Hegel, ces deux niveaux sont en relation dialectique, et que, selon Marx, qui était matérialiste, le royaume de l'apparence est aussi réel que l'autre. Il s'agit là de concepts relatifs, dans leurs dimensions tant diachronique que synchronique. En ce qui concerne le *contenu* et *l'essence*, l'égalité juridico-politique représente un énorme progrès par rapport à la dépendance personnelle dans le système féodal, tandis que du point de vue de la dépendance économique dans le système capitaliste, elle n'est qu'une égalité *apparente* et *formelle*. Néanmoins, il y a toujours eu des marxistes pour réduire l'apparence et la forme à des illusions, et proclamer — ce qui était faire de la métaphysique — que l'essence et le contenu étaient la seule réalité.

Les marxistes peuvent éviter ce piège essentialiste-idéaliste en comprenant qu'il y a contradiction entre l'aspect apparent-formel et l'aspect contenu-essence de la démocratie bourgeoise, ainsi qu'au sein du second aspect. Car l'*essence* et le *contenu* de la démocratie bourgeoise renferment une opposition entre la dimension humaine universelle et la domination de classe de la bourgeoisie, qui constitue sa limitation interne fondamentale. Mais le second aspect n'est pas aussi visible que le premier, et de loin. Et il y a des chercheurs et des théoriciens de la société sérieux qui ont contribué à la fétichisation de l'Etat capitaliste démocratique ! C'est pourquoi mes propositions n'abandonnent pas les conflits de classes au nom d'une conception de la démocratie bourgeoise fondée sur le consensus. Autrement dit, la notion de domination de classe est assez flexible pour que nous puissions traiter la démocratie comme une réalité et non comme une illusion, tout en indiquant ses limites structurelles de classe. Le concept de classe régnante n'est pas assez nuancé pour décrire adéquatement le pouvoir de la bourgeoisie. Il ne nous permet pas de dire *en quel sens* la bourgeoisie peut être démocratique. Il apparaît en effet que la bourgeoisie est la première classe dans l'histoire qui soit capable de dominer sans régner. C'est dans ce cadre seulement que la totalité du peuple peut se transformer en citoyens dotés de droits politiques égaux. *L'absence de classe régnante est une condition nécessaire bien qu'insuffisante de la démocratie.* Même les classes régnantes dont les membres jouissent de droits démocratiques principalement, sinon exclusivement, dans leurs relations mutuelles, ne constituent pas une exeption à cette règle, puisqu'ils privent d'autres classes de leurs droits. C'est pourquoi, au vrai sens du terme, de telles sociétés ne sont pas démocratiques.

Le concept de classe régnante ne permet pas, comme celui de classe dominante, d'envisager une gradation. On peut facilement dire que la domination d'une classe est plus ou moins marquée, tant par comparaison avec d'autres classes, que par comparaison avec elle-même à un autre moment de l'histoire. La démocratisation de l'Etat et de la société capitalistes diminue la domination de la bourgeoisie et renforce considérablement l'influence des autres classes, y compris la classe ouvrière.

De plus, si la bourgeoisie est la classe régnante, ou bien les administrateurs économiques en font partie (ce qui est absurde s'ils ne sont pas en même temps propriétaires de capitaux) ou bien on doit nier qu'ils participent réellement au pouvoir (ce qui à l'évidence n'est pas exact).

Enfin, le règne d'une classe a quelque chose d'homogène, qui ne permet pas de rendre compte de l'asymétrie entre les diverses formes et moyens de la domination, politique, économique, idéologique et culturelle.

Le « règne d'une classe » attache trop d'importance à la coercition. La théorie de la domination bourgeoise, au contraire, permet d'analyser toutes les formes, moyens et degrés de « socialisation », « légitimation », « reproduction culturelle », etc. Gramsci a essayé d'éliminer cette faiblesse, mais il a conservé la conception de la bourgeoisie comme classe régnante. C'est pourquoi il a fait appel dans son analyse au concept d'« hégémonie », qui indique qu'une classe, par le moyen de l'idéologie et de la culture, obtient le consentement des autres. Ainsi, une classe peut conserver un contrôle total sur les moyens de coercition, et pourtant perdre l'hégémonie. Toutefois, parce qu'il avait conservé la catégorie de « classe régnante », Gramsci n'a pas vu la possibilité de démocratisation réelle de l'Etat capitaliste. Pour lui, la démocratie bourgeoise restait une forme hypocrite du règne de l'oligarchie financière. Tout Etat, en dernière analyse, est une dictature. C'est pourquoi il ne peut y avoir de transition au socialisme sans révolution violente.

La théorie marxiste actuelle a, entre autres choses, du mal à comprendre précisément la relation entre la bourgeoisie en tant que classe régnante et les élites au pouvoir (élites politique, économique, militaire, bureaucratique et intellectuelle). Les membres de ces élites doivent-ils être considérés comme appartenant à la bourgeoisie, s'ils proviennent d'autres classes et ne sont pas propriétaires de capital ? Représentent-ils toujours la bourgeoisie et ses intérêts ? Ainsi, certains marxistes récusent la notion d'élite, bien que le concept ait prouvé son utilité en sociologie, en histoire, en économie et en politique.

Considérer la bourgeoisie comme classe dominante permettrait au marxisme d'étudier les élites au pouvoir. Nous ne pouvons accepter de nous priver d'un instrument théorique et critique simplement parce que Marx n'a pas pensé la distinction entre classe régnante et classe dominante. Le concept de classe dominante est utile pour l'analyse tant de la démocratie bourgeoise que des mouvements révolutionnaires.

La théorie de la société avait déjà beaucoup avancé lorsque les bolchéviks sont devenus des avant-gardistes effrénés. En fait, cela n'a rien changé de donner un nouveau nom à cette forme d'élitisme (car l'avant-gardisme est bien un élitisme, si révolutionnaire qu'il se prétende). Le danger croît, bien sûr, lorsque la concurrence entre les élites est remplacée par le monopole de l'une d'entre elles.

Tant que la démocratie bourgeoise est analysée comme une forme déguisée du règne de la bourgeoisie, le sort du socialisme restera lié à la révolution violente et à la dictature révolutionnaire. Marx, quant à lui, admettait des exceptions. Il note qu'en Angleterre, en Hollande et aux Etats-Unis, il y a une possibilité de transition pacifique et démocratique au socialisme. A cette liste, Engels ajoute la France et l'Allemagne. Mais bien que Marx et Engels, quant à eux, aient envisagé la possibilité du passage pacifique au socialisme, cette notion a été occultée, car elle ne s'accorde pas avec le schéma théorique marxiste dominant.

Il suffit de lire les journaux pour savoir que ceux qu'on appelle les Eurocommunistes ont finalement opté pour une longue marche vers le socialisme dans le cadre des institutions de la démocratie bourgeoise. Mais pour élaborer une stratégie communiste démocratique plus adaptée et plus cohérente, il faut changer radicalement de conception de la bourgeoisie. A cela, même Umberto Cerroni, l'un des principaux théoriciens du communisme italien contemporain, n'est pas parvenu. Il analyse deux contradictions : « la contradiction entre la propriété privée (du capital) et la force de travail salariée, et la contradiction entre la souveraineté déléguée à l'élite politique et la reconnaissance formelle de l'égalité des capacitées politiques de chacun. L'analyse de la première contradiction est bien connue : Marx y a consacré la plus grande partie de sa vie. Mais celle de la seconde est encore à l'Etat d'ébauche. » (*Teoria Politica e Socialismo*, Roma, Editori Riuniti, p. 52) En conséquence, il appelle de ses vœux une analyse « capable d'indiquer l'ambivalence de la démocratie, ses potentialités anti-bourgeoises et anti-capitalistes, et donc capable d'en indiquer l'importance pour le système politique du socialisme » (*ib.* p. 75).

La peur du révisionnisme et du réformisme empêche les communistes démocratiques d'admettre que leur stratégie n'est pas révolutionnaire. Nous avons déjà vu que la conception de la bourgeoisie comme classe régnante a détourné l'attention de la plupart des marxistes des formes non-révolutionnaires de changement radical. Et ce, bien que les véritables révolutions aient été rares, et n'aient véritablement commencé qu'avec l'écroulement du féodalisme. Avec les révolutions démocratiques, le capitalisme a provoqué un changement bien plus fondamental que le passage progressif d'un type de société de classe et de règne de classe à un autre.

Chez les Eurocommunistes, le terme de révolution a pris une telle extension qu'il englobe les transformations du système socio-économique tant violentes que pacifiques, légales qu'illégales, brusques que graduelles. Je ne veux pas dire que cette extension est totalement injustifiée, mais plutôt qu'elle est exagérée, car elle affaiblit l'utile distinction entre évolution et révolution, entre changement graduel et changement brusque. Ainsi, l'évolution reste simple changement dans le cadre du système, même si l'on reconnaît que les transformations systématiques ont été plus souvent la conséquence d'une évolution que d'une révolution. Cela veut dire qu'on ne pourrait identifier une révolution que rétrospectivement. Avant l'achèvement de la transformation radicale d'un système socio-économique, nul ne pourrait identifier avec certitude une révolution en cours. Si l'on nous objecte qu'il s'agit de révolution sociale et pas seulement politique, comment faisons-nous alors pour distinguer l'évolution sociale de la révolution sociale ? Le problème est le même.

Tout ces problèmes sont dus au fait que Marx a appliqué par généralisation sa catégorie de classe régnante — qui convenait parfaitement aux propriétaires d'esclaves et aux seigneurs féodaux — à la bourgeoisie. Ceci soulève deux problèmes, car dans ces trois cas il est question d'une classe de propriétaires *privés* des moyens de production.

Premier problème : il existe une formation socio-économique de classe (ce qu'on appelle le mode de production asiatique), pour laquelle, *si l'on se fie au modèle cité plus haut*, on ne peut pas trouver de classe régnante. Cette formation ne s'intègre pas dans le modèle marxiste uniforme et unilinéaire de développement historique. Mais qui dit que les membres de la classe régnante doivent posséder les moyens de production à titre privé ? Dans l'exemple cité, la terre et le réseau d'irrigation appartenaient à un Etat despotique, ce qui veut dire — car il ne faut pas réifier l'Etat — qu'ils étaient la propriété collective d'une classe d'administrateurs d'Etat, qui se répartissaient la plus-value proportionnellement à leur place dans une hiérarchie entièrement centralisée et qui avait le plus souvent à sa tête un monarque. Les paysans vivaient et travaillaient dans des communautées isolées les unes des autres, et donnaient à l'Etat à titre d'impôt une partie de leur production agricole, ainsi que leur force de travail, pour les travaux public (avant tout la construction des canaux d'irrigation).

Il est clair que le choix d'une dénomination géographique pour ce mode de production (« asiatique ») ou ce type de despotisme

(« oriental ») n'est pas tenable d'un point de vue scientifique. La recherche a d'ailleurs montré qu'il avait existé sur d'autres continents. Permettez-moi de participer au concours ouvert pour lui trouver un nom : je suggère « mode de production agricole-étatique » (despotisme agricole et étatique). Le terme « agricole » est nécessaire pour le distinguer de l'*étatisme industrialisant et industriel*, dont l'archétype est l'Union soviétique stalinienne *.

* Dans une importante seconde partie de cet article, paru *in extenso* in *Praxis International, 1981*, l'auteur développe ce thème de « l'étatisme industriel » soviétique. Nous renvoyons à ses publications : *Kritik und Zukunft des Sozialismus*, (Munich, 1970) ; l'article « Marxismus und Freiheit », Europäisches Forum Alpbach 1976, publié dans : Otto Molden hrgs., *Zu den Grenzen der Freiheit*, (Vienne, 1977) ; et *Geschichte und Parteibewusstsein*, (Munich, 1978). [N.D.L.R.]

La famille et l'école comme dispositif de l'éducation

Eléments d'une théorie marxiste de l'éducation *

NEMITZ Rolf *(Berlin)*
traduit de l'allemand par J. Bidet

With « education », i.e. the articulation of family and school which is characteristic of capitalism and the bourgeois State, we are given a specific definition of a child, of a mother etc., in short a new « mode of production of people ». The author uses concepts borrowed from various social sciences within a marxist problematic.

1 - Les deux sortes de production

Pour que l'on puisse parler d'*éducation*, la condition fondamentale est, me semble-t-il, celle-ci : il faut que la production des moyens d'existence et la *production d'hommes* soient institutionnellement séparées l'une de l'autre. Cela ne se produit dans une mesure appréciable qu'avec le capitalisme, avec la naissance de la famille moderne et de l'obligation scolaire universelle. L'éducation, comme je me propose de le montrer dans la suite de cet article, constitue une articulation famille/école. Pour la distinction entre *production de moyens d'existence* et *production d'hommes*, je me réfère à la formulation programmatique d'Engels : « Selon l'interprétation matérialiste, dans l'histoire le moment déterminant en dernière instance est la production et la reproduction de la vie immédiate. Mais celle-ci est elle-même de deux sortes. D'un côté la production de moyens d'existence, d'objets concernant l'alimentation, l'habillement, le logement et des outils nécessaires à cela ; de l'autre, la production des hommes eux-mêmes, la reproduction de l'espèce » (*L'origine de la famille, de la propriété privée et de l'Etat*, MEW, t. 21, p. 27).

Comme on peut le voir d'après un passage analogue de *L'idéologie allemande* (MEW 3,220), la *reproduction de l'espèce* ne peut en aucune façon être restreinte à la *procréation*. Au contraire — tout comme la production de moyens d'existence — elle comprend dans toutes les sociétés une imbrication complexe de relations fonctionnelles variées : la production de la descendance avec ses diverses formes de régulation, l'élevage de l'enfant (soins, protection, etc.), l'acquisition de modes de comportements culturels spécifiques, les pratiques nutritionnelles, les types d'habitat, le soin de la santé, de la vieillesse et aussi l'art et la manière de mourir. Toutes ces fonctions exigent une activité organisatrice, elles n'apparaissent jamais *spontanément* ni *naturellement*, et si la détermination physiologique de l'homme intervient, c'est seulement à l'intérieur de formes sociales déterminées. Ces fonctions présupposent, pour leur réalisation, la fabricaiton de moyens de production et d'existence. Mais inversement, sans *production d'hommes*, par de production de moyens d'existence. Il s'agit donc de deux ensembles fonctionnels fondamentaux qui se présupposent mutuellement (...)

2 - Le dualisme « enfant »/« adulte »

Je pense que parler d'enfants et d'adultes n'a pas grand sens dans les sociétés prébourgeoises. Ce dualisme présuppose deux conditions :

a - On doit avoir une seule coupure déterminante dans le cours de la vie individuelle, et non par exemple deux, comme ce serait le cas avec la femme si nous prenions comme critère prénubilité/nullité/postnubilité. Cette coupure majeure présuppose une synchronisation dans le développement des compétences individuelles. Or, en fait, la capacité de parler, de travailler et d'engendrer se développent selon des rythmes entièrement distincts. Et si l'on parle en termes de différences enfants/adultes, on transforme en processus unitaire l'ensemble des différentes dimensions du développement. Comment donc en arrive-t-on à cette représentation d'un développement syndrone ?

b - La bipartition du cours de la vie individuelle doit valoir pour tous les individus (c'est pourquoi il y a des *dérangés*).

Dans la plupart des formations sociales, ces deux conditions ne sont pas réunies. Dans le *mode de production domestique* avec patrilinéarité examiné par Meillassoux (1979), nous avons une articulation ternaire de la société : jeunes hommes/femmes et enfants/vieux. Au travers des rites initiatiques, ce n'est pas un adolescent qui devient un adulte, mais c'est, par exemple, un enfant mâle appartenant jusque là au groupe des femmes qui entre dans le groupe des jeunes hommes. C'est pourquoi Linton (1974,58) a proposé sept catégories élémentaires pour l'ontogénèse :

petit	garçon	homme adulte	viel homme
enfant	fille	femme adulte	vieille femme

(...) La bipartition générale de la biographie n'apparaît qu'avec la société bourgeoise. Elle est un effet de la constitution du sujet de droit en général et fondée sur la distinction juridique entre *minorité* et *majorité*. Cette distinction s'appuie à son tour sur la catégorie de *capacité d'agir* juridique. Alors que chaque individu est dès sa naissance sujet de droit, il ne devient en règle générale *capable d'agir*, c'est-à-dire capable de contracter, de commettre des délits, de faire des dettes, qu'à sa *majorité*. Un sujet *capable d'agir* au sens juridique peut ainsi conclure des actes juridiques, il est responsable de ses actes illicites et passible de contrainte par corps pour ses infractions à la loi. Le caractère général de cette *capacité d'agir*, sa validité même pour les femmes, n'a nullement été établi dès le début de la codification du droit bourgeois — c'est ainsi que le principe d'égalité des droits est établi dans le droit civil de la République fédérale que depuis 1958. La capacité d'agir juridique est cependant ici aussi agissante, elle figure dans une certaine mesure la *matrice de transformation* (Foucault 1983,120) qui structure le combat pour la démocratisation des relations entre les sexes.

Dans l'opposition *enfants/adultes*, la distinction juridique se trouve naturalisée. On doit donc concevoir comme catégorie historique (cf. Ariès 1975) non seulement l'*enfance*, mais aussi l'*être-adulte*, le primat conféré au statut de l'adulte. Telle est la nouveauté du sujet de droit bourgeois : l'enfance en formation à la fois s'oppose à lui et en fait l'objectif de son développement. C'est cette coupure juridique qui synchronise les diverses dimensions du développement et organise leur bipartition.

3 - La famille

3-1 - Les unités de production domestiques

La plupart des modes de production précapitalistes — le mode de production domestique (Meillassoux 1979), oriental, antique et féodal — reposent sur une base économique commune : l'économie domestique ou, comme l'appelle Engels, la *société domestique* (MEW 21,63). L'unité du *domaine* (Hof) et de la *maison* (Haus) constitue ici la forme élémentaire de la production : les deux *sortes de production* y sont institutionnellement réunies. Les rapports d'exploitation concrets constituent une superstructure variée sur une base d'économie domestique identique. Souvent, celle-ci est marquée par un rapport de domination patriarcal au sens strict, par le pouvoir dominateur immédiat du *père domestique* (Hausvater) sur une ou plusieurs femmes, sur des enfants et d'autres membres de la maisonnée, parents ou non.

Il ne faudrait pas confondre ce genre d'unité de production avec notre *famille*. Pour saisir la différence, le mieux est peut-être de s'interroger sur la signification du mot *familia* dans l'antiquité romaine. Font partie de la *familia*, toutes les personnes qui sont soumises au pouvoir du *père domestique*, même les esclaves et les dépendants libres non apparentés (les clients), et d'ailleurs la propriété tout entière (cf. Pauly 1979,511). La *familia*, c'est donc le domaine (Hof) avec tout son inventaire vivant et inanimé. *Familia* désigne en outre ce que nous appelons aujourd'hui *parenté*, un groupe de gens qui ont une désignation d'origine commune mais ne vivent pas forcément sous le même toit. Nous employons aujourd'hui encore le mot famille en ce sens quand nous parlons de réunions de *famille*. On doit distinguer strictement ces deux signification du mot *famille* du sens actuellement prédominant, celui d'un groupe de personnes de même sang vivant sous le même toit. Ce dernier n'est apparu qu'au XVIIIe siècle (cf. Flandrin 1971) — et précisément au cours du processus par lequel la production des marchandises s'est séparée de la *production des hommes*. La famille, au sens actuel, est un phénomène moderne, elle a pour condition préalable la dissolution de l'unité de production domestique (cf. Rosenbaum 1982). Et l'on ne peut, me semble-t-il, parler d'*éducation* qu'une fois que cette dissolution a eu lieu.

3-2 - La séparation famille/entreprise

Ce qui différencie de manière caractéristique la famille de l'unité de production domestique, c'est l'établissement de la production de marchandises et le fait qu'un domaine de la *production d'hommes* et de la production de subsistance se trouve séparé du travail professionnel *(Erwerbsarbeit)*. La dynamique de développement concernant la production de biens ne provient pas de la famille mais de la production marchande de type capitaliste, puis socialiste. La production capitaliste de marchandises n'est nullement, comme ce fut mis en avant avec raison dans les débats sur le travail domestique, l'unique forme de production de moyens d'existence, mais elle est l'élément dominant, c'est-à-dire celui qui détermine le développement. Dans les sociétés capitalistes et la plupart des sociétés socialistes, on a donc deux sortes d'unités de production en regard : les unités de production familiales (élevage des enfants, production de subsistance) et les *entreprises* (fabriques, magasins, bureaux, etc.) où s'effectue le *travail professionnel*. J'emploie le terme un peu flou d'*entreprise* pour marquer le caractère dominant de cette division famille/entreprise dans la structure de cette formation sociale.

Avec cette articulation en unités de production familiale et d'entreprise (de type capitaliste ou socialiste), la base matérielle de la société se trouve dans une certaine mesure scindée en deux : de deux ensembles de fonctions qui s'impliquent mutuellement au sein d'une institution unique, il naît deux domaines institutionnellement différenciés (cf. Zaretski 1978). Les deux s'impliquent mutuellement. La famille dépend de la production de marchandises, elle produit et reproduit la force de travail, elle est un centre de consommation de marchandises ; sur elle s'exerce la dynamique des exigences de qualification de l'entreprise et l'esthétique des marchandises.

D'un autre côté, la famille détermine la structure de la production qui s'effectue à l'extérieur d'elle, en particulier à travers le type de répartition du travail entre les sexes qui apparaît avec le capitalisme. Celle-ci se fonde sur le nouveau *travail familial* (ainsi que Marx une fois le désigne, (cf. MEW 23.417, Fn 120 et 121) qui apparaît alors, sur le *travail domestique* : la production familiale de moyens de subsistance et l'élevage des enfants. Plutôt que de travail domestique, on devrait peut-être parler de travail domestique féminin car, avec la famille apparaît la *ménagère* (Hausfrau), terme qui renvoie à la première sinon à la seule responsabilité de la femme dans la production familiale. La répartition du travail entre les sexes se structure dans le capitalisme à partir de ce statut de la ménagère.

Au centre de cette nouvelle forme d'oppression de la femme se trouve l'élevage des enfants. Car, finalement, c'est sur la responsabilité sur les enfants, sur la *tyrannie de la maternité* (Barrett, McIntosh 1982, p. 61...) que repose la position subalterne de la femme. Et c'est l'éducaiton des enfants qui à la fois rend cette situation supportable et souvent même désirable et qui pousse les femmes à participer à se rendre complices de la reproduction des rapports sociaux qui les oppriment.

3-3 - La structure interne-externe

La séparation entre un groupe parents-enfants habitant sous le même toit et le domaine du travail professionnel est une condition nécessaire mais non suffisante de l'existence de famille. Déjà, avant même l'apparition de la famille bourgeoise, avait lieu dans plus d'une profession, la séparation entre le lieu de travail et lieu d'habitation, sans qu'il s'agisse encore de *familles*. Il faut en effet que s'y ajoute un équipement matériel déterminé, qui suppose un certain bien-être matériel (Rosenbaum 1982, p. 379). C'est seulement sur cette base que peut se développer une *vie de famille*. Les conditions essentielles en sont un aménagement spatial déterminé. l'*habitation* (cf. Wenk 1985), et un budget-temps permettant une vie de famille. L'habitation permet l'isolement par rapport à l'extérieur ; à quoi s'ajoute la séparation des classes et leur répartition en quartiers distincts.

A l'intérieur de l'habitation, les espaces sont délimités les uns des autres et spécialisés. Le temps consacré à la famille est avant tout celui de la ménagère ; si elle a une activité professionnelle, la réduction de la journée de travail est la condition pour qu'elle puisse accomplir sa seconde fonction, celle de ménagère. L'habitation s'*intimise* : à l'intérieur, des pièces particulières sont allouées à ceux qui ne sont pas apparentés (domestiques, gens de maison), qui progressivement sont tout à fait exclus. (...).

Par rapport à l'extérieur, la famille est isolée horizontalement des voisins et des parents, verticalement, des supérieurs et des subordonnés. Les visites doivent être annoncées et se font à des heures déterminées. A côté de la séparation par rapport au travail professionnel, cet isolement et cette intimisation de la famille constituent la seconde condition pour que l'élevage et une partie de l'enculturation prennent la forme de l'*éducation* (...).

3-4 - La mère éducatrice

Le concept de *mère* a plusieurs significations. Il désigne d'une part, la relation biologique de descendance, d'autre part, une relation dans le système de parenté (la mère au sens de la terminologie de la parenté n'est pas nécessairement la même que la mère au sens biologique). A côté de ces deux significations traditionnelles, une autre, moderne, apparaît avec la famille : la mère comme personne assurant l'éducation. Alors que la relation biologique mère-enfant et la relation de parenté persistent jusqu'à la fin de la vie, la relation mère-enfant au sens de rapport d'éducation est temporaire ; là, on cesse finalement d'être *l'enfant* de sa mère.

Ce nouveau type de *mère éducatrice* naît de ce que les fonctions d'élevage, auparavant réparties entre différentes personnes, sont maintenant, pour une grande part, concentrées sur une seule personne. L'usage de confier l'enfant à ses frères et sœurs, à d'autres parents et voisins, ou, dans les familles aisées, à gardiennes, gouvernantes et précepteurs, perd beaucoup de son importance ; de plus en plus de fonctions sont reportées sur la mère. Cette concentration de fonctions constitue une troisième ligne de développement, selon laquelle l'élevage reçoit la forme de l'*éducation*.

3-5 - Le « double bind »

Dans toutes les sociétés, les structures fondamentales du comportement individuel semblent déterminées par la façon dont s'opère la séparation d'avec les personnes chargées des enfants, par le type de groupe dans lequel l'individu se développe après cette séparation et par la façon dont il est initié à ces *deux sortes de production*. Dans la famille ces processus sont fondamentalement modifiés. L'*intimité* de la famille ne consiste nullement dans le simple fait qu'une liaison particulièrement étroite unit ses membres, mais plutôt dans la dramatique d'une tension critique entre liaison et séparation, entre accorder et refuser, entre attachements et répulsions. L'initiation isole la famille de l'extérieur, et permet de séparer les membres de la famille les uns des autres. Le fait que sa cohésion ne se fasse pas par la médiation d'un travail en commun engendre le climat de relations directes *d'homme-à-homme ;* mais ce type de relation affective comporte autant de tendances centrifuges que centripètes. A mesure que s'impose la relation de couple, la famille se trouve déstabilisée, comme l'atteste l'accroissement du nombre des divorces et des mères élevant seules leurs enfants. Le *double bind* — ce mélange de tendances à la fusion et à la répulsion, cette ambivalence des relations — est une caractéristique structurelle de la famille.

La limitation à quelques possibilités d'identification, peu nombreuses, pour l'enfant — la structure d'identification *unilatérale* et non *multilatérale* — contient le germe de la rupture avec les parents. La famille rend l'enfant dépendant d'un petit nombre de personnes et rend en même temps cette dépendance extrêmement risquée. La séparation de l'enfant avec la personne qui s'occupe de lui prend l'allure d'un drame qui s'inscrit dans l'échange corporel de l'enfant avec son environnement : dans l'alimentation, la défécation et les relations génitales à son environnement (stades oral, anal, génital). D'après les recherches comparatives de l'ethnopsychanalyse et de l'ethnopsychiâtrie, la relation paradoxale de séparation et de fusion propre à la famille favorise la tendance à la possession exclusive des hommes et des choses, la rivalité aggressive pour les objets. Par contre, la capacité d'une identification réciproque avec les membres des différents groupes dans lesquels on vit est plutôt refoulée. L'enfant parvient à la formation d'un corps-moi strictement délimité, d'un espace-intime-moi et d'activités-moi égocentriques (cf. Parin 1983, Wulff 1969). Du fait que la *conscience* se forme dans le cadre étroit de la famille, vient à se développer un *sur-moi* au lieu d'une sorte de *sur-nous* (Haug 1979, 191), comme on le trouve par exemple dans la forme d'une *conscience de clan* (Parin 1983, 157...). (...)

La famille est en même temps le lieu décisif de la formation de l'identité sexuelle. La famille reproduit l'inégale répartition des statuts dans la famille et donc le germe de la division sexuelle du travail : les *filles* deviennent des *mères,* les *fils* des *pères*. Ceci est une contradiction dans l'éducation familiale : d'un côté, elle vise le sujet de droit, d'un autre, la reproduction de la famille. Cela produit une ambivalence fondamentale dans le procès du *devenir adulte*. La comptabilité de l'*être femme* et de l'*être adulte* ne peut être que le fruit de luttes historiques : le mouvement féministe cherche, entre autres, à faire pénétrer dans les relations familiales, le potentiel égalitaire du droit bourgeois ; il combat donc pour que les femmes puissent devenir adultes. (...)

4 - L'école

4-1 - Etat et écriture

(...) Par *école* nous entendons un type particulier de procès d'apprentissage : ceux qui sont organisés autour de l'écriture et du texte. On ne peut expliquer ce qu'est l'école sans passer par l'écriture.

Pour comprendre le caractère de fonction sociale de l'écriture, il faut rompre avec cette image selon laquelle il s'agirait là d'un simple système de représentation des sons (cf. Coulmas 1981, Derrida 1974). Cette conception est contredite non seulement par l'existence de nombreux signes scripturaux non phonétiques, même dans notre alphabet quasi phonétique, les signes de ponctuation, les chiffres, etc., mais surtout parce qu'une écriture phonétique devrait reproduire les continuelles fluctuations du matériau sonore, ce qu'en réalité, elle ne fait pas. On ne peut pas dériver l'écriture de la parole ; on doit au contraire la comprendre dans sa matérialité et son efficace propres.

Des systèmes d'écritures sont apparus dans toutes les formations sociales de type *despotisme oriental*, en Mésopotamie, en Egypte, en Inde, en Chine, en Amérique centrale, et même, ce qui a longtemps été mis en doute, chez les Incas. Le principe moteur de cette émergence se trouve, semble-t-il, dans l'ensemble des fonctions étatiques : dans la production d'un surproduit (calendrier), dans son administration (comptabilité), dans le droit et la religion. Par opposition aux systèmes protoscripturaires, cette *écriture d'Etat* permet de constituer un *libellé* (Wortlaut). Je suppose que l'écriture est née d'un extrême aiguisement des antagonismes sociaux après l'apparition d'un Etat de classes. Dans ces conflits d'un type nouveau, tout accord donnait lieu par la suite à contestation, vu qu'il était né sous la pression de la domination. Ainsi peut naître le besoin d'un *libellé* le moins contestable possible : l'écriture. Celle-ci permet à la fois de contrôler les fonctionnaires et contribue à l'unification de l'Etat. Vaut maintenant ce qui est écrit. Le texte devient une forme de mouvement des conflits sociaux, et la question traditionnelle et la reformulation, l'élimination et de la reconstitution du discours social oral est de plus en plus recouverte par les luttes autour des interprétations du discours écrit sacro-saint.

Le passage à l'écrit conduit à un bouleversement du procès étatique de socialisation. Dans les *despostismes orientaux* les fonctionnaires d'Etat deviennent des *scribes*. Leur compétence en matière d'écriture peut, selon la différenciation des fonctions étatiques s'étendre à la fois aux fonctions militaires, juridiques, religieuses et économiques.

Notre système scolaire se constitue à partir de quatre lignes de développement : 1 - Former des fonctionnaires ; 2 - procurer au peuple une connaissance déterminée des discours idéologiques (écoles communales et ecclésiastiques) ; 3 - préparer certains groupes déterminés à l'université ; 4 - procurer des connaissances en matière d'écriture et de calcul pour la circulation des marchandises (écoles d'Etat à l'époque féodale).

Notre système scolaire actuel remplit encore toutes ces fonctions. Si l'on veut en comprendre la spécificité historique, il faut se demander comment ces fonctions traditionnelles sont réarrangées, comment elles se superposent et se réorganisent à travers de nouvelles fonctions. Les caractéristiques nouvelles les plus importantes sont :

— l'obligation scolaire universelle et l'alphabétisation (la connaissance de l'écriture) générale qui y est liée.

— l'importance des discours scientifiques.

4-2 - L'école étatique universelle

La mise en place de l'obligation scolaire est un moment du processus de constitution de l'Etat centralisé bourgeois (Leschinsky/Roeder, 1976). Ce n'est que dans les sociétés capitalistes, puis dans celles du socialisme d'Etat, que chaque membre individuel de la société est en *contact direct avec l'Etat*, ou que l'Etat peut immédiatement, sans passer par la médiation d'une puissance particulière, atteindre l'individu. Mais c'est là une condition nécessaire pour que s'établisse l'obligation scolaire universelle. Elle s'accompagne nécessairement de la répression des forces locales de la noblesse, des droits corporatifs des villes et des corporations, et de la puissance du *père domestique*. Dans l'école obligatoire, tous sont, habituellement pour la première fois, confrontés immédiatement avec l'Etat et y sont incorporés à lui en tant qu'écoliers. Dans l'école, l'individu est un citoyen mineur : un sujet *(Untertan)*. L'école moderne diminue la pression de diverses forces non-étatiques sur les enfants et adolescents, mais au prix de leur subordination à la puissance de l'Etat. L'école forme des sujets étatiques, et cela dans un sens triple :

— en tant que *sujets de droit*, en cela capables de contracter (de conclure des contrats d'achat, de travail et de mariage) ;

— en tant que *citoyens* au sens le plus étroit, c'est-à-dire participant à la *constitution politique d'une volonté* ;

— en tant que *membres d'une nation*, avec une langue, une histoire et une culture communes. Dans les sociétés bourgeoises, les langues officielles se transforment en langues cultivées *(Hochsprache)* nationales ; une opposition émerge entre la langue cultivée nationale et les langues courantes et *dialectes* régionaux. L'école est l'institution la plus importante pour l'établissement de la langue nationale. (Pour le lien entre enseignement de la langue et socialisation idéologique, cf. Nemitz 1981).

(...) Ces trois dimensions constituent le cadre dans lequel vont se dérouler les luttes et combats autour de l'école.

Le type d'école moderne, tel qu'il se constitue dans le capitalisme, peut être désigné comme une institution scolaire universelle ; cela inclut les soi-disant *écoles privées*, qui d'une part sont dépendantes, pour la plupart, des finances de l'Etat, et d'autre part sont contraintes à la stricte observation des prescriptions étatiques. Les conflits autour des écoles *privées* ou *alternatives*, sont en général des luttes pour l'influence d'intérêts privés et pour la possibilité d'une démocratisation *à l'intérieur* d'une institution scolaire étatique universelle.

4-3 - Les matrices de la normalisation

Le système scolaire est traversé par l'ensemble des rapports de domination : rapports de classe, oppression des femmes, racisme, exploitation des campagnes par la ville, du *tiers-monde* par les *métropoles*. On peut citer de nombreux éléments du système scolaire qui sont l'expression directe de ces rapports de domination : la séparation des enfants d'ouvriers et des enfants des couches moyennes, des garçons et des filles, des enfants *du pays* et des *enfants d'étrangers*, le sous-équipement scolaire de la campagne, le système scolaire colonial en tant que moyen de produire une couche d'intellectuels collaborateurs, etc. Ces séparations immédiates suivant les groupes sociaux sont un élément traditionnel, plus ou moins « corporatif », *(ständisch)* — du système scolaire. La dynamique du développement va cependant dans une autre direction. Les luttes pour la démocratisation du système scolaire font que l'égalité formelle du traitement de la population scolarisée prend une importance croissante, et que sa répartition selon des caractéristiques spécifiquement scolaires, notamment selon la différence des résultats scolaires, apparaît de plus en plus comme une simple manœuvre mystitificatrice. La répartition spécifiquement scolaire des écoliers est le résultat de trois modèles de répartition différents. Les procès qui produisent cette *modelisation* ou *classification*, je les appelle en m'appuyant sur Foucault (1976), les procès scolaires de *normalisation*.

a - Opposition entre éducables et non-éducables — L'obligation scolaire universelle induit l'opposition entre *éducables* et *non-éducables*. Des institutions apparaissent pour prendre en charge ceux qui présentent un *handicap scolaire*, des *difficultés à apprendre* et des *faiblesses scolaires*, tous ceux qui ne sont pas réceptifs aux pratiques scolaires. Ce qui présuppose qu'il n'y a aucun fossé infranchissable entre les êtres *cultivés* et les *incultes*, selon le clivage qui prévaut dans les pays à majorité illétrée (ou, formulé de manière ethnocentrique, analphabète). Une caractéristique du système scolaire moderne, c'est, sur un fond de connaissance généralisée de l'écriture, l'existence d'une série de transitions continues allant du *cultivé* à *l'inculte*. Ceux qui n'ont aucune compétence en matière d'écriture ou de discours officiels ne constituent pas un groupe social stable mais une collection de *ratés* individuels. Ils ne sont pas simplement rejetés du système scolaire mais sont traités selon des méthodes pédagogiques spéciales, dans des sections spécialisées. C'est seulement dans le cadre de ce clivage que se développent les deux autres modèles de classification scolaire.

b - Diversité qualitative — On a, dans le domaine scolaire, une répartition suivant des différences qualitatives spécifiquement pédagogiques : suivant les *types d'aptitude*, les *goûts*, suivant l'orientation *pratique* ou *théorique* (cf. Charlot/Figeat 1979).

c - Graduation quantitative. Ce modèle caractérise l'activité scolaire quotidienne. Les écoliers sont classés, grâce à une série de dispositifs, suivant les différences graduelles de leur compétence en matière d'écriture et de discours. La plupart de ces procédures ont été inventées dès les débuts de l'histoire du système scolaire bourgeois, avant tout par les Jésuites (cf. Snyders 1971). (...)

4-4 - Le déplacement des rapports de domination

Le véritable mystère du système scolaire étatique universel est le suivant : comment la reproduction des relations de domination se réalise à travers l'organisation spécifiquement scolaire de la population scolarisée, quand en même temps le mouvement ouvrier et le mouvement féministe repoussent les éléments « corporatifs » *(ständisch)* du système scolaire et en renforcent les traits démocratiques. L'ensemble des rapports de domination se trouve *traduit*, dans la sphère de l'école en différences de culture — plus exactement de culture reconnue par l'Etat. On peut montrer comment les rappports de domination s'inscrivent, dans le dispositif de normalisation scolaire, sous la forme d'une espérance de formation diverse selon le sexe et la classe, de différents *réseaux de scolarisation* dans le cadre de l'école unique (Baudelot/Establet 1980). Au cours des luttes pour la démocratisation du système scolaire, les formes de la reproduction de la domination se modifient. La séparation entre les classes sociales dans le système culturel peut ainsi se déplacer toujours plus vers *le haut* et la durée de scolarité ou, quand l'accès à l'université se démocratise, le type d'université que l'on fréquente peuvent devenir une caractéristique distinctive de classe (cf. Bowles/Gintis 1978).

Mais dans de telles analyses, on doit éviter les conclusions erronées que l'on rencontre souvent : l'école serait un espace vide, simple lieu d'expression pour les rapports de domination, comme si l'école n'ajoutait rien à ces rapports de domination. En fait, l'école n'est pas seulement reproductive mais aussi *productive* (Petitat 1982). Elle n'est pas seulement une arène dans laquelle s'affrontent les classes, sexes, ethnies et nations, elle modifie aussi en même temps les formes des rapports de domination et donc les groupes sociaux opposés eux-mêmes. Le principe de performance scolaire n'est pas simple apparence, fausse conscience. C'est au contraire une force agissante propre dont les effets sont certes recouverts par des rapports de domination beaucoup plus forts, mais n'en sont pas pour autant annulés. La *méritocratie,* l'accès à une position sociale selon le mérite individuel, n'est pas un simple voile mais une variable des rapports de domination qui a ses effets propres. Certes la carrière scolaire est déterminée statistiquement par l'appartenance de classe et de sexe, mais nullement pour chaque individu. Le succès scolaire peut effectivement avoir une influence plus ou moins grande sur l'avenir professionnel, à côté des ressources financières et du *capital de relations* professionnel. De bons résultats scolaires peuvent donner aux femmes une meilleure chance d'entrer dans un domaine masculin ; cette chance peut être plus ou moins grande, elle peut être appréciée de manière plus ou moins réaliste, elle n'en demeure pas moins une donnée pertinente. L'école opère un déplacement dans le rapport de forces entre dominants et dominés, elle *déplace* et *dérègle* leurs positions : une *transposition* et pas seulement une *transfiguration* des relations de domination.

4-5 - La transformation de la science en savoir (...)

4-6 - L'activité autonome (...)

5 - *L'ensemble contradictoire famille/école*

Aujourd'hui, un *système d'éducation dual* s'est imposé, basé sur les institutions école et famille. On peut suivre historiquement, comme deux formes concurrentes, la monopolisation de l'éducation par la famille, notamment avec l'aide de précepteurs, et la monopolisation de l'éducation par école à travers l'internat. En termes quantitatifs, le temps passé à l'école augmente par rapport à celui passé *en famille* et semble le supplanter. En réalité pourtant, l'éducation en famille s'intensifie, à mesure qu'elle diminue temporellement (...).

Un point commun à la famille et à l'école est la séparation par rapport au travail professionnel (pour ce qui concerne le rapport école/entreprise dans les sociétés à socialisme d'Etat, il faudrait opérer ici des modifications importantes). Dans les sociétés capitalistes, la famille et l'école sont en tout cas soustraites à la dynamique de la valorisation *directe*. Ce sont là deux formes sociales dans lesquelles les relations ne passent pas d'abord par la propriété et l'argent ; le refoulement de ces relations de possession et d'argent constitue une importante ligne de développement de ces deux institutions. La famille et l'école sont des formes qui transcendent les classes, non pas bien sûr comme la démocratie parlementaire au sens d'une universalité représentative, mais sous forme d'une participation immédiate : il n'existe quasiment personne qui ne grandisse dans une famille et qui n'aille à l'école. Il y a bien sûr d'importantes différences spécifiques propres à chaque classe, dans l'organisation concrète de la famille et de la scolarité, mais elles font partie d'une structure fondamentale universelle. Historiquement, malgré les éléments *corporatifs* (ständisch) du système scolaire, c'est la tendance à la réunion, plutôt qu'à la séparation, des classes et des sexes à l'école qui tend à prévaloir. En définitive est commune à ces deux institutions la structure fondamentale de l'éducation : le dualisme éducateurs/éduqués, l'exclusion de toute tâche à réaliser en commun à partir desquels ce dualisme pourrait être relativisé, la protection par rapport au dehors et simultanément la contrainte d'ouverture.

Les rapports entre ces deux institutions sont simultanément traversés de profondes contradictions. Le dualisme école/famille constitue une partie de l'opposition Etat/*Société, public/privé*, qui ne s'établit qu'avec le capitalisme. (...).

Les familles adoptent une attitude active vis-à-vis de l'école. Dans la mesure où le système scolaire se démocratise, le succès scolaire devient une réelle possibilité de *prolonger l'héritage* de l'appartenance de classe. *L'espérance de formation* selon l'appartenance de classe ne repose pas seulement sur la distance variable de la culture familiale à la culture scolaire (Bourdieu/Passeron 1971 et 1973), mais aussi sur les différences de stratégies scolaires entre familles (Donzelot 1980 ; Willis 1979). Formulé de façon abrupte : c'est moins l'école qui est caractérisée par une culture de classe que les familles des classes supérieures par une sorte de culture d'école. Les spécificités de classe dans le domaine de l'éducation semblent donc résider moins dans la structure respective de la famille et de l'école que dans les *relations stratégiques* diverses entre les deux institutions, dans une différence d'orientation scolaire motivée par les contraintes économiques, qui n'est pas elle-même contrainte et laisse ouvertes toute une série d'options stratégiques (...).

L'articulation famille/école permet de traduire la question des rapports de domination en celle de *l'égalité des chances*, en celle de la relation entre origine de classe et avenir de la classe des individus, en celle de la démocratisation de l'accès aux positions de pouvoir. Elle représente une forme d'hégémonie bourgeoise, et ce d'un double point de vue : d'un côté, par la participation des opprimés à la solution d'un problème fondamental de la reproduction de la société : quels individus occupent quelle position sociale ? D'un autre côté, comme une articulation entre Etat et *Société* : entre l'appareil scolaire étatique et les unités de production familiales (...).

Toutes les tentatives en vue de venir à bout des blocages sociaux par la méritocratie *(l'égalité des chances)* doivent nécessairement conduire à une confrontation avec les rapports sociaux de domination. Quant à savoir si cela peut être utilisé en vue d'une démocratisation, cela dépend avant tout de la manière dont les luttes pour l'école sont conduites concrètement. Les *écoles communes* (Gesamtschulen, Comprehensive schools) ont été mises en place *sans* les parents et *contre* une grande partie d'entre eux ; de ce fait la réforme a partiellement échouée (cf. pour l'Angleterre, CCCS 1981). Un exemple qui montre combien il importe de prendre en compte, non seulement en théorie mais aussi dans la pratique politique, l'articulation famille/école.

Bibliographie

ARIÈS Philippe, 1975 : *Geschichte der Kindheit*, München.

BARRET Michèle, MCINTOSCH Mary, 1982 : The anti-social Family, London.

BAUDELOT Christian, und Roger Establet 1980 : L'école capitaliste en France, Paris.

BOURDIEU Pierre, PASSERON Jean-Claude 1971 : *Die Illusion der Chancengleichheit*, Stuttgart.

BOURDIEU Pierre, PASSERON Jean-Claude 1973 : *Grundlagen einer Theorie der symbolischen Gewalt*, Frankfurt/M.

BOWLES, Samuel, GINTIS Herbert 1978 : *Pädagogik und die Widersprüche der Ökonomie*, Frankfurt/M.

CCCS 1981 = Centre for Contemporary Cultural Studies : *Unpopular Education. Schooling and social democracy in England since 1944*, London usw.

CHARLOT Bernard, FIGEAT Madeleine 1979 : *L'école aux enchères. L'école et la division sociale du travail*, Paris.

COULMAS Florian, 1981 : *Uber Schrift*, Frankfurt/M.
DERRIDA Jacques, 1974 : *Grammatologie*, Frankfurt/M.
FLANDRIN Jean-Louis, 1978 : *Familien*, Frankfurt/M. usw.
FOUCAULT Michel, 1976 : *Überwachen und Strafen*, Frankfurt/M.
FOUCAULT Michel, 1983 : *Sexualität und Wahrheit*, Frankfurt/M.
HAUG Wolfgang Fritz, 1979 : « Umrisse zu einer Theorie des Ideologischen ». In : *Projekt Ideologie-Theorie : Theorien über Ideologie*, Berlin/West, 178-204.
LESCHINSKY Achim, ROEDER Peter Martin 1976 : *Schule im historischen Prozeß*, Stuttgart.
LINTON Ralph, 1974 : *Gesellschaft, Kultur und Individuum*, Frankfurt/M.
MEILLASSOUX Claude, 1973 : « Versuch einer Interpretation des Ökonomischen in den archaischen Subsistenzgesellschaften ». In : Klaus Eder (Hrsg.) : Seminar : *Die Entstehung von Klassengesellschaften*, Frankfurt/M., 31-69.
MEILLASSOUX Claude, 1978 : *Die wilden Früchte der Frau*. Über häusliche Produktion und kapitalistische Wirtschaft, Frankfurt/M., 2. Aufl.
MEW = *Marx/Engels Werke*, Berlin/DDR, 1960-1968.
NEMITZ Rolf, 1981 : « Bildung statt Ideologie ? Antwort auf A. und B. Rang ». In : *Die Wertfrage in der Erziehung*, Berlin/West, 45-66.
NEMITZ Rolf, 1983 : « Education contra Experience ». In : Sakari Hänninen, Leena Paldán (Hrsg.) : *Rethinking Ideology*, Berlin/West, 98-103.
NEMITZ Rolf, 1984 : « What can be learned from Marx on education ? » In : Sakari Hänninen, Leena Paldán (Hrsg.) : *Rethinking Marx*, Berlin/West, 128-130.
PARIN Paul, 1983 : *Der Widerspruch im Subjek*, Frankfurt/M.
PAULY 1979 = *Der Kleine Pauly*. Lexikon der Antike, Bd. 2, München.
PETITAT André, 1982 : *Production de l'école — Production de la société*. Analyse socio-historique de quelques moments décisifs de l'évolution scolaire en Occident. Genf.
ROSENBAUM Heide, 1982 : *Formen der Familie*, Frankfurt/M.
SNYDERS Georges, 1971 : *Die große Wende der Pädagogik*, Paderborn.
WENK Silke, 1985 : « Zur Diskussion um eine « weibliche Ästhetik » in der Architektur ». In : Eduard Führ (Hrsg.) : *Heimat — worin noch niemand war*, Wiesbaden.
WILLIS Paul, 1979 : *Spaß am Widerstand*, Frankfurt/M.
WULFF Erich, 1969 : « Grundfragen transkultureller Psychiatrie ». In : *Das Argument* 50, 227-260.
ZARETSKY Eli, 1978 : *Die Zukunft der Familie*, Frankfurt/M.

Le récit-maître de Frédéric Jameson

LECLERCLE Jean-Jacques *(Paris)*

With The Political Unconscious, F. Jameson has produced a major Marxist contribution to literary criticism. Following his maxim, « Always historicize ! », Jameson defines three horizons against which an individual text must be interpreted : conjuncture (the text is a solution to a contradiction), the class-struggle (the text as a collection of ideologemes), mode of production (the text is characteristic of an ideology of form). Questions are raised about the capacity of this model to deal with language adequately.

Les mauvaises herbes ont la vie dure. A peine ses adversaires annoncent-ils sa mort prochaine en son centre historique, que le marxisme ressurgit, plus vif que jamais, dans l'une de ses périphéries. On considère traditionnellement que les pays anglo-saxons constituent pour le marxisme un terrain ingrat. Les pousses ont du mal à s'implanter, elles s'étiolent vite, quand elles ne sont pas brutalement arrachées. Tel fut le sort d'Edwin Berry Burgum, le critique littéraire marxiste américain des années cinquante (1), qui fut chassé de l'université par la répression mac-carthiste, et dont l'œuvre est victime d'un oubli symptomatique.

Ce paysage plutôt désertique est en train de se couvrir de fleurs. Dans le domaine de la critique littéraire, un des traits majeurs des quinze dernières années est le développement d'un important courant marxiste. En Grande Bretagne, l'œuvre fondatrice de Raymond Williams (2) n'est plus isolée : par son ampleur et sa variété, celle de Terry Eagleton (3) domine la critique britannique contemporaine, et elle a commencé à porter des fruits (4). Aux USA, le renouveau de la critique littéraire marxiste est associé au nom de Fredric Jameson.

Qu'une œuvre comme celle de Jameson soit apparue aux USA dans les années 70-80 n'est pas un accident de l'histoire. Elle se situe au confluent de deux courants. Le premier est la renaissance du marxisme américain, en particulier dans les universités. Certes, le marxisme américain n'avait jamais disparu (cf. le rôle de la *Monthly Review*, et l'œuvre de Sweezy, Magdoff et Baran) : la lutte contre la guerre au Vietnam, le mouvement étudiant des années 60 lui ont donné une nouvelle vigueur. Jameson n'est pas le seul marxiste américain dont la renommée a franchi l'Atlantique : on peut citer Wallerstein et l'école du « marxisme analytique » (5). Le second est le développement de la théorie dans le domaine des études littéraires. Après des décennies de domination d'une critique empiriste ou formaliste (par exemple l'école du *New Criticism* (6), un besoin de théorie a saisi les critiques américains. L'influence de Derrida et de Lacan sur la pratique de la « déconstruction » est bien connue. Jameson représente l'autre grande tradition européenne, le marxisme.

Il y a cependant quelque chose d'immédiatement étonnant dans l'entreprise de Jameson : que la *critique littéraire* soit le champ d'une des constructions marxistes les plus élaborées, qu'elle puisse constituer le maillon le plus faible dans la chaîne de l'idéologie dominante.

Car la critique littéraire a toujours constitué pour les pères fondateurs du marxisme un horizon, sans cesse contemplé (7), mais jamais vraiment atteint : projets, articles d'occasion, digressions ou exemples insérés dans des textes économiques ou philosophiques, ils ne nous ont laissé que les fragments d'une théorie marxiste de la littérature. Les tentatives de formulation qui ont suivi ont hésité entre la réduction (Plekhanov), l'instrumentalisation (Mao) et la récupération tous azimuts (le réalisme sans rivages). Et pourtant, contradictoirement, une tradition marxiste importante s'est développée en critique littéraire, à côté du courant principal du marxisme : la « théorie critique », la critique sartrienne, les marxistes soviétiques comme Propp ou Bakhtine. Le corpus finit par être important, par constituer une *tradition* au sens anglais du terme, c'est-à-dire un système de filiation, d'appropriation polémique et de relecture rétrospective. La figure même de cette tradition est sans doute Lukács, dans l'extrême et contradictoire diversité de son œuvre.

Jameson est avant tout l'héritier et le produit de cette tradition (il ne cache pas sa dette à l'égard de Lukács, même s'il le relit de façon parfois très critique). Son œuvre, déjà importante, est d'abord une réappropriation de l'ensemble de la critique littéraire marxiste — cette capacité de tout relire, de repenser et de reformuler la totalité des textes marxistes disponibles est un signe des temps : il y a *des* marxismes, dont il faut tenter de penser l'unité. Elle est ensuite une tentative de fonder sur cette relecture une théorie marxiste de l'interprétation, seule capable d'en dire le vrai — programme ambitieux, dans une culture où les candidats à cette tâche (la psychanalyse par exemple) ne manquent pas.

Jameson enseigne la littérature à l'Université de Yale. Ses premiers ouvrages traitaient de l'œuvre de Sartre (*Sartre : The Origins of a Style,* New Haven, 1961), du formalisme et du structuralisme (*The Prison-House of Language,* Princeton, 1971) et de la critique littéraire marxiste (*Marxism and Form,* Princeton 1971 : Adorno, Benjamin, Marcuse, Bloch, Lukács, Sartre : la constitution d'une tradition est bien son objectif). Son œuvre la plus importante, où il passe de la relecture à la construction, est *The Political Unconscious* (Ithaca, 1981) : c'est à celle-ci que je vais m'intéresser, et principalement au chapitre théorique sur lequel elle s'ouvre, « De l'interprétation ».

La première phrase de *The Political Unconscious* se présente, par une boucle familière aux lecteurs de romans, comme énonçant également la morale du texte, c'est-à-dire annonçant sa fin. Et elle a la forme d'une injonction, qui donne au lecteur la clé de la méthode, et l'incite à l'appliquer, *en abyme*, au texte lui-même. « Historicisez toujours ! » : tel est pour Jameson le noyau de la critique dialectique, la caractéristique de la méthode marxiste, la source de son pouvoir de totalisation. Car cet impératif annonce une stratégie ; étant donné un objet — n'importe lequel ? le marxisme, comme l'idéologie chez Althusser semble fonctionner sous l'espèce du « toujours » — le travail que la critique marxiste effectue sur lui a la forme d'une *« historicisation »*.

Cela pose deux problèmes : quel est cet objet ? et quel est le produit de ce travail ? Deux types d'objets textuels peuvent en effet être historicisés : les structures d'un texte (ses conditions d'émergence, sa forme, etc.) ou les commentaires que les textes suscitent, les mythes ou analyses qui prétendent en énoncer le sens — dans ce cas l'objet historicisé est déjà une interprétation. Jameson choisit la seconde solution : son commentaire est un « métacommentaire ». Et le résultat du travail d'historicisation sera une autre interprétation, englobant comme leur horizon la ou les interprétations historicisées. Voilà donc le marxisme fermement établi comme technique d'interprétation, la seule *globale* par opposition aux autres techniques qui sont simplement locales. Et non seulement globale mais aussi *politique,* encore qu'à ce stade la nature politique de l'interprétation soit vague (il s'agit de revendiquer une version forte du marxisme, de le distinguer de l'interprétation sociologique ou historique vulgaire selon laquelle un texte ne peut pas ne pas être influencé par son contexte historique).

La construction de l'objet de la critique marxiste part d'une discussion des textes d'Althusser sur la causalité, et de sa critique de la causalité mécanique (associée à Descartes) et de la causalité expressive (associée à Hegel et à l'« historicisme »). La stratégie de Jameson consiste à sauver ces deux types de causalité en les déplaçant de la théorie vers l'objet. Ainsi la causalité mécanique n'est pas une erreur du philosophe : elle est effectivement dans l'objet, elle a sa validité « locale » (par exemple, il y a une relation mécanique de cause à effet entre le développement des bibliothèques de prêt et des romans feuilletons en Angleterre au XIXe siècle, et la longueur des romans victoriens en trois volumes, comme ceux de Dickens). Et la causalité expressive retrouve sa validité sous la forme de ce que Jameson appelle un « récit-maître » *(a master narrative)*, qui constitue un déchiffrement allégorique de la séquence historique, transforme l'histoire en récit, et suscite de multiples niveaux d'interprétation.

La conception althussérienne de l'histoire comme procès sans fin ni sujet est interprétée par Jameson comme refus de ce type de causalité expressive qui fonde une vision historiciste. Mais le marxisme lui-même contient un de ces récits-maîtres, qui décrit la séquence des modes de production : il est ironique, dit Jameson, que ce soit la version althussérienne du marxisme qui ait replacé le concept de mode de production au centre de la problématique. La solution de Jameson consiste donc bien à replacer cette contradiction dans l'objet, dans les textes : les récits-maîtres allégoriques sont dans les textes, autant que dans nos interprétations, en ce qu'ils reflètent une dimension essentielle de nos fantasmes collectifs sur l'histoire et sur la réalité. Ils sont le contenu de cet « inconscient politique » que Jameson veut décrire.

L'objet premier de l'analyse jamesonienne est donc un fantasme, un récit-maître inconscient et collectif (ainsi, il analyse, dans son chapitre sur Balzac, un roman familial qui a une valeur historique et collective — sa conception du fantasme n'est pas exactement celle de la psychanalyse). Ce récit-maître transforme une vision limitée et partielle, « locale », du rapport de l'homme à son histoire en une apparence de totalité. La fonction du marxisme est de montrer que cette totalisation, malgré ses prétentions, est fausse et reste locale, mais aussi d'analyser les procédés qui permettent cette suture, ce que Jameson appelle des « stratégies de limitation » *(strategies of containment)* : le chapitre consacré à Gissing et au roman du « ressentiment » analyse ces stratégies dans le roman réaliste du XIXe siècle.

Une des caractéristiques principales de l'objet de la critique de Jameson est qu'il est *déjà* un commentaire : le métacommentaire analyse donc des mythes, que ceux-ci constituent les présupposés, implicites ou non, des textes de fiction, ou qu'ils soient déjà des commentaires à part entière. Les deux mythes interprétatifs principaux que Jameson reprend et dépasse sont le système d'exégèse biblique des quatre niveaux (littéral, allégorique, moral, anagogique) (8), qui a trouvé une descendance contemporaine dans l'œuvre critique de Northrop Frye (9), et le grand mythe semiotico-structuraliste du binarisme, en particulier sous la forme de la sémiotique greimassienne, dont Jameson fait une utilisation originale et à mon avis fructueuse (dans les chapitres sur Balzac et sur Conrad).

Par un effet prévisible d'abyme, le métacommentaire devient lui-même un mythe. Un mythe vrai, c'est-à-dire un mythe qui englobe les autres et totalise leur vision locale, mais un mythe, c'est-à-dire un récit-maître. Le récit-Jameson se déploie lui aussi sur plusieurs niveaux, ou « horizons » — concept emprunté à Gadamer (10) : en cela, il continue la tradition de l'exégèse chrétienne. Trois horizons, du particulier au général : la conjoncture historico-politique, la lutte des classes (dont la périodisation dépasse la situation conjoncturelle concrète) ; et l'histoire comme séquence des modes de production.

Au niveau de la conjoncture, le texte analysé est conçu comme la solution imaginaire à une contradiction réelle. Le modèle est fourni par l'analyse du mythe d'Oedipe, et des tatouages des indiens caduveo, par Lévi-Strauss (11) : on trouve des formulations voisines chez Macherey ou Vernant. L'intervention critique est réécriture. Elle fait réapparaître un sous-texte idéologique ou historique dont le texte de surface suture les contradictions, ou plutôt les transforme (car elles ne sont résolues que par la praxis) en antinomies, c'est-à-dire en paradoxes, scandales logiques ou doubles contraintes (12) : l'aporie est la réécriture narrative de la contradiction.

A l'horizon de la lutte des classes, l'objet de l'interprétation n'est plus la singularité du texte mais son caractère social : il est porteur d'une idéologie qui est fonction de la lutte des classes. Comme Jameson souscrit à la thèse althussérienne selon laquelle les classes ne sont définies que dans leur lutte, autrement dit que le concept de classe est un concept de relation, la structure idéologique du texte est elle aussi contradictoire. Jameson reprend ici le concept bakhtinien de « texte dialogique » (13) : ce qui était autonomie dans le premier horizon devient antagonisme dans le second. La singularité du texte (comme dialogue de discours de classes antagonistes) est pensée comme parole, qui réalise la langue des discours de classe. La métaphore saussurienne est poussée plus loin : le discours de classe comme langue possède ses unités minimales, les idéologèmes, qui sont des proto-récits, des fantasmes portant sur les « personnages collectifs » de la lutte des classes. L'intérêt de ce type d'analyse est qu'il permet d'entamer une reconstruction des textes populaires (contes de fées, coutumes paysannes, pratiques de sorcellerie) marginalisés par l'idéologie dominante.

Pour passer au troisième horizon, celui du mode de production, Jameson utilise l'exemple des textes de l'époque de la révolution anglaise du XVIIᵉ ; l'antagonisme entre les classes ne pouvait s'exprimer que dans un langage commun, un maître-code, celui du discours religieux. Si l'on s'intéresse à l'antagonisme des discours, on travaille à l'intérieur du second horizon, on analyse des positions de classe. Mais on peut aussi faire le chemin inverse, et insister sur l'unité du maître-code : on est alors à l'horizon du mode de production. L'idée est qu'à chaque mode de production correspond un code culturel dominant : le récit magique ou mythique correspond au communisme primitif, etc. Il est facile de voir que cette typologie ne fait que redoubler les problèmes inhérents à la problématique des modes de production (où classer le mode de production asiatique ? le socialisme est-il un mode de production ?). Jameson est conscient de la stérilité d'une simple classification (à quel mode de production appartient Milton ?).

Reprenant la distinction développée par Poulantzas (14) entre mode de production et formation sociale (dans laquelle coexistent divers modes de production sous la domination de l'un d'entre eux) il assigne comme objet de l'analyse à ce troisième horizon la *révolution culturelle,* c'est-à-dire le moment où, dans une formation sociale, les modes de production deviennent antagonistes (il y a ainsi une révolution culturelle bourgeoise, de longue durée, qui subsume tant la révolution industrielle que les événements historiques de la Révolution française : la révolution culturelle n'est pas limitée aux célèbres « périodes de transition »). A ce niveau de généralité l'objet textuel correspondant à la révolution culturelle n'est pas un texte, ou un type de texte, mais une forme, ce que Jameson appelle « l'idéologie de la forme », c'est-à-dire l'ensemble instable et contradictoire de différents systèmes de signes (on pourrait dire, reprenant Deleuze et Guattari (15), que Jameson a pratiqué différentes « sémiotiques ») correspondant à différents modes de production.

A l'horizon de ce troisième horizon, il y a l'Histoire, code qui transcende tous les codes, horizon de tous les horizons. Ce vocabulaire théologique, que j'adopte par parodie, indique un danger de « réification » (l'histoire remplace Dieu au sommet du système). Jameson défend ce postulat en montrant que l'Histoire n'est rien d'autre que l'expérience de la Nécessité, la cause absente qui tient lieu de Réel à la pratique humaine (l'histoire est sur quoi l'on butte) et qui ne peut être appréhendée qu'à travers ses effets. Sous la forme d'une règle de méthode (le « historicisez toujours » de la première ligne), ce renvoi à l'histoire ne peut que recevoir l'assentiment d'un marxiste (16).

Le « h » majuscule, pourtant, gêne : il donne bien au concept une fonction métaphysique, celle de garantie, d'absolu qui coiffe l'ensemble de la construction interprétative. La critique porte donc non sur l'historicisme de la méthode, mais sur son caractère d'interprétation. Reprenant la distinction que font les logiciens entre syntaxe et sémantique, Jameson opte résolument pour la sémantique, c'est-à-dire pour l'interprétation (là où une analyse structurale opte pour la syntaxe). Cela produit des effets positifs. Le moindre n'est pas la capacité de relecture et le pouvoir de conviction du récit jamesonien : il fonctionne comme un piège argumentatif auquel le lecteur a du mal à échapper. Mais cela produit aussi des effets négatifs : parce qu'il nous donne lui aussi un récit-maître, Jameson se condamne à reproduire la forme, et même une partie du contenu, des récits-maîtres qu'il historicise. En un sens — je pousse délibérément la critique jusqu'à la limite de l'injuste — Jameson réécrit le grand mythe interprétatif de Frye, qui lui aussi procède par étapes historiques (le mythique, le mimétique, l'ironique, etc. — le chapitre consacré au genre romance contient une longue discussion des analyses de Frye), et qui lui-même dépend de la conception chrétienne des quatres niveaux d'interprétation qui fascine Jameson.

Je n'ai rien contre l'idée qu'un marxiste relise et travaille des théories venues d'ailleurs : mais je pense que cette importation a des effets pervers. J'aborderai rapidement deux domaines, celui de l'ancrage des textes dans le réel, et celui de la matérialité du langage.

La question de l'ancrage est notoirement mal résolue par le recours à une causalité mécanique — c'est-à-dire par une théorie mécaniste du reflet. La solution de Jameson, comme nous l'avons vu, accepte localement un reflet par causalité mécanique et l'insère dans deux autres niveaux d'interprétation. Un objet textuel reflète une conjoncture historico-politique, s'insère dans l'espace défini par des discours de classe antagonistes et sur le long terme participe d'une forme elle-même liée à un mode de production. Deux problèmes apparaissent ici. Le premier est celui de la matérialité du texte : les analyses concrètes de Jameson, par exemple celle concernant la romance, hésitent entre la réduction (l'antagonisme entre les valeurs du bien et du mal dans les chansons de geste est rapporté à la fin de l'isolement des communautés féodales au XIIe siècle et à la prise de conscience par la noblesse de son statut de « classe universelle », c'est-à-dire de sujet de l'histoire) et la construction d'une tradition qui est une forme de l'histoire des idées traditionnelle.

Ainsi, Jameson construit un récit qui est l'histoire du genre « romance ». Mais cela pose un second problème, celui des survivances. Chacun connaît le passage de Marx sur le charme persistant de l'art grec, charme de l'enfance de l'humanité (il y a dans ce texte des accents dignes de Vico). Une réponse est que ce charme « n'est pas celui d'un art » : autrement dit qu'Homère est transformé en « littérature » par construction rétrospective, du point de vue moderne d'une littérature apparue dans une conjoncture historique et ancrée dans la matérialité d'appareils idéologiques. Il n'y a pas, en ce sens, d'histoire du *romance*, sauf par construction rétroactive. Jameson répond par avance à cette objection en distinguant « généalogie » et « histoire » (18) (la généalogie du *romance* n'est effectivement pas une histoire mais une construction *a posteriori*), et en reprenant le concept husserlien de *sédimentation* : une forme littéraire porte en elle-même, hors de tout contenu, une valeur idéologique, qui persiste et se sédimente lorsque la forme est réappropriée dans un contexte historique nouveau. Une forme comme le romance, qui persiste à travers les conjonctures et les modes de production est l'objet non de l'établissement d'une histoire linéaire, faite de filiations et d'influences, mais d'une véritable coupe géologique. La réponse de Jameson n'est pas entièrement convaincante (elle surestime la continuité des formes littéraires et sous-estime l'effet de rupture provoqué par le changement de conjoncture historique), mais elle est habile.

Le second domaine est celui de la matérialité du langage. Jameson a des pages admirables sur l'historicité des sens (en particulier sur l'histoire de la vision — l'émergence de la vue comme sens autonome, et son reflet dans le développement des formes culturelles et artistiques, (cf. *Pol. Unc.*, p. 63), et donc aussi sur l'historicité du langage (sa « découverte » comme objet autonome est le fruit d'un procès historique d'abstraction). Mais son parti-pris narratif qui apparaît clairement dans son utilisation du carré sémiotique de Greimas, lui fait sous-estimer, dans ses analyses de textes, le concret du langage, le fait que, par exemple, les contradictions du style de Conrad sont pour la critique marxiste un point d'entrée privilégié : je renvoie ici, bien sûr, à l'œuvre de Renée Balibar (19). Peut-être le manque le plus frappant de la théorie de Jameson, si riche pourtant et si totalisatrice, est-il celui d'une véritable théorie marxiste du langage. Mais qui oserait lui en faire reproche ?

Une fois la dernière page tournée, les comptes peuvent se faire. Le bilan ne demande qu'une phrase : avec Jameson, le marxisme a produit une grande œuvre critique.

Notes

(1) Son œuvre (qui a les qualités et les défauts de l'époque) est presque introuvable : *The Novel and the World's Dilemma* (1947). Une traduction est parue en italien, *Romanzo e Società*, Rome : Editori Riuniti, 1965.

(2) R. Williams, *Marxism and Literature,* Oxford : OUP, 1977 ; *The Country and the City,* Londres : Chatto & Windus, 1973.

(3) Parmi ses dernières publications, *Walter Benjamin,* Londres : Verso, 1981 ; *Literary Theory,* Oxford : Blackwell, 1983 ; *The Function of Criticism,* Londres : Verso, 1984 ; *Against the Grain,* Londres : Verso, 1986.

(4) Cf. la récente collection qu'il dirige chez Blackwell, « Rereading Literature », p. ex. T. Eagleton, *Shakespeare* (1986) et J. Kavanagh. *Emily Brontë* (1985).

(5) Cf. l'ouvrage de P. Bühle, *American Marxism,* Londres : Verso, 1986.

(6) Sur la critique américaine moderne, cf. F. Lentricchia, *After the New Criticism,* Chicago : University of Chicago Press, 1980.

(7) Cf. par exemple l'ouvrage de S.S. Prawer sur le goût et la culture littéraires de Marx, *Karl Marx and World Literature,* Oxford, OUP : 1976.

(8) L'ouvrage de référence est H. de Lubac, *Exégèse Médiévale,* Paris : Aubier, 1959-64.

(9) N. Frye, *Anatomy of Criticism,* Princeton : Princeton UP, 1957 (tr. fr. *Anatomie de la Critique,* Gallimard, 1969) ; *The Great Code,* New York : Harcourt Brace Jovanovitch, 1981 (tr. fr. *Le Grand Code*, Seuil, 1984).

(10) H.G. Gadamer, *Vérité et Méthode,* tr. fr. E. Sacre, Paris : Seuil, 1976.

(11) Cf. respectivement, « L'analyse structurale des mythes », in *Antropologie Structurale I,* Paris : Plon, 1958, et *Tristes Tropiques,* Paris : Plon, 1955.

(12) Concept emprunté au psychiatre américain G. Bateson, « Towards a theory of schizophrenia », in *Steps to an Ecology of Mind,* Londres : Paladin, 1973.

(13) Cf. p. ex. M. Bakhtine, *La Poétique de Dostoievski,* Paris : Seuil, 1970 ; et *Le Marxisme et la Philosophie du Langage,* Paris : Minuit, 1977.

(14) N. Poulantzas, *Pouvoir politique et classes sociales,* Paris : Maspero, 1968.

(15) G. Deleuze & F. Guattari, *Mille Plateaux,* Paris : Minuit, 1980.

(16) On trouvera un raisonnement voisin, ainsi qu'une évaluation critique de Jameson, dans l'article de J.H. Kavanagh, « The Jameson-effect », *New Orleans Review,* II, 1, printemps 1984.

(17) Cf. E. Balibar & P. Macherey, « Présentation », in R. Balibar, *Les Français Fictifs,* Paris : Hachette, 1974.

(18) Sur le concept nietzschéen de « généalogie », cf. G. Deleuze, *Nietzsche,* Paris : PUF, 1968.

(19) *Op. cit.*, Egalement : R. Balibar, D. Laporte, *Le Français National*, Paris : Hachette, 1974 ; et R. Balibar, *L'institution du français,* Paris : PUF, 1985. On trouve des analyses inspirées de R. Balibar dans T. Eeagleton, *Walter Benjamin, op. cit.*, cf. également les analyses de Deleuze & Guattari et leurs concepts de « majeur« et « mineur » : *Mille Plateaux, op. cit.*, et *Kafka,* Paris : Minuit, 1975.

Bibliographie

F. Jameson, *The Prison-house of Language*, Princeton : Princeton UP 1971. *Marxism and Form*, Princeton : Princeton UP, 1971. *The Political Unconscious*, Ithaca : Cornell UP (Londres : Methuen) 1981. « Post-modernism : the cultural logic of capital » *New Left Rewiew*, n° 146, Londres,1984.

W. Dowling, *Jameson, Althusser, Marx*, Ithaca : Cornell UP (Londres : Methuen), 1984.

T. Eagleton, « The politics of style », in *Against the Grain*, Londres : Verso, 1986.

HISTOIRE DU MARXISME

Tableau de l'édition scientifique de Marx

ROJAHN Jürgen (Amsterdam)

C'est en 1983, un siècle après la mort de Marx, que sortait le quinzième tome de la « nouvelle » *Marx-Engels-Gesamtausgabe (MEGA),* éditée à Moscou et à Berlin par les instituts du Marxisme-Léninisme (IML). Depuis lors, c'est le trentième tome des 180 (sinon davantage) actuellement prévus, qui est paru. Il est encore impossible de préciser aujourd'hui si ce projet gigantesque sera réalisé lors du bi-centenaire de la naissance de Marx en 2018. Qui vivra verra.

En fait, le problème de l'état actuel de la publication des écrits de Marx et Engels est étroitement lié à celui du progrès de la *MEGA*, mais ne se réduit pas à cela. 1) Pour le moment, ce sont encore partiellement des éditions antérieures qui représentent l'état actuel de l'édition ; cela concerne tous les écrits déjà publiés, mais qui n'ont pas encore paru dans la *MEGA*. 2) Les éditeurs de la *MEGA* n'ont pas de monopole ; indépendamment de ce projet, mais pas nécessairement contre lui, on prépare des éditions qui présentent, certains textes soit, en langue originale, soit en traduction, d'une manière différente. Il en ira de même dans l'avenir. Mais de toute évidence la *MEGA*, étant la plus complète, sera l'édition la plus importante, reconnue par tout le monde comme fondamentale.

Est-il besoin d'expliquer pourquoi une édition complète est souhaitable ? Ce n'est pas seulement à cause du rôle joué par les idées de Marx dans le passé, quoique ce rôle seul suffise à justifier un tel projet. Le débat sur les idées de Marx n'est nullement clos. Il est vrai, que la majeure partie de ce que Marx a écrit en son temps, pris dans un sens immédiat et littéral, ne saurait être aujourd'hui considéré comme actuel. Comme Eric Hobsbawm l'a dit au début de l'année 1983 à Linz, la discussion actuelle sur Marx, commence là où l'on cesse de le citer. Mais, d'autre part, si l'on veut parler de Marx, il faut accepter de n'utiliser son nom que pour ce qui se laisse déduire de ses écrits. Cela ne veut pas dire qu'on ne puisse pas développer, parfaire, modifier sa théorie. Mais cela implique que l'on soit capable de comprendre ses écrits, d'en dégager l'essentiel. Et cela à son tour suppose une approche de l'écrit de Marx par son contexte concret : temps, circonstance, sources, etc. L'édition scientifique est donc une condition nécessaire à toute discussion sensée sur Marx, y compris sur le Marx actuel.

On peut se demander pourquoi cette édition n'existe pas déjà depuis longtemps. L'idée est en vérité très ancienne et on a toujours essayé de la réaliser. L'état actuel est le résultat de ces essais toujours renouvelés.

En 1850, déjà, Hermann Becker, membre de la Ligue des communistes, avait l'intention de publier un recueil des articles rédigés par Marx avant la révolution de 1848-1849. Au cours des décennies suivantes, des projets semblables furent conçus à diverses reprises. Quand, en 1881, Karl Kautsky posa le problème d'une édition des œuvres complètes de Marx, celui-ci remarqua qu'il faudrait tout d'abord que ces œuvres soient écrites. Lorsque, deux ans plus tard, après la mort de Marx, l'idée refit surface, Engels s'y oppose. Certes, Engels ne doutait pas qu'une édition des œuvres complètes de Marx, ainsi que des siennes propres, était souhaitable ; mais pour le moment, l'idée lui paraissait irréalisable, ne serait-ce qu'à cause de la législation allemande. Il rejetait aussi l'idée d'une publication d'œuvres choisies par livraisons. Vers la fin de sa vie, Engels travaille à un projet semblable à celui de Becker. Aidé par Franz Mehring, il commença à rassembler les articles publiés par Marx et lui-même dans les années quarante. Mais ce n'est qu'après avoir accompli une cause à son avis beaucoup plus urgente, qu'il s'y consacra.

Selon les propres termes utilisés par Engels dans son discours sur la tombe de Marx, la doctrine marxiste était « the creed of universal socialism ». Le noyau de cette doctrine, c'étaient les théories économiques que Marx avait commencé à développer, d'abord dans *Zur Kritik der politischen Oekonomie* (Erstes Heft, 1859), puis dans *Das Kapital* (Erster Band Buch I, 1867). Dans la préface du premier ouvrage, Marx avait esquissé son plan initial en ces termes : « J'examine le système de l'économie bourgeoise dans l'ordre suivant : *capital, propriété foncière, salariat ; Etat, commerce extérieur, marché universel* ». Pour *Le Capital,* il avait prévu quatre livres, dont trois encore manquaient. Cependant, parmi ses papiers, se trouvaient divers manuscrits qui permettaient de combler les lacunes. C'est d'abord Engels qui prit en charge ces papiers qui comprenaient, outre les manuscrits, la correspondance et un grand nombre de notes de lecture, etc. Après la mort d'Engels en 1895, une partie de ces documents furent transmis, avec les papiers de celui-ci au parti socialiste allemand (SPD), l'autre parti aux filles de Marx, d'abord à Eleanor Marx-Aveling, puis à Laura Lafargue. Après la mort des Lafargue en 1911, les manuscrits en leur possession parvinrent également aux archives du parti allemand.

Engels mena à bien certains projets, en utilisant des notes de Marx, mais sous sa propre responsabilité. Exemple bien connu : *Der Ursprung der Familie* (1884). Mais avant tout il consacrait ses forces au travail que, selon l'opinion de tous, personne d'autre n'était capable d'accomplir : il rédigea, jusqu'en 1885 pour l'un et jusqu'en 1894 pour l'autre, le deuxième et le troisième livre du *Capital*. Il ne cherchait pas à reproduire les manuscrits de Marx d'une façon littérale, mais plutôt à en tirer, dans une absolue fidélité à « l'esprit de l'auteur », un texte cohérent. Quelques années plus tard, procédant d'une manière beaucoup plus libre, Kautsky tirait du manuscrit de 1861- 1863 les *Theorien über den Mehrwert* (1905-1910).

Si l'achèvement du *Capital* semblait alors la tâche la plus pressante, la deuxième question qui se posa était celle de la réédition des œuvres antérieures de Marx et Engels, dont la plupart n'étaient pas disponibles. On ne considérait pas cela comme un simple devoir de piété, mais avant tout comme une nécessité politique. Comme l'essor constant de la social-démocratie allemande semblait confirmer avec éclat la doctrine marxiste, qui était devenue en 1891 la base théorique du programme du parti, cette doctrine suscitait de plus en plus d'intérêt, sous les feux croisés de la critique adverse, qui la déformait souvent. C'est pourquoi il semblait nécessaire de créer des conditions favorables à une étude plus approfondie. On réédita donc aussi bien des ouvrages majeurs de Marx et Engels, comme, par exemple, en 1892 *Die Lage der arbeitenden Klassen in England* (1845), que des recueils d'articles. C'est ainsi que Engels lui-même édita en 1894, sous le titre *Die Klassenkämpfe in Frankreich,* des articles publiés par Marx en 1849-1850, tandis que les Aveling publièrent trois volumes d'articles rédigés, dans les années cinquante, par Marx et Engels, mais attribués par erreur exclusivement à Marx : *Revolution and counter-revolution on Germany in 1848* (1896), *The Eastern question* (1897) et *Secret diplomatic history of the eighteenth century* (1899). De plus, sans parler des traductions faites ailleurs, on publiait en allemand des ouvrages qui parurent à l'origine en français ou en anglais, ainsi en 1885, *La misère de la philosophie* (1847).

Un projet de caractère différent, confié à Mehring était plus difficile à réaliser. En 1902, celui-ci publia, dans le cadre de son édition Aus dem Nachlass (...), trois volumes de *Gesammelte Schriften* de Marx et Engels, écrits des années 1841-1850. Mais d'abord, il lui avait fallu dénicher ces textes, publiés partiellement sans son nom d'auteur, dans différents journaux. Mehring considérait ces recherches comme un travail préalable à une édition complète, mais pour le moment, il s'était proposé un but plus modeste. Il renonça non seulement à publier les ouvrages déjà disponibles, mais fit également un choix parmi les autres textes dont certains ne furent publiés que sous forme abrégée.

A l'exception des manuscrits du *Capital*, on ne publiait alors que peu de chose des papiers inédits. C'était du reste dans ce domaine que se manifestait le poids des considérations d'ordre politique : on ne le publiait pas, ou on supprimait, ce qui pouvait causer du tort au Parti, soit en portant atteinte à la réputation de ses dirigeants, soit en provoquant des discussions inopportunes. Lorsqu'en 1891, il publia *« La critique du programme de Gotha »* (1875), qu'il regarda toujours comme une contribution positive à un débat actuel, Engels lui-même supprima quelques passages ironiques. Dans le *Briefwechsel zwischen Engels und Marx*, publié en quatre volumes en 1913, Bebel et Bernstein avaient supprimé non seulement tel ou tel passage, mais même des lettres entières qui, selon Bebel, étaient « trop désagréables ».

Evidemment, le poids des considérations politiques diminuait au fur et à mesure que le temps passait. Mais les textes inédits, remontant à une époque ancienne, ne suscitaient que peu d'intérêt à ce moment-là. Engels publia, dans l'appendice à son ouvrage sur Feuerbach (1886), les thèses rédigées par Marx en 1845. Mehring n'inclut dans son édition que la thèse de doctorat de Marx. Bernstein édita en 1903 quelques parties de « L'idéologie allemande ». Selon l'opinion de Mehring, les textes inédits de cette époque n'étaient pas très importants ; il ne faudrait les publier que dans une édition scientifique des œuvres complètes. Mais une telle édition, quelque désirable qu'elle fût, ne lui paraissait pas réalisable dans un proche avenir. Lorsqu'un groupe d'austro-marxistes, auxquels David Riazanov s'était rallié, fit en 1910 une suggestion à ce sujet, la proposition n'eut qu'un faible retentissement. L'objection décisive était que le Parti ne disposait ni d'assez d'argent ni d'assez d'intellectuels. On considéra comme plus urgente l'édition populaire du premier livre du *Capital*, préparée alors par Kautsky.

Cependant Riazanov, qui devenait un éminent spécialiste en la matière, ne perdait pas de vue le projet. En 1917, il publia les deux premiers volumes (sur quatre projetés) des *Gasammelte Schriften* des années 1852-1862, continuant pour ainsi dire l'édition de Mehring. Il suspendit son travail, lorsque la Révolution russe éclata.

Après les révolutions survenues tant en Russie, où le marxisme dans sa variante léniniste devint l'idéologie dominante, qu'en Europe centrale, l'intérêt pour l'œuvre de Marx et Engels s'accrut notablement. En tout cas, leurs écrits connus furent désormais publiés dans les éditions toujours nouvelles, dans les langues les plus diverses. Mais il n'y avait encore que peu de gens à s'occuper de recherches sérieuses sur la genèse de ces écrits et sur la vie de leurs auteurs mêmes. En dehors de Riazanov, Gustav Mayer se distingua particulièrement. S'étant rallié aux Bolcheviks peu avant la Révolution d'octobre, Riazanov fut, à partir de 1921, directeur de l'Institut Marx-Engels (IME), établi alors à Moscou. Aidé par des « correspondants » compétents dans divers pays, il s'employa, avec une énergie considérable, à rassembler une documentation aussi complète que possible. Tout ce qu'il lui était impossible d'acquérir en fait d'original, il le fit copier, avant tout les papiers de Marx et d'Engels contenus dans les archives du SPD à Berlin.

Tout d'abord, Riazanov n'avait en vue qu'une édition russe des œuvres de Marx et Engels ; mais étant donnée la masse de manuscrits inédits trouvée à Berlin, il décida d'aborder en même temps une grande édition scientifique de tous les écrits. En 1924, à la suite du XIIIe Congrès du PCR (b), le Ve Congrès mondial de l'Internationale communiste approuve, lui aussi, le projet de cette édition, qui devait fournir « la base indispensable pour l'étude approfondie de l'histoire, de la théorie et de la pratique du marxisme révolutionnaire ». D'après les termes de Riazanov, cette édition devait être complète et sûre, « une édition exemplaire ». Après la fondation d'une société spéciale d'édition à Francfort, la direction du SPD permit l'utilisation des manuscrits de ses archives.

C'est en 1927 que parut le premier tome de cette *Historisch-kritische Gesamtausgabe*, dite MEGA « ancienne ». Selon la préface générale, l'édition devait contenir non seulement toutes les œuvres publiées de Marx et Engels mais encore tous leurs écrits restés inédits, toutes leurs lettres, ainsi que celles qu'on leur adressait, mais dans la mesure seulement où elles étaient instructives. Quant aux travaux préparatoires (notes de lecture, brouillons, etc.), on voulait en faire plein usage, tout en ne les publiant qu'en cas de nécesssité. En classant les textes, on ne voulait s'en tenir, généralement, ni à l'ordre chronologique ni à l'ordre logique, mais on cherchait plutôt à combiner les deux principes. En conséquence, on prévoyait trois, voire même quatre sections. La première (17 tomes), devait contenir toutes les œuvres sauf le *Capital*. Celui-ci, avec tous les manuscrits de Marx, devait être publié dans la deuxième section (13 tomes). La troisième (10 tomes) était destinée à la publication de la plupart des lettres, avant tout la correspondance complète entre Marx et Engels, ensuite d'autres correspondances formant un ensemble. Les lettres restantes, on voulait les publier en partie dans les appendices des tomes de la première section, en partie, chronologiquement, à la fin de la troisième. Enfin, on prévoyait une quatrième section (deux tomes) pour les index généraux. Riazanov se rendait compte que la préparation de la deuxième section surtout serait difficile. Toutefois, convaincu que les livres du *Capital* rédigés par Engels n'étaient en réalité que des variantes engelsiennes des manuscrits de Marx, il voulait présenter les manuscrits eux-mêmes sans trop tarder.

Cependant, les circonstances ne le permirent pas. Quelques mois après la publication du premier tome, l'Internationale communiste passa à une tactique ultra-gauchiste. En 1928, la direction du SPD, irritée des attaque communistes, refusa de collaborer désormais avec Riazanov. En 1931, Riazanov lui-même fut congédié. On lui reprocha avant tout d'avoir favorisé les activités « contre-révolutionnaires » des mencheviks en URSS ; mais on critiqua aussi ses éditions comme étant trop savantes. C'est donc avant 1933, date de l'arrivée des nazis au pouvoir qui rendait impossibles les travaux en Allemagne, que l'on destitua la plupart des collaborateurs de Riazanov à l'IME. A partir de ce qui restait de l'IME, et de l'Institut Lénine, on créa l'IMEL.

Sous la direction de Riazanov, cinq tomes de la MEGA (I/1/2, III/1-3) parurent ; sous celle de Victor Adorastski son successeur, cinq autres tomes (I/3-6, III/4) furent publiés en 1931-1932, dont la préparation était probablement déjà bien avancée avant les changements de 1931. En 1935, à Moscou, on publia encore le tome 1/7 et, à l'occasion du quarantième anniversaire de la mort d'Engels, un tome spécial non numéroté. Le tome 1/8, déjà annoncé, ne parut pas. On continua cependant l'éditon russe des *Socinenija*, 28 tomes au total pendant la période 1923-1947.

Quoique douze tomes seulement aient paru, le travail accompli était remarquable. Les sept tomes de la première section contenaient les œuvres de Marx et Engels jusqu'à la fin de l'année 1848, les quatre tomes de la troisième section toutes les lettres échangées entre eux. La première tâche que les rédacteurs s'étaient fixée était de présenter les textes « dans leur exactitude ». Là où l'on avait changé le texte, on l'indiquait par des notes qui signalaient aussi les références des citations, des titres, etc. La *MEGA*, toutefois, selon la conception de Riazanov, ne devant fournir qu'une « base » pour la recherche, on avait renoncé à de longs commentaires. Le changement de direction se fit sentir surtout dans les introductions. Riazanov, savant individuel, engagé — parfois trop — informait de l'état des recherches sur le sujet, étudiait la genèse des textes et, enfin, rendait compte des principes d'édition. Par contre, les introductions très courtes aux tomes suivants se bornaient à des « évaluations » serrées, étayées de plus en plus par des citations de Lénine. L'image de Marx et d'Engels prit des traits de plus en plus pétrifiés. En 1935, ce n'est plus Adoratski qui assuma la responsabilité des introductions, mais l'Institut comme tel.

Cependant, la reproduction des textes restait aussi sûre qu'auparavant, et c'est en cela surtout que réside le mérite de l'ancienne MEGA. Au cours des travaux préparatoires, furent publiés, avant tout dans le *Marx-Engels-Archiv*, de nombreux textes inédits, par exemple « La dialectique de la nature ». D'autres textes paraissaient pour la première fois, ou pour la première fois intégralement, dans la MEGA elle-même, ce qui était le cas de manuscrits aussi importants que ceux de 1843, ceux de 1844, et enfin de *L'idéologie allemande*. Ce n'est plus dans le cadre de la MEGA qu'on publia en 1939, à Moscou, sous le titre de *Grundrisse der Kritik der politischen Oekonomie (Rohentwurf)*, le manuscrit de 1857-1858 que Riazanov avait trouvé en 1923 dans les archives du SPD ; entre-temps ce ne sont pas seulement des copies de ce manuscrit mais aussi — de façon jamais tirée au clair — l'original qui avaient été acheminés vers l'IMEL. En 1941 on publia ensuite, sous forme d'appendice, un deuxième volume contenant d'autres manuscrits de Marx des années cinquante. En 1953, cette édition fut reproduite à Berlin (RDA).

Comparées à ce que l'institut moscovite publia depuis sa fondation jusqu'à la Guerre mondiale, les autres éditions de l'héritage littéraire de Marx et d'Engels publiées à cette époque ne sont pas vraiment importantes. Le recueil des écrits du jeune Marx, publié en 1932 par Siegfried Landshut et J.-P. Mayer en deux volumes intitulés *Der historische Materialismus* (et à nouveau, en 1953, par Landshut seul en un volume intitulé *Die Frühschriften*, est bien sûr la plus connue de ces éditions. Elle contient les manuscrits des années quarante, publiés simultanément dans la *MEGA* ; mais ses insuffisances font ressortir avec d'autant plus de relief la qualité relativement haute de la *MEGA*. Des éditions en langue étrangère, il faut encore mentionner ici les *Œuvres complètes* de Marx, traduites par J. Molitor (57 vols., 1924-1954). En fait, Molitor traduisit, en se basant sur différentes éditions, divers écrits qu'il publia pêle-mêle en français.

Evidemment, aucune des éditions mentionnées ne pouvait satisfaire, à la demande des œuvres de Marx et Engels, qui croissait à nouveau énormément, quoiqu'en partie seulement de manière spontanée, après la guerre. En même temps, ni la situation en URSS, ni la guerre froide n'étaient favorables à une édition complète. Au lieu de continuer la MEGA, l'institut moscovite (depuis 1956 :IML) entreprit une nouvelle édition des *Socinenija*. Les 39 tomes parus en 1955-1966 servirent de modèle à, entre autres, l'édition allemande des Werke (MEW), publiée à Berlin à partir de 1957 par l'IML. Celui-ci eut une importance particulière, sa langue correspond dans une large mesure à la langue originale des textes. Dans les tomes 1-22, on publia, en principe par ordre chronologique, les œuvres de Marx et d'Engels, à l'exception du *Capital* dont les trois livres suivirent dans les tomes 23-25. Le tome 26 était consacré à une nouvelle éditions des *Théories sur la plus-value* faite à partir du manuscrit de 1861-1863, dont l'original était aussi parvenu à Moscou. Dans les tomes 27-39, toutes les lettres connues de Marx et Engels furent publiées, la première partie de chaque tome étant consacrée aux lettres échangées par les d(i)eux entre eux, la seconde, celles adressées à des tiers.

Selon la préface générale, les MEW devaient contenir « la totalité de l'œuvre colossale des meilleurs fils du peuple allemand ». En ce qui concerne les principes de l'édition, on renvoyait à la préface des *Socinenija*. Mais celle-ci annonçait son intention d'omettre certains texte dans une édition destinée au grand public. On supprima même des œuvres publiées, comme les « Révélations on diplomatic history » (1857). D'autre part, certains manuscrits, comme celui de 1843 furent inclus, d'autres, comme ceux de 1844 furent exclus. A partir de la fin des années soixante, on les ajouta, cependant, dans des tomes supplémentaires. L'établissement des textes était, en principe, solide. Chaque tome comprenait une brève introduction, évaluant les textes dans l'esprit des institutions responsables, des explications, diverses listes bibliographiques et un index des personnes. Somme toute, les MEW étaient l'édition la plus complète et la plus sûre publiée jusqu'alors, et, aussi facile à manier que bon marché, elle fut largement utilisée par la suite.

Les *Socinenija* et les MEW à leur tour, forment la base de l'édition en langue anglaise des *Collected Works*, paraissant depuis 1975 comme « le produit de l'accord et de la collaboraiton de savants, de trducteurs et d'éditeurs anglais, américains est soviétiques ». Par rapport aux éditions antérieures, celle-ci, dont la langue correspond en partie aussi à celle des textes originaux, possède divers avantages.

Tout en tenant compte, d'ailleurs, des recherches les plus récentes, elle classe immédiatement à leur place tous les textes supprimés, au moins initialement, entre les éditions russe et allemande. En outre, elle abolit la séparation embarrassante, entre les lettres échangées par Marx et Engels entre eux et celles adressées à des tiers. Par là, elle suit le bon exemple de l'édition française de la *Correspondance* dont le premier volume était déjà sorti en 1971.

Sans doute, chacune de ces éditions avait, et a, ses mérites. Mais aucune d'elles ne pouvait suppléer à une édition des œuvres complètes. Pour cela, cependant, les copies des papiers de Marx et Engels, rassemblées à Moscou, ne suffisaient point. Il était indispensable d'utiliser les papiers originaux dont, la majeure partie, après l'évacuation clandestine des archives du SPD hors de l'Allemagne nazie et leur vente subséquente, se trouvait en possession de l'Institut international d'histoire sociale (IISG), fondé à Amsterdam en 1935.

D'emblée, l'IISG considéra la publication des documents de ses archives comme une de ses tâches principales. Après avoir rassemblé et mis en ordre les collections, dispersées dans toute l'Europe pendant la guerre, on s'attela à cette tâche. Parmi les éditions qui parurent alors dans les séries de l'IISG, plusieurs doivent être mentionnées ici. En tout premier lieu, l'édition de la correspondance, qui formait un complément important aux MEW, d'autant qu'elle comprenait, outre les lettres de Marx et Engels, celles de leurs correspondants, indispensables à la compréhension des premières ; soit : *Friedrich Engels' Briefwechsel mit Karl Kautsky* (éd. Benedikt Kautsky, 1955) ; *Wilhelm Liebknecht. Briefwechsel mit Karl Marx und Friedrich Engels* (éd. Georg Eckert, 1963) ; *August Bebels Briefwechsel mit Friedrich Engels* (éd. Werner Blumenberg, 1965) ; *Eduard Bernstein. Briefwechsel mit Friedrich Engels* (éd. Helmut Hirsch, 1970) ; à quoi il faut ajouter *The Harney papers* (éd. Frank G. Black et Renee M. Black, 1969). C'est également sous les auspices de l'IISG, que Werner Conze et Dieter Hertz-Eichenrode publièrent en 1961, sous le titre de *Manuskripte über die polnishe Frage (1863-1864),* des travaux préparatoires de Marx pour une brochure sur la Pologne. En 1971, on publia en Pologne, sous le titre de *Beiträge zur Geschichte der polnischen Frage/Przyczynki do historii kwestii polskiej,* les mêmes manuscrits, mais dans un ordre différent et en ajoutant des notes de lecture.

Après les œuvres, les manuscrits inédits, les lettres, c'étaient maintenant les notes de lectures de Marx qui suscitaient de plus en plus d'intérêt. Ces notes, dont une part infime a été publiée jusqu'à présent, Marx les avaient accumulées au cours de plus de quarante ans, elles concernent toutes les branches du savoir (philosophie, histoire, droit, économie, physique, chimie, géologie, etc.). Après les soulignements que Marx faisait, en lisant, sur ses propres livres (en partie conservés), ces notes (citations littérales, paraphrases, commentaires, premières esquisses) représentent une deuxième étape de son travail. Elles renseignent non seulement sur les sources de Marx, mais encore sur sa manière d'y puiser, et permettent une compréhension approfondie de sa théorie, surtout des parties qu'il n'est pas arrivé à développer systématiquement. Cela vaut spécialement pour les notes de 1880-1882 concernant les livres de Morgan, Phear, Maine et Lubbock, publiées sour le titre : *The ethnological notebooks of Karl Marx* par Lawrence Krader (1971), ainsi que pour les notes de 1879-1980 sur l'ouvrage de Kovalevskij sur la propriété rurale communale, publié sous le titre : *Karl Marx über Formen vorkapitalistischer Produktion* par Hans-Peter Harstick (1977). La deuxième surtout de ces publications de l'IISG est, quant à la présentation du texte, un chef-d'œuvre.

Cependant le besoin d'une grande édition savante se faisait de plus en plus sentir. Il est certain que seuls les IML étaient disposés à entreprendre et à réussir un tel projet. Il n'était pas moins évident qu'une simple continuation de l'ancienne *MEGA* était impossible, si l'on voulait satisfaire aux exigences de la recherche, devenues depuis lors de plus en plus étendues. C'est avant tout pour atteindre ce but que le projet d'une nouvelle *MEGA* reçut, dans une situation politique plus favorable, un large soutien international, y compris celui de l'IISG. Par un tome modèle, on soumit en 1972 les principes d'édition à une discussion internationale. En 1975, le premier tome normal parut.

Selon la préface, la nouvelle MEGA doit elle aussi, fournir « une base solide tant à l'étude approfondie de l'histoire et de la théorie du marxisme qu'à d'autres éditions (...) ». A cet effet, elle comprendra l'œuvre absolument complète de Marx et Engels, pour autant qu'elle est conservée, connue et disponible, y compris toutes leurs notes, tous les soulignements dans les livres, toutes les lettres qui leur furent adressées et même certaines de celles échangées par des tiers entre eux. Comme dans la MEGA ancienne, l'ensemble se divise en quatre sections, mais d'une manière plus conséquente : la première section comprendra les œuvres, articles et brouillons, à l'exception du *Capital* ; la deuxième, le *Capital*, et les manuscrits qui s'y rapportent ; la troisième, les lettres et la quatrième, les notes, etc. Chaque tome comporte deux volumes, l'un pour les textes, l'autre pour l'appareil critique. Les textes sont reproduits en langue originale ; selon le programme formulé, on vise une reproduction qui soit à la fois fidèle et lisible.

L'appareil comporte des renseignements sur la forme sous laquelle les textes sont transmis, des descriptions de manuscrits, des analyses de la genèse des textes, des listes de variantes, des corrections, etc., des explications et, enfin, plusieurs index. Pour donner une idée du travail accompli, voici un seul exemple : tandis que, dans la MEGA ancienne, l'appareil concernant les manuscrits de 1844 était de moins de cinq pages, la nouvelle MEGA en compte 237 ! Les tomes parus jusqu'à présent contiennent, entre autres, les œuvres, écrits et notes de lecture jusqu'à la fin du mois d'août 1844, la correspondance jusqu'à la fin de l'année 1851, les écrits économiques de 1857 à 1863, parmi lesquels le manuscrit de 1857-1858 et, publié pour la première fois intégralement, celui de 1861-1863 ; enfin, la première édition du premier livre du *Capital*. D'ici 1991, vingt nouveaux tomes sont prévus, avec, entre autres, les manuscrits économiques de 1863-1867, les deuxième, troisième et quatrième éditions allemandes et les éditions française et anglaise du premier livre du *Capital*, les manuscrits mathématiques et *Der Ursprung der Familie*.

Les principes d'édition, on ne le sait que trop, peuvent toujours se discuter, ceux de la MEGA ne font pas exception. Alors que la division en sections est indubitablement rationnelle, on peut se demander, par exemple, s'il n'aurait pas été préférable de séparer les manuscrits non destinés à la publication par leurs auteurs, des œuvres publiées de leur vivant, au lieu de séparer, conformément aux idées de Riazanov, le *Capital* des autres œuvres. Reconnaissons qu'en général les solutions choisies par la MEGA se justifient, elles aussi.

D'une manière générale on peut, bien sûr, constater que les rédacteurs, tout en partant assez ouvertement de prémisses marxistes-léninistes, s'efforcent de remplir leur tâche scientifique d'une façon optimale. Mais la place manque ici pour examiner en détail dans quelle mesure ils y parviennent. Renvoyons plutôt aux analyses critiques, tant de l'édition du manuscrit de 1857-1858 (III/1.1) par Fred Schrader (*IWK*, 1977) que de celles des manuscrits de 1844 (I/2, IV/2) par moi-même (*Archiv für Sozialgeschichte,* 1985). Elles montrent qu'il ne faut pas utiliser la MEGA sans sens critique. Entreprise gigantesque, elle reste néanmoins humaine ; une voix importante, mais pas le dernier mot, qui n'existe pas dans le domaine de la recherche. Il serait souhaitable que les rédacteurs, eux aussi, en tiennent compte et qu'ils présentent leurs hypothèses pour ce qu'elles sont au lieu de fournir des solutions définitives là où, en réalité, il n'y en a pas ; car ce qui leur paraît le plus probable, n'est pas encore prouvé pour autant.

D'autre part, il serait injuste d'exiger de la MEGA plus que ce qu'une édition complète peut offrir. Une telle édition, qui se veut une base pour les recherches les plus divergentes se doit de classer les textes selon des critères formels et uniformes. C'est justement pour cela que des publications spéciales, qui permettent de présenter certains textes d'une façon plus appropriée à des buts spécifiques, seront valables à l'avenir aussi. Les éditions de Hans-Peter Müller et Rainer Winkelmann, intitulées *Die technologisch-historischen Exzerpte* (1981), et *Exzerpte über Arbeitsteilung, Maschinerie und Industrie* (1982), qui contiennent les notes marxiennes de 1845 sur des livres de Babbage et Ure, et celles de 1851 sur des ouvrages de Poppe, Ure et Beckmann, constituent des exemples — nullement exemplaires, il est vrai, du fait d'une exécution quelque peu précipitée.

Pour démontrer qu'en dehors de la MEGA, soit avant, soit après la publication du tome correspondant, des éditions autonomes et de valeur des textes de Marx et Engels restent possibles, signalons encore deux publications de Hans Pelger, directeur du Karl-Marx-Haus de Trèves : *Das Elend der Philosophie* (1979) et *Texte aus der Rheinischen Zeitung von 1842/43.* (1984). Mentionnons enfin le dernier cahier des *Schriften aus dem Karl-Marx-Haus,* tout récent : *Unbekanntes von Friedrich Engels und Karl Marx,* publié par Bert Andréas, Jacques Grandjonc et Hans Pelger. Une deuxième partie est prévue. Après cela, après même la publication du dernier tome de la MEGA, tout sera-t-il vraiment connu, pour de bon ? Comment ne pas citer ici pour conclure la devise de Marx *De omnibus dubitandum.*

CHRONIQUE
LE DÉBAT MARX 1983-1986

Le centenaire de Marx en Italie

CAZZANIGA Gian Mario

Dans ce pays où même les petites mairies organisent des congrès internationaux de philosophie, un centenaire produit souvent des bibliothèques. Mais le centenaire de la mort de K. Marx est arrivé pendant une période culturelle peu favorable, produisant des liturgies académiques qui ne révèlent pas clairement la pluralité des positions théoriques et politiques déployées.

La culture italienne semble poursuivre aujourd'hui un chemin à rebours par rapport aux choix faits dans les années 40. L'influence du courant existentialiste et la découverte des œuvres de jeunesse de Marx avaient mis en crise l'hégémonie du néo-idéalisme, et conduit une partie importante des intellectuels à l'adhésion au marxisme. Ce passage, toutefois influencé par la lutte antifasciste, demeurait théoriquement inachevé, avec un faible intérêt et parfois une méfiance à l'égard des sciences naturelles, de la technologie et des problèmes de la société industrielle. C'est seulement dans les années 60 que les textes marxiens de la maturité ont influencé des recherches nouvelles, tandis que dans la gauche s'ouvrait un débat réel sur les formes de développement du capitalisme industriel. Le cycle de luttes sociales, qui se développa à partir des années 1968-69, sembla alors produire de nouvelles tendances marxistes. Mais la rupture avec la tradition humaniste et néo-idéaliste n'était qu'apparente. Les thématiques de la crise de l'individu, de l'aliénation, de la technologie comme facteur de domination et de manipulation, exprimaient en réalité une continuité culturelle substantielle, et cette continuité rejoint aujourd'hui, dans une période de reflux des luttes sociales, des courants existentialistes ou herméneutiques anti-illuministes et anti-historicistes. (L'historisme ou l'historicisme dont il est question ici n'a évidemment rien de péjoratif, bien au contraire). On revient donc dans les années 80 aux sources qui avaient produit la crise inachevée du néo-idéalisme dans les années 40.

Pour analyser l'image actuelle de Marx en Italie il faut toutefois distinguer mass-média et production culturelle. Tandis que les mass-média présentent de Marx l'image double d'un penseur utopique qui renouvèle l'eschatologie chrétienne sécularisée du progrès et du règne de Dieu et d'un penseur romantique qui nie le libre épanouissement de l'individualité en le reconduisant à une totalité organique dominée par l'Etat, la production culturelle est en réalité plus riche et surtout plus nuancée.

On peut observer, par exemple, que les manuels scolaires du deuxième cycle se sont renouvelés profondément, avec une production dans les secteurs de l'histoire, de la philosophie et de la littérature où l'influence de la méthode marxiste est bien plus grande qu'auparavant, tandis que dans les manuels universitaires cette influence arrive maintenant à s'exercer même dans les milieux traditionnellement conservateurs de l'économie et de la jurisprudence (1).

Il faut signaler aussi des œuvres de grande envergure qui viennent d'être publiées par des équipes de chercheurs marxistes, comme l'*Histoire de la société italienne* de l'antiquité à nos jours et le *Dictionnaire d'économie politique,* structuré thématiquement (2). Dans le secteur même des études classiques s'est développée une longue discussion sur les formes de production (3), qui a déjà produit des études collectives sur l'économie romaine (4), avec la collaboration de tous les secteurs des sciences de l'antiquité.

Dans la même période s'est achevée la publication d'une *Histoire du marxisme* (5) écrite par une équipe de collaborateurs italiens et étrangers, qui constitue peut-être, l'œuvre la plus représentative de la pluralité de positions existant aujourd'hui dans le mouvement ouvrier occidental. Il s'agit donc d'un panorama culturel où la production historiographique continue à se développer à un niveau de grande qualité, tandis que la production théorique demeure faible et très influencée par les débats allemand, anglo-saxon et français. En réalité le débat actuel en Italie sur la « crise du marxisme » renvoie à la question des intellectuels, et c'est à ce niveau qu'on peut en trouver la clef. Le reflux des luttes sociales et surtout l'incapacité de la gauche à construire théoriquement et politiquement une stratégie de transformation socialiste a produit une crise du concept d'hégémonie et du rôle décisif des intellectuels dans la construction d'un nouveau « bloc historique ». Ce déclin de la pensée de Gramsci, qui constituait la seule présence réelle du marxisme en Italie dans cet après-guerre, est le signe d'une coupure entre intellectuels et classe ouvrière, et produit les idéologies nouvelles de la scission entre éthique et politique, tandis que les figures de la subjectivité règnent à nouveau dans la production philosophique et littéraire (6).

Le choix qui semble l'emporter dans la phase actuelle est celui d'une défense corporative de l'autonomie des intellectuels, qui veulent jouer un rôle dans la vie sociale et politique en tant que tels, en refusant de se lier à d'autres couches sociales. On pourrait dire que l'engagement est vécu maintenant comme un cauchemar. Le produit le plus intéressant de ce processus culturel est peut-être la publication récente d'une *Littérature italienne*, où l'histoire littéraire est analysée exclusivement en fonction des formes littéraires et de la typologie des intellectuels, rompant ainsi non seulement avec une méthode de type marxiste mais aussi avec l'historiographie traditionnelle d'analyse de l'histoire civile qui avait jusqu'ici dominé la culture italienne, de De Sanctis à Dionisotti (7). Un bilan des revues et des congrès qui ont commémoré le centenaire de la mort de Marx se situe nécessairement dans ce contexte historique et culturel.

Même lorsqu'il s'agissait de débats organisés par des structures universitaires, des institutions culturelles et des revues académiques, la forme historiographique d'exposition renvoyait d'une façon ambiguë aux problèmes contemporains. La question posée n'était pas « Marx dans son temps », mais plutôt « à quoi Marx sert-il aujourd'hui ? ». On pourrait distinguer schématiquement quatre types de réponse :

> 1 - « Marx est mort ». C'est la thèse dominante chez les intellectuels du Parti socialiste, qui diagnostiquent une faillite du marxisme en se référant à l'expérience historique de l'URSS (8), à l'adhésion des masses au système de vie occidentale (9), et à la contradiction structurelle entre la spontanéité et l'organisation de type léniniste (10). Il faut souligner que l'évolution du courant socialiste italien est marqué par des positions de type libérales (l'auteur écrit « libériste » : *il liberismo* correspond à ce que nous appelons libéralisme économique NDLR) ; il s'attaque à toutes les traditions étatistes, qu'elles soient soviétiques ou propres à la social-démocratie classique, et en revient à l'opposition entre la société civile et l'Etat. Cette orientation est partagée aussi par des intellectuels du Parti communiste (11).
>
> 2 - « Retourner à Marx » c'est la position qui prévaut chez les intellectuels qui gardent des fonctions dirigeantes dans le Parti communiste (12). D'une part on revient à une lecture éthique de Marx, en se rapprochant des positions libéral-démocratiques, de l'autre on cherche à « relire » Marx, en lui adjoignant de nouvelles tendances épistémologiques et des ouvertures aux courants écologiques, ce qui ne présente pas de difficultés pour une tradition toujours méfiante à l'égard de la société industrielle.
>
> 3 - « Marx comme utopie nécessaire ». C'est la lecture de

Marx privilégiée par les courants chrétiens de gauche (13), mais présente aussi chez les penseurs marxistes qui, influencés par les manuscrits de la *Critique de l'Economie politique*, cherchent à repenser le processus de transition vers la société socialiste, en réfléchissant sur les formes de libération de l'individualié et sur les nouvelles possibilités de satisfaction des besoins dans la situation contemporaine (14).

4 - « Renouveler Marx ». C'est une thèse, ou peut-être mieux une exigence, diffusée parmi les intellectuels qui se situent à gauche du Parti Communiste et qui essayent en général de développer une bataille sur deux fronts, soit contre le « modèle occidental », qu'adopte aujourd'hui le mouvement ouvrier italien, soit contre le « modèle soviétique » et la méthode marxiste-léniniste (15). Il s'agit d'une réalité culturelle très composite, influencée surtout par la littérature allemande occidentale de l'après-guerre, qui joue un rôle culturel non négligeable, tout en étant dépourvue d'une identité politique homogène.

Il faut enfin relever une présence faible du marxisme dans les travaux sociologiques, influencés surtout par un mélange de pensée sociale catholique et de fonctionnalisme anglo-saxon. Dans les dernières années l'influence des sociologues des Etats-Unis a réimporté un Marx théoricien du conflit dans une perspective néowébérienne, mais en général on continue à lire son œuvre comme une philosophie de l'histoire évolutionniste (16), à de rares exceptions près (17).

En ce qui concerne l'état des études marxiennes et les travaux philologiques, le bilan de ces dernières années est pauvre, mais on commence à entrevoir des signes de reprise. La traduction des œuvres complètes de Marx et Engels continue à paraître au ralenti (18), la nouvelle MEGA n'a que peu retenu l'attention jusqu'à présent (19), tandis que de nouvelles recherches de bon niveau apparaissent dans la littérature scientifique (20).

Dans ce panorama culturel, la faiblesse de la réflexion soit sur les sciences biologiques, jamais évoquées dans un long débat sur les rapports entre éthique et politique, soit sur les nouvelles formes de la technologie micro-électronique, ignorées dans les discussions éternelles sur l'analyse heidégérienne de la technique, confirme la force de l'héritage néo-idéaliste qui reste, avec ou sans virages herméneutiques, le courant dominant de la culture italienne du XXe siècle. A ce propos il faut signaler aussi dans la littérature du centenaire des initiatives qui ont choisi comme thème les rapports historiques entre le marxisme et la culture italienne (21). Le courant matérialiste a toujours été faible dans la tradition nationale (22) et les intellectuels qui en 68 dénonçaient la science et la technologie comme instruments de l'oppression impérialiste se sont vite réconciliés avec les institutions culturelles et politiques du capital ; ils n'ont pas oublié par contre la lutte contre la pensée scientifique et contre la structure industrielle de la société. Il s'agit sans doute d'un phénomène culturel international, dont la portée dépasse le cadre de la spécificité italienne.

On a parfois rappelé, dans le débat sur la « crise du marxisme », le débat semblable qui se développa en Europe à la fin du XIXe siècle. On pourrait relever qu'il s'agit toujours des mêmes questions : stratification sociale ou polarisation du conflit, nationalisme ou internationalisme, économie de marché ou économie de plan etc. Et on pourrait aussi relever que le niveau théorique du débat a baissé. Mais en réalité il ne s'agit pas du même débat. Pour la critique bourgeoise de la fin du XIXe siècle la question centrale était la science. La mise en question de l'utopisme égalitaire et du moralisme humanitaire du mouvement ouvrier venait d'une classe qui était sûre d'elle-même et de sa fonction historique progressiste. Son attaque fut efficace, en faisant prévaloir dans le mouvement ouvrier une idéologie objectiviste du développement et une stratégie politique de réforme graduelle des institutions capitalistes. Mais ce terrain de lutte fut abandonné par la bourgeoisie elle-même, qui bientôt retourna à ses racines romantiques, nationalistes et irrationalistes, tandis que les guerres commerciales défrichaient le terrain pour le conflit mondial à venir.

La situation est maintenant différente. Dans les pays de l'Europe occidentale le débat ne privilégie plus la question de la science, mais se développe plutôt sur le problème de l'Etat. La lutte idéologique ne vise pas seulement le marxisme, mais également le courant libéral-démocratique qui pose l'Etat, en tant qu'expression possible des intérêts généraux, au-dessus des intérêts particuliers de la société civile. Dans ce contexte, c'est toute la tradition bourgeoise révolutionnaire, de Hobbes et Rousseau à Hegel, qui est désormais battue en brèche. Au-delà de la révolution bolchévique, c'est la révolution française qui est considérée maintenant comme l'ennemi véritable. Dans une période historique où les économies capitalistes européennes se voient réduites au statut de zone périphérique des Etats-Unis, les libertés formelles individuelles, séparées du progrès scientifique et de la révolution politique, deviennent le terrain où s'unifient les intérêts immédiats des groupes capitalistes et la défense corporative des couches intellectuelles. Il faut souligner que ce processus se développe avec des caractères particuliers dans les pays latins, où la tradition historique de la classe ouvrière continue à produire des formes d'autonomie organisationnelle et idéologique. La « crise du marxisme », aujourd'hui comme dans le passé, apparaît non seulement comme une phase de l'histoire du mouvement ouvrier, mais aussi comme une page de l'histoire cuturelle et politique des bourgeoisies européennes.

Nous avons vu quelques caractères de la situation en Italie. On peut toutefois relever que si le phénomène est international, il n'est pas mondial et, en tout cas, il ne se manifeste pas de la même façon dans les différents contextes nationaux (23). Dans les pays en voie de développement le marxisme continue à fonctionner comme instrument privilégié d'analyse sociale et de lutte politique. Dans les pays anglo-saxons et au Japon la méthode marxiste pénètre beaucoup plus qu'auparavant le domaine des sciences humaines et sociales. Dans les pays scandinaves et allemands non seulement la littérature marxiste est vivante, mais elle recommence à influencer le débat du mouvement ouvrier sur des nouvelles formes de transition au socialisme. Dans les pays latins, il y a sans doute beaucoup de marxistes en crise. Mais avant d'en venir à la découverte de la « crise du marxisme » il faudra attendre le développement futur des mouvements sociaux et surtout regarder ce qui arrive dans le monde, en dehors de nos pays qui ne sont plus à l'avant-garde de l'histoire.

Notes

(1) Cf. L. e M. D'Antonio, *Economie politica*, Zanichelli, Bologna 1983 ; C. Bianchi — F. Campanella, *Economia politica*, Hoepli, Milano 1983 ; R. Parboni, *Il conflitto economico mondiale. Finanza e crisi internazionale*, Etas, Milano 1985 ; G.U. Rescigno, *Corso di diritto pubblico*, Zanichelli, Bologna 1984.

(2) I. Barbadoro ed., *Storia della società italiana*, Teti, Milano (15 vol. parus sur les 25 prévus) ; G. Lunghini — M. D'Antonio, *Dizionario di economia politica*, Boringhieri, Torino 1982 — (11 vol. parus sur les 15 prévus).

(3) Cf. F. De Martino, *Marx e la storiografia sul mondo antico*, Karl Marx 1883-1983. Atti del convegno internazionale di studi per il primo centenario della morte di Karl Marx, G. Cacciatore — F. Lomonaco ed., Napoli 1-3 dicembre 1983, Guida, Napoli 1986, pp. 21-87.

(4) Istituto Gramsci. Gruppo di studio di antichistica, *Società romana e produzione schiavistica*, A. Giardina — A. Schiavone ed., vol. I-III, Laterza, Bari 1981 ; id., *Società romana e impero tardo antico*, A. Giardina ed., vol. I-IV, Laterza, Bari 1986.

(5) *Storia del marxismo*, vol. I-IV in 5 t., Einaudi, Torino 1978-82.

(6) Cf. A. Leone de Castris, *L'ombra del '68. Momenti della cultura communista negli anni Settanta*, Lavoro Critico, I n.s. (avr. 1985), Lacaita, Manduria 1985, pp. 9-42.

(7) A. Asor Rosa ed., *Letteratura italiana*, Einaudi, Torino 1982 — (5 vol. parus sur 8).

(8) V. Strada, « Da Marx a Stalin da Stalin a Marx », *Mondo Operaio*, a. 36 n. 6 (juin 1983), pp. 103-112.

(9) M. L. Salvadori, *Marx e i marxismi*, ib., pp. 13-119.

(10) G. Bedeschi, « Il marxismo uno e trino », *Mondo Operaio*, a. 37 n. 3 (mars 1984), pp. 120-24.

(11) Cf. F. Galgano, *Marx e i momenti ella transizione*, Problemi della

transizione n. 11-12 (mai 1983), Bologna, pp. 63-73 e S. Veca, *Ragione e rivoluzione,* Crisi della democrazia e neocontrattualismo, N. Bobbio — G. Pontara — S. Veca ed., Editori Riuniti, Roma, 1984, pp. 35-103.

(12) Cf. C. Luporini, *Liberiamo Marx dal marxismo,* « Marx alla fine del xx secolo », *L'Unità* 25 fév. 1983 ; *Con Marx, oltre i marxismi,* « Lo scienziato Karl Marx, Rinascita 4 mars 1983, pp. 13-16 ; *Compagni, ricardiamoci di Marx,* Il Manifesto 13 févr. 1983.

Il faut relever que les débats du centenaire organisés par le Parti communiste, ou par ses centres culturels, se sont caractérisés par un « pluralisme » de contributions, surtout internationales, qui ne facilite pas la compréhension des positions qui caractérisent aujourd'hui son groupe dirigeant. A signaler : les numéros spéciaux de *L'Unità* du 25 févr. 1983 et de *Rinascita* 4 mars 1983 (cf. supra), *Rinascita* n° 50-51, 23 déc. 1983, pp. 17-36 (il s'agit du résumé des communications au congrès « Karl Marx 1883-1983 », Istituto Gramsci, Roma 16-19 nov. ; N. Merker éd., *Marx, un secolo,* Editori Riuniti, Roma 1983 ; Fondaz. G. Feltrinelli, *Marx e il marxismi.* Mostra per il centenario delle morte di K. Marx, Milano 1983 ; « Pensare Marx », *Critica Marxista,* a 21 n° 2-3 (mars-juin 1983) ; « Karl Marx 1883-1983 », *Studi Storici,* a. 24, n° 3-4 (juil.-déc. 1983).

(13) Cf. Bozze, a. 6 n. 2 (mars-avril 1983) « *Marx, i marxismi e l'amore nel mondo* » et n° 3-4 (mai-août 1983), I. Mancini, *Il principio di Marx e il cristianesimo,* ib., pp. 37-65 ; Il Tetto, a. 20 (1983) n. 120, *Dopo Marx,* pp. 589-698.

(14) Cf. N. Badaloni, *Forme della politica e teoria del cambiamento.* Scritti e polemiche 1962 — 81, ETS, Pisa 1983 ; B. De Giovanni *Marx oltre i marxismi,* Bozze a. 6 n. 2, pp. 47-64.

(15) Cf. C. Preve, *Commemorare Marx. Un'analisi della congiuntura teorica presente attraverso gli scritti italiani sul centenario marxiano,* Lineamenti. Quale marxismo oggi, n. 1, Padova 1983, pp. 9-24 et id., *Studiare Marx. Una interpretazione del centenario marxiano come occasione per sviluppare il materialismo storico e la filosofia della rivoluzione,* Lineamenti. Quale marxismo oggi, n. 2, Padova 1983, pp. 37-54.

On doit souligner que la participation de ce milieu culturel aux débats sur le centenaire a été remarquable, en particulier dans les universités, tandis qu'ils faut relever que le « pluralisme » des positions présentées est aussi indéterminé que celui des manifestations organisées par le Parti communiste. A signaler : Marx centouno, Atti del convegno internazionale « Cento anni dopo Marx, potenzialità e sviluppi del pensiero marxiano ». Milano 5-7 déc. 1983, n° 1-2, Milano 1985 ; G. Baratta, E. Giancotti, L. Piccioni, ed., *Attualità di Marx,* Atti del convegno di Urbino 22-25 nov. 1983, Unicopli, Milano 1986 ; Centra studi di materialismo storico, aa. vv., *Marxismo in mare aperto. Rilevazioni, ipotesi, prospettive,* Angeli, Milano 1983 ; Materiali Filosofici n. 8, « Conoscere Marx », Pavia 1983 (le même groupe de chercheurs a publié : F. Papi ed., *Dizionario Marx Engels,* Zanichelli, Bologna 1983).

(16) Cf. P. Rossi, *La sociologia nella seconda metà dell'Ottocento : dall'impiego di schemi storico-evoluzionisti alla formulazione di modelli analitici,* Il Pensiero a. XV n. 1 (1982), pp. 188-215.

(17) Cf. L. Gallino, *Su alcuni fraintendimenti di Marx e intorno a Marx in tema di evoluzione della società,* Karl Marx 1883-1983, éd. cit., Napoli 1986, pp. 213-40. Distinguant entre évolution comme phylogenèse, étude des interdépendances des populations, et développement comme ontoge-

nèse, étude de la société comme organisme vivant monotype, Gallino soutient que le couple Darwin — Marx a été lu par les sociologues selon un modèle organiciste — évolutionniste, encore lié à l'embryologie, alors qu'ils inauguraient une révolution scientifique — qui anticipait le débat actuel sur l'écologie — du type de la théorie des systèmes.

(18) La traduction des MEOC *(Marx-Engels Opere Complete)* était prévue en 50 volumes, selon le plan des *Collected Works,* mais après la parution de la *MEGA* (1975) on a commencé à traduire aussi des texte nouveaux qui n'étaient pas compris dans les *Werke.* Jusqu'ici 29 volumes ont parus ; les derniers sont *consacrés aux Grundrisse* (vol. XXIX-XXX, Editori Riuniti, Roma 1986), tr. de G. Backhaus et révision, à partir du nouveau texte de la MEGA, par N. Merker. En dehors des MEOC il faut signaler la traduction du Manuscrit 1861-63, première partie, avec un remarquable apparat critique par L. Calabi (*Manoscritti del 1861-63,* Editori Riuniti, Roma 1980).

(19) La Fondazione Basso — ISSOCO a organisé un colloque sur « La nuova edizione della MEGA, Rome 20 mai 1983, mais les actes n'ont pas été publiés (cf. N. de Domenico, *Sull'edizione critica delle opere di Marx et di Engels* — Mega, Critica Marxista, a. 21 n° 2-3 (mai-juin 1983), pp. 213-18. Il faut toutefois signaler le congrès international *Marx tra i Grundrisse e il Capitale. Il manoscritto 1861-63,* organisé par l'Institut de philosophie « G. Della Volpe » e l'Istituto Gramsci sicillien, Messina I-3 déc. 1983 (actes sous presse).

(20) On doit signaler les travaux de N. Badaloni sur des inédits que la MEGA a publié : *Dialettica del capitale,* Editori Riuniti, Roma 1980 ; *Nel laboratorio del — Capitale — : produzione e mercato,* Critica Marxista, a. 21 n° 2-3 cit., pp. 18-49 ; — *Trasformazione e riproduzione — del plusvalore in un testo di Marx del 1863,* Critica Marxista, a 22 n. 6 (nov.-déc. 1984), pp. 5-26 ; *L'incontro di Marx colla economia politica nelle sue letture dal 1843 al gennaio 1845 ;* « Marx e i suoi critici », G. M. Cazzaniga, D. Losurdo, L. Sichirollo ed. (actes sous presse).

A signaler aussi : N. De Domenico, *Alienazione e giustizia penale, Una discussione tra Marx e Bernays del 1846,* « Marx e la sua eredità », Paradigmi, a. 1 n. 3 (sept.-déc. 1983), pp. 511-44 ; M. Di Lisa, *La storia e le macchine : Marx, la cinematica e la critica del modello classico,* « Marx, cent'anni dopo », Teoria, a. III n. 1 (1983), pp. 133-44 ; K. Marx, *Critica del diritto statuale hegeliano,* traduction et commentaire par R. Finelli et F. S. Trincia, ed. dell'Ateneo, Roma 1983.

(21) *Marx e la filosofia italiana,* Il Centauro n. 9 (sept.-déc. 1983) ; *Il marxismo e la cultura meridionale,* P. Di Giovanni ed., Atti del congresso di studi marxiani tenuto nel maggio 1983 dalla Società Filosofica Italiana, Palumbo, Palermo 1985.

(22) Cf. L. Geymonat. M. Quaranta, *La filosofia italiana contemporanea,* Storia del pensiero filosofico e scientifico, L. Geymonat éd., v. VII, Garzanti, Milano 1976, pp. 687-755 ; Quaderni razionalisti n° 2-3, *« L'eresia oggi »,* Verona 1983 ; S. Tabliagambe, *Realismo senza materia ? La funzione imprescindibile della categoria di materia in Marx,* Attualità di Marx, ed. cit., Urbino 1986, pp. 343-79 ; voir aussi S. Timpanaro, *Sul materialismo,* Nistri Lischi, Pisa 1975.

(23) Cf. G. Therborn, *Il dibattito sulla crisi del marxismo come fenomeno storico,* F. Cerutti ed., *La crisi del marxismo come problema del marxismo,* Quaderni di Problemi del socialismo n. 20, Angeli, Milano 1983.

La grande mutation actuelle du marxisme chinois

KHA Saen-Yang

Depuis la mort de Mao, le marxisme chinois s'est divisé en plusieurs courants. Ces divergences sont apparues en pleine lumière en 1983, lors du centenaire de la mort de Marx. Un colloque organisé par l'Ecole supérieure du Parti, l'Académie chinoise des sciences sociales et le ministère de l'Education nationale, s'est déroulé du 7 au 13 mars à Pékin. Mille deux cents chercheurs, venant des 29 provinces y participèrent et présentèrent plus de huit cents communications, traitant librement de philosophie, d'économie, du socialisme scientifique, de l'histoire internationale du communisme et de celle du parti chinois, et cela sur la base de positions théoriques fort diverses. Ce colloque constitue un événement qui peut servir de point de repère pour l'histoire du marxisme chinois contemporain.

Le courant humaniste put, malgré la domination du courant dogmatique, exprimer sa position théorique sur la structure du système marxiste, qui doit se développer autour des problèmes de l'*Homme* (1) entra directement dans le vif du sujet, la question du rôle de l'humanisme dans l'ensemble du marxisme, qui constituait l'axe principal des discussions au sein des marxistes chinois au cours des dernières années.

Le colloque vit se développer de grands débats sur le concept de pratique et d'aliénation (2), qui libéra la pensée chinoise de la contrainte du système marxiste de Mao. Il marqua l'émergence de courants marxistes indépendants qui se réfèrent non seulement à la théorie du jeune Lukács et du jeune Marx, mais aussi à celle de l'Ecole de Francfort et à la culture traditionnelle, qui, d'après Li

Ze-Hou, l'une des figures importantes du courant néo-marxiste chinois, « véhicule tous les éléments humanistes capables d'encourager l'esprit d'initiative et de consolider la base morale de la nation. »

Le Comité central du Parti organisa parallèlement le 13 mars 1983 la commémoration officielle. Le secrétaire général du parti Hu Yao-Bang présenta un rapport sur la valeur théorique et pratique du marxisme et sur l'histoire de sa diffusion en Chine depuis la fin du siècle dernier. Il souligna la continuité de la position décisive du marxisme en tant qu'idée directrice pour la construction du socialisme.

Les établissements de recherche et de l'enseignement supérieur, tels que l'Ecole supérieure du Parti, l'Université de Pékin, l'Université de Fudan à Shanghai, l'Université populaire de Chine et l'Institut de philosophie, considérés comme « les bases importantes » des recherches marxistes, organisèrent de leur côté de nombreux séminaires sur Marx et sur le marxisme, dont les actes, aujourd'hui publiés, contiennent plus de 5 000 articles (3).

L'institut de Marx, d'Engels et de Lénine, le Musée de la révolution chinoise, la Bibliothèque nationale de Pékin et les Archives nationales organisèrent une exposition historique sur la vie de Marx et une exposition sur la situation de l'édition de Marx et d'Engels en Chine. Les trois manuscrits originaux de Marx collectionnés en Chine furent pour la première fois présentés au public. Les Editions du Peuple publiaient, à cette occasion, le 49e tome de *Marx/Engels, Œuvres complètes*, version chinoise (4).

Cette commémoration s'inscrivait dans une conjoncture historique caractérisée par des réformes radicales tant sur le plan économique et social que sur le plan culturel et théorique (5), auxquelles se relie la mutation d'ensemble du marxisme chinois.

1. LE MARXISME EN MOUVEMENT

L'histoire du marxisme en Chine se déroule en six phases successives : 1) 1899-1921 ; 2) 1921-1935 ; 3) 1935-1949 ; 4) 1949-1966 ; 5) 1966-1976 ; 6) 1976-1986. On y rencontre toujours le même problème : comment l'union entre les principes marxistes et l'esprit chinois est-elle possible ? De la troisième période (1935-1949) à la veille de la disparition de Mao, le problème paraissait, à la faveur de la réussite de la révolution chinoise, être résolu : la pensée de Mao était le seul marxisme chinois officiellement reconnu et applicable dans le pays.

Les expériences de la Révolution culturelle conduisirent pourtant les réformateurs à mettre en cause la valeur de la pensée de Mao et à reposer le vieux problème dans les mêmes termes mais avec un esprit différent : « le marxisme n'a jamais constitué un système absolu », « ni Marx, ni Lénine ne nous ont jamais imposé de suivre leurs paroles dans une circonstance spécifique comme la nôtre » (Editorial du *Quotidien du peuple*, le 7 décembre 1984, Pékin). Cela signifie que la conception du « marxisme » se modernise, elle aussi, sous l'impact même de la modernisation du pays. Alors qu'avant la Révolution culturelle on posait le problème de cette union entre les principes marxistes et l'esprit chinois en fonction d'un système marxiste établi, la solution du problème cessa, dans la période ultérieure, d'être recherchée par la confirmation de ce genre de système, qu'il soit stalinien ou maoïste, mais plutôt par la volonté d'une reconstruction du marxisme conforme à la nouvelle situation.

On s'engage sur des terrains interdits auparavant par le marxisme officiel, ce qui rend celui-ci suspect et douteux. La rapidité de la réforme, qui se réalise sur tous les plans grâce à l'esprit d'initiative, sans attendre les conclusions des marxistes officiels, conduit les philosophes chinois à s'aventurer sur de nombreux problèmes nouveaux, jamais soulevés ni par la pratique socialiste réelle, ni par la théorie « systématisée », et à se diviser en plusieurs camps à la faveur d'une atmosphère de plus en plus démocratique et à la réussite de la réforme. Autrement dit, la logique de la pratique semble repousser l'intervention idéologique des dogmatistes et lancer les théoriciens rénovateurs dans une nouvelle recherche dont les sujets et les méthodes se définissent au fur et à mesure du développement de la réforme dans son ensemble.

L'article du philosophe Wang Zhe-Hai, au nom de la rédaction de l'*Annuaire philosophique chinois*, après avoir résumé les défauts de la recherche marxiste antérieure, souligne que « la recherche du matérialisme historique, pour qu'elle soit efficace, doit faire face au monde entier, à la réalité et à l'avenir... Si nous ne changeons pas certaines de nos idées sclérosées, nous tomberons inévitablement dans une situation embarrassante » (6). Des questions fondamentales du marxisme, telles que celles de « la lutte de classes », de « la planification de l'économie »..., sont reprises d'une façon réaliste et réinterprétées.

L'article condamne sans détour l'ancien style dogmatique qui fait des concepts théoriques « les instruments, justificatifs des politiques ultra-gauches » »(7). Les débats récents touchent non seulement à des concepts particuliers, mais aussi à la structure globale du marxisme. Ainsi certains philosophes proposent-ils de remplacer la théorie de la contradiction, en tant qu'« âme » de la dialectique entière du marxisme, par la théorie de système de la philosophie occidentale des sciences qui « dépasse de bien loin la méthode de la contradiction et nous fournit une méthode scientifique extrêmement exacte et concrète » (8). « La supériorité de la théorie de système sur celle de la contradiction consiste, selon un autre philosophe, Sun Kai-Fei, en ce qu'elle observe le monde en fonction des stratifications réelles des faits objectifs et de sa totalité, ce qui nous permet par là d'éviter de tomber d'une extrémité dans l'autre » (9).

Les théoriciens traditionnels, eux aussi, tentent de perfectionner leur système pour répondre aux nouveaux défis lancés tant par la nouvelle situation que par des rénovateurs. Car il est presque impossible, face à la transformation radicale de la société et de l'esprit des chinois, de s'en tenir simplement aux concepts et aux systèmes traditionnels.

D'où une nouvelle tendance des marxistes traditionnels qui, en refusant toute critique sur l'essentiel, essaient de ressusciter le système sur le nouveau terrain. On peut les classer en trois catégories :

1) Les théoriciens formés à Moscou dans les années vingt et trente, dont les représentants principaux sont Feng Ding (1902-1983), Yang Xian-Zhen (1896-   ), Wu Liang-Ping (1908-   )... Leur esprit s'attache au système du marxisme soviétique, mais ils modifient partiellement ce dernier sous une forme plus ou moins chinoise. Plus précisément, ils adaptent quelques concepts maoïstes au système soviétique car, au sein du parti chinois, les dirigeants staliniens, leurs représentants politiques, tels que Wang Ming, Li Li-San, Qu Qiu-Bai, Qin Bang-Xian... ont cessé de détenir le pouvoir décisif dès le milieu des années trente.

2) Les théoriciens formés pendant la guerre sino-japonaise à Yenan (la capitale de la région centrale des bases révolutionnaires à l'époque) sous l'influence de la pensée de Mao, dont les représentants sont Hu Qiao-Mu, Li Da, Ai Si-Qi, Yu Guang-Yuan et Hu Sheng. Ce genre de théoriciens, objets de l'ironie des staliniens, qui parlaient de « marxistes formés dans les vallées sauvages », exercent toujours leur fonction de justification théorique des politiques successives du parti et d'interprétation des ouvrages de Mao, en se référant parfois, en raison de l'insuffisance théorique de ceux-ci, à des concepts staliniens, et en se rapportant, selon les époques, aux diverses fractions politiques dominantes, à celle de Liu Shao-Qi avant la Révolution culturelle, par exemple. Poursuivant sur la voie des théoriciens staliniens qui avaient consacré la politiuqe stalinienne à travers les textes officiels de l'*Histoire du PC (b) de l'URSS* et des Manuels tels que *Manuel de matérialisme dialectique, Manuel d'économie politique* et *Manuel de matérialisme historique,* publiés par l'Académie des sciences de l'URSS, Hu Qiao-Mu, Ai Si-Qi et Yu Guang-Yuan se sont employés, eux aussi, avant la Révolution culturelle, à établir « le système de la pensée de Mao » en rédigeant respectivement *Trente ans du parti communiste chinois, Matérialisme dialectique et matérialisme historique* et *Manuel d'économie politique.* Ils se voulaient les Mitine, les Rosenthal ou les Ioudine chinois ; et leurs activités théoriques se limitaient souvent aux affaires de la propagande.

3) Les théoriciens provenant du cercle des intellectuels révolutionnaires qui se sont intégrés au parti et se sont ainsi subordonnés à ses intérêts pratiques. Ceux-ci gardent plus ou moins l'esprit des intellectuels et, étant donné qu'ils s'intéressent plutôt aux problèmes théoriques qu'aux sujets politiques, préfèrent effectuer leurs recherches dans les établissements culturels plutôt que devenir cadres supérieurs de la propagande du parti. On les trouve parmi les responsables des départements de philosophie des universités ou les directeurs d'instituts de l'Académie des sciences sociales : Huang Nan-Sen (1921-   ), directeur du département de philosophie de l'Université de Pékin, l'organisateur des colloques sur le « Marxisme et l'homme » qui se sont tenus au printemps de 1981 et au printemps de 1983 ; Gao Qing-Hai, directeur du département de philosophie de l'Université de Jilin, animateur des recherches de la reconstruction du système marxiste, Xiao Qian, président de la Société chinoise de recherches sur le matérialisme dialectique ; Xun Shu-Ping, directeur du département de philosophie de l'Université de Nanjing ; Xing Fen-Si, directeur de l'Institut de philosophie de l'Académie des sciences sociales. Pendant les débats récents, ce dernier genre de théoriciens, dans la mesure où ils ne veulent pas rompre leurs relations étroites avec le Parti, manifestent souvent leurs oscillations entre les opinions des rénovateurs et celles des théoriciens traditionnels.

Des débats importants se sont sans cesse poursuivis, depuis 1978, sur les concepts de pratique, de classes sociales, de l'identité entre la matière et l'esprit, sur la définition du socialisme, sur le rôle du parti et la planification, sur la nature humaine, sur le système marxiste, sur les relations entre le marxisme et les théories non-marxistes, sur le problème de l'aliénation... Les théoriciens traditionnels, de leur côté, ont déclenché par trois fois, des offensives idéologiques au niveau national contre les rénovateurs :

1) *La proclamation des « Quatre principes fondamentaux »* (le socialisme, la dictature du prolétariat, la direction du parti et le marxisme-léninisme) après la chute de l'autorité absolue de la pensée de Mao. Ces quatre « principes » sont les nouveaux stéréotypes sur lesquels s'appuient les traditionnalistes, qui réduisent les débats théoriques en querelles politiques, pour limiter les recherches des rénovateurs. Ceux-ci répliquent que leurs adversaires, sous prétexte *« d'insister sur »* le marxisme, refusent de le *« développer »*. Tels sont en effet les deux slogans contraires qui opposent les partisans des deux courants marxistes chinois.

2) *Le mouvement « contre la pollution idéologique bourgeoise »*, de la fin de 1983 au printemps de 1984, dont le programme était résumé dans l'article de Hu Qiao-Mu intitulé « Sur l'humanisme et les problèmes de l'aliénation » (*Quotidien du peuple,* le 17 janvier

1984, Pékin). Il dénonce les représentants du courant humaniste. Wang Ruo-Shui fut destitué de sa fonction de rédacteur en chef adjoint du *Quotidien du peuple,* Chou Yang perdit ses pouvoirs de président de l'Académie des sciences sociales (1984).

3) *La création d'un groupe de responsables idéologiques au début de 1986* dirigé directement par Hu Qiao-Mu, membre de Politbureau, pour contrôler les activités théoriques du pays. Les représentants principaux des nouveaux courants, tels que Li Ze-Hou (1930-   ), Liu Zai-Fu, directeur de l'Institut de la littérature de l'Académie des sciences sociales..., furent alors âprement critiqués pour leur « libéralisme sur le plan théorique ». Sous la suggestion de Hu Qiao-Mu, le *Quotidien de Lumière* publia un article de Lin Mo-Han, ex-vice-ministre de la Propagande du parti, en forme de sévère avertissement aux rénovateurs (10).

En définitive, la tendance novatrice se développe rapidement, rompant tous les « barrages » des théoriciens traditionnels. Quel qu'en soit le point d'aboutissement, elle favorise, déclare Zhu Hou-Ze, le nouveau ministre de la Propagande du parti, l'un des leaders importants de la réforme, les recherches indépendantes qui manquaient justement dans les études précédentes du marxisme et qui sont pourtant indispensables pour son renouvellement (11).

2. *DEBATS SUR LE CONCEPT DU SOCIALISME*

La construction pratique du socialisme soulève dès le départ des questions théoriques. En premier lieu, quelle est la relation exacte entre la planification économique et la production marchande ? La prédominance de la production individuelle agricole dans l'ensemble de l'économie chinoise pose aux dirigeants du parti les problèmes les plus compliqués, qu'aucun théoricien du socialisme n'avait jamais examinés. Le rétablissement de la production agricole, après l'abandon de la voie suivie par la Révolution culturelle, celle des encombrantes « communes populaires », est un fait d'une grande importance. Car à partir de là, on réévalue les expériences négatives de la planification non seulement dans le domaine agricole, mais aussi dans l'ensemble de l'économie nationale et l'on confirme le rôle déterminant de la production marchande pendant toute la période du socialisme. L'ancien système économique, caractérisé par une planification fortement centralisée, est remplacé par un système de « responsabilité » se fondant sur la loi de la production marchande.

La plupart des économistes espèrent qu'on pourra trouver un nouveau système économique qui réunira les avantages de la planification et de la libre concurrence. La question du rétablissement du système de responsabilité et de gestion autonome est au centre des débats. Certains distinguent à ce propos deux sortes de contradictions entre forces productives et rapports de production : la première ne concerne que leur nature respective, la deuxième les lois concrètes du développement des forces productives et les formes réelles des rapports de production. La tâche principale de la construction du socialisme, selon le philosophe Zhu Ren-Jun, consiste justement à régler la deuxième catégorie de la contradiction (12). Un autre philosophe remarque de son côté que le rétablissement du système de responsabilité transforme la nature de la relation de production et surtout de la propriété : il libère les paysans de la contrainte de collectivité productive et les met dans une position de « véritables maîtres autonomes » de leurs activités productives (13). Les économistes les plus célèbres, condamnés pendant la Révolution culturelle comme « révisionnistes » en raison de leurs opinions « trop libérales » (14), prennent le parti de la réforme et préconisent un nouveau système économique plus autonome permettant aux entreprises de gérer leurs affaires à partir du principe du profit.

Ils proposent actuellement de transformer les entreprises nationales et locales en sociétés par actions, en se référant aux propositions de Marx selon lesquelles « les entreprises capitalistes par actions, tout comme les usines coopératives, doivent être considérées comme une forme de transition du mode capitaliste de production au mode de production réunie » (15).

Tong Da-Lin souligne dans le même article que « le travail s'est déjà écarté de la propriété du capital dans les sociétés par actions, ce qui signifie un nouveau point de départ pour la retransformation du capital en propriété des travailleurs. Les sociétés par actions sont, dans la société socialiste, les propriétés des travailleurs réunis » (16). Les économistes indiquent clairement que la construction d'une nouvelle société socialiste dépendra en dernière analyse de la transformation de la propriété d'Etat et de la propriété collective en sociétés autonomes par actions des travailleurs. Des centaines de suggestions pour la réforme du système de propriété ont été avancées pendant les débats, pour faire en sorte que la transition soit la plus douce possible, sans heurts graves, entre le nouveau système qui s'installe rapidement et l'ancien qui disparaît de plus en plus vite (17).

Sur le plan politique, les débats se concentrent sur la structure de classes et sur le rôle du Parti pendant la période du socialisme. Mao avait réaffirmé l'existence des deux catégories de contradictions de classes : celle entre classes au sein du peuple et celle entre classes du peuple et classes ennemies. La difficulté vient de ce qu'il mettait l'accent sur l'aiguisement des luttes de classes pendant toute la période de transition, à tel point qu'il confondait les deux catégories de contradictions de classes, allant jusqu'à recourir à la dictature pour les résoudre. Les philosophes chinois indiquent que Mao remettait en scène sur ce point la tragédie des luttes internes du parti soviétique que Staline avait conduites dans les années vingt contre Troski, Kamenev, Boukharine et Zinoviev. Les erreurs théoriques de Mao renvoient non seulement aux ouvrages de Staline, mais aussi, selon une partie des philosophes chinois, à la théorie de la dictature que Lénine avait formulée pendant la très cruelle guerre civile. Il existe pourtant dans la société socialiste des contradictions sociales multiples et variées, qui ne sont pas toutes issues des luttes de classes, et qu'il faut distinguer les unes des autres si l'on veut transformer dans toute la mesure du possible des facteurs négatifs en facteurs positifs sans susciter des troubles. Le philosophe Zhang Jiang-Ming étudie les caractéristiques, la nature et les solutions des contradictions de la société socialiste, en indiquant que la réalisation d'une nouvelle identité à un plus haut niveau entre des contraires doit être considérée comme le but suprême de la solution des contradictions socialistes (18).

A propos du rôle du Parti, les erreurs théoriques de Mao sont liées, là aussi, à la théorie de Lénine qui croyait en la nécessité de la direction du Parti sur la dictature prolétarienne pendant la période du socialisme. Mao portait le rôle du Parti à l'extrême, en disant que « le Parti doit tout diriger ». La réforme politique, entraînée par la réforme économique, vise justement, d'après Yan Jia-Qi, directeur de l'institut de politique de l'Académie des sciences sociales, à transformer le centralisme extrême du pouvoir du Parti, en construisant un système politique socialiste fortement démocratisé et un réseau scientifique des organismes de recherches politiques.

3. *LES DEBATS SUR LE SYSTEME DU MARXISME*

Les problématiques du système marxiste sont discutées dès 1978 avec le débat sur le concept de pratique. La pratique, conçue comme concept de base sur lequel se bâtit la philosophie marxiste, devenait non seulement le tribunal historique capable de lancer son défi à la divinisation de Mao, mais aussi un critère de vérification du marxisme lui-même, qui avait paradoxalement, à la fois fourni au peuple chinois « l'arme spirituelle » de la révolte et favorisé l'établissement d'une société « socialiste » dans laquelle se développaient de plus en plus de contradictions politiques, économiques culturelles et sociales. Une fois la valeur de la pensée de Mao mise en cause, les éléments du système marxiste l'étaient également : relation entre les masses, le parti et ses dirigeants, principe du centralisme démocratique, rôle de planification, évaluation du capitalisme actuel, analyse de la structure de classes de la société socialiste, lois principales du développement de l'économie socialiste, système rationnel de la politique socialiste, stratégies sociales et mondiales des pays socialistes, structure fondamentale de la culture socialiste...

On touchait aux systèmes établis respectivement par Marx, Engels, Lénine et Staline, lorsqu'on demandait lequel était à l'origine du dogmatisme actuel. On remettait en cause la conception traditionnelle, selon laquelle le marxisme poursuit son développement de Marx à Mao en passant « naturellement » par Engels, Lénine et Staline. Une vague de recherches comparatives sur le développement du marxisme s'amorçait ainsi au niveau national : naissent de nombreuses associations scientifiques pour la recherche sur la pensée du jeune Marx, sur le léninisme, sur l'histoire du marxisme (19).

Le problème de l'aliénation, d'après Wuang Ruo-Shui, localise et concrétise non seulement la relation entre la pensée de Marx et la pensée de ses précurseurs, mais aussi cristallise et conceptualise les problèmes pratiques auxquels les marxistes doivent faire face. Les troubles de la société socialiste proviennent du fait que l'on néglige l'homme en tant que « but » final des luttes théoriques et pratiques du marxisme. Wang Ruo-Shui et ses camarades renvoient à la théorie éthique de Kant, qui selon eux, démontra la position sublime de l'homme en systématisant la pensée humaniste bourgeoise dans laquelle se concentre la quintessence de la culture humaine entière avant la naissance du marxisme. Les marxistes humanistes chinois affirment la nécessité de la reconstruction du système marxiste à partir de la restauration de l'humanisme perdu après Marx.

Le marxisme est né de la critique de l'histoire humaine, qui se développe toujours autour de son sujet, l'homme lui-même : L'homme réel, déterminé par les conditions matérielles de la production sociale. Tel est le thème premier du marxisme : la libération de l'être humain. Les expériences historiques négatives, soviétique et chinoise, montrent pratiquement les conséquences graves de l'oubli de l'humanisme dans le système marxiste établi (20). Le dévoilement des phénomènes d'aliénation réelle manifeste la dialectique de la nature humaine et la nécessité d'intégration de la théorie de l'aliénation dans le marxisme (21).

L'homme étant à la fois un être naturel, social et le sujet de la pensée, tous les problèmes philosophiques sont liés : théorie de l'existence de l'homme, conception de l'histoire et épistémologie (22). Cette nouvelle définition du système marxiste met en cause le corpus doctrinal de Staline qui se définissait comme une « science » ayant quatre objets : lois du développement de la nature et de la société, révolution des masses exploitées, victoire du socialisme et édification du communisme.

La recherche marxiste est une affaire « neutre » qui ne doit pas être subordonnée à la politique, comme Staline et Mao le voulaient, ce qui marqua la fin du développement théorique du marxisme proprement dit. Les intellectuels refusent les interventions politiques dans leur recherche. Wang Ruo-Shui dans son article récent critique l'intervention brutale de Hu Qiao-Mu sur les problèmes de l'humanisme (23). Il réclame la liberté individuelle pour le chercheur et refuse d'accepter quelque définition « officielle » que ce soit. Li Ze-Hou souligne que la recherche doit s'engager dans le sens du développement de la culture humaine entière, c'est-à-dire mondiale et nationale, sans s'enfermer dans le cadre de l'idéologie prolétarienne (24). Il estime que le marxisme ne peut se développer, sans intégrer l'héritage de la culture mondiale et nationale.

Quand le marxisme se définit comme un système clos, sa rupture définitive avec la culture humaine l'étouffe. Les idées ouvertes de Li Ze-Hou nous rappellent la théorie critique de l'école de Francfort et le programme de réforme culturelle du « Mouvement du 4 mai » de 1919 dirigé par la première génération des marxistes chinois (Li Da-Zaho, Chen Du-Xiu...).

Selon Li Ze-Hou, le programe et la méthode proposés par le « Mouvement du 4 mai » représentèrent une tentative originale de développement du marxisme, à partir d'études comparatives globales faites sur la structure nationale et mondiale, mais les luttes politiques l'étouffèrent et transformèrent la théorie en justification d'une politique. L'histoire est dérisoire, en ce sens que, paralysée il y a presque soixante-dix ans après le « Mouvement du 4 mai », la recherche marxiste actuelle reprend le même programme que celui du « Mouvement ! » Ainsi le principe léniniste de « la lutte des partis en philosophie » a-t-il été par exemple discuté au colloque sur « Matérialisme et empirio-criticisme » à Shanghai, de 1982, dans une atmosphère parfaitement libre. On y insista sur l'influence négative de ce principe, qui réduit le rôle de la bourgeoisie à frayer la voie à l'idéalisme et au fidéisme, à les servir fidèlement.

Les réformateurs reprennent l'examen des concepts fondamentaux, en essayant de dépasser le système de Staline et de Mao. Le concept de la *Raison* par exemple, est repris par Li Ze-Hou et son école néo-marxiste comme un concept central, principe de l'esprit humaniste et d'une ouverture du marxisme aux connaissances humaines les plus récentes. Li Ze-Hou apprécie surtout Chen Du-Xiu, le fondateur du Parti chinois et l'organisateur du Mouvement du 4 mai, longtemps condamné dogmatiquement par Mao, et renouvelle l'attitude rationaliste de Chen à l'égard de la sinisation du marxisme. Chou avait mis en garde les jeune marxistes chinois contre le danger de l'adoption dogmatique du marxisme, contre le risque de s'immerger, par une volonté révolutionnaire naïve, dans le système établi par les bolchéviks, contre la tendance à l'intégration totale des recherches théoriques dans la politique, par déformation du concept de la pratique. Si Marx avait, dans ses *Thèses sur Feuerbach,* indiqué la carence du matérialisme mécaniste qui néglige le rôle actif de la conscience humaine dans la pratique, le marxisme soviétique porte en revanche la pratique à l'extrême en retenant la raison purement « mécaniste », selon le principe de Staline, qui en fait le reflet de l'existence objective.

Pour mettre en pleine lumière la différence entre le système de Staline et le nouveau système marxiste, Wang Ruo-Shui souligne le rôle de l'Homme dans l'épistémologie nouvelle, dans laquelle la notion de « fin » doit occuper une position dominante. Mao avait écarté la considération de la « fin » sous prétexte que seuls les idéalistes mettent l'accent sur le rôle décisif de cette « fin » dans les actions humaines (25). Partant de la conception du travail exposée dans *Le capital*, Wang Ruo-Shui indique dans son article « N'oubliez pas la position de l'homme dans l'épistémologie » (26) que le but cristallise les éléments actifs de la conscience humaine et localise concrètement la relation du sujet avec l'objet, la relation entre la raison et la pratique, ainsi que la relation du passé, du présent et du futur de la pratique elle-même. A partir de là naît une nouvelle épistémologie qui se caractérise à la fois par son concept central, la *praxis*, activité objective (*« gegenständlich »*, comme dit Marx) et concrète, et par sa considération envers la raison, source unique et inépuisable de la créativité des actions humaines, élément « subjectif », actif et transcendant dans l'ensemble du processus de la connaissance et de l'histoire.

Si parfois le marxisme a fait du concept le simpe reflet de l'objet, les marxistes d'aujourd'hui doivent selon Wang Ruo-Shui, analyser concrètement pourquoi il existe plusieurs sortes de concepts, reflétant soit l'objet, soit le subjectif, soit les relations entre sujet et objet. Wang Ruo-Shui précise que les marxistes doivent, face à la progression rapide des sciences et des technologies actuelles, viser à analyser comment le « but » humain en général devient si puissant qu'il peut orienter, en quelque sorte, la production vers un point fixé. De l'autre côté, le « but » se transforme en une force d'aliénation, qui dirige la pratique vers un « au-delà », un monde étranger au but initial de l'homme. Le rôle complexe de la conscience humaine dans la fixation et la réalisation du but ainsi que les manifestations de plus en plus sophistiquées de la créativité de l'esprit humain nous indiquent la nécessité d'une révolution méthodologique.

Quelques philosophes ont suggéré d'adopter la méthode de la théorie des systèmes dans la recherche marxiste actuelle et de la compléter par la théorie de la contradiction, pour que le marxisme puisse se libérer des limites de la problématique dialectique forgée depuis Hegel. A partir de la vieille formule intangible selon laquelle « le développement de l'un et de la connaissance en leurs parties contradictoires » constitue l'« essence » de la dialectique, les marxistes traditionnels développaient un système dans lequel des paires innombrables de contraires dominent dans chaque domaine : force productive et rapports de production, infrastructure économique et superstructure ; bourgeoisie et prolétariat... Or, la complexité de la réalité et des processus de la connaissance humaine, la totalité de l'histoire ne peuvent pas être mesurées par cette formule unique. La tentative de trouver un principe universellement valable, tout comme celle de ranger le monde entier sous un pouvoir suprême devient irréaliste avec le triomphe des sciences modernes qui découvrent chaque jour des structures de l'univers auparavant inimaginables.

La thèse de l'impossibilité d'une fondation philosophique ultime a été récemment avancée contre le marxisme de la Deuxième Internationale et aussi contre Lénine et Staline. Les rénovateurs remplacent le programme philosophique ultime (du « un se divise par deux ») par celui d'une critique rationnelle illimitée en fonction du développement des sciences et de la culture dans son ensemble. Selon eux, la prétention à la fondation philosophique ultime, comme la théorie de la contradiction, conduit au dogmatisme en théorie et à l'extrémisme en politique, à l'attitude traditionnelle : « c'est tout l'un ou l'autre ».

Les aventures théoriques des rénovateurs entraînent certaines divergences parmi les marxistes traditionnels issus des « intellectuels ». Le directeur du département de philosophe de l'Université de Jilin, Gao Qing-Hai, par exemple, préconise dans son livre *Esquisse de la philosophe marxiste* une nouvelle conception selon laquelle « le système philosophique du marxisme ne doit pas se bâtir à la lumière de concept du « système ». L'*Esquisse* de Gao Qing-Hai, développe les problèmes philosophiques autour de l'axe « Sujet Objet » à partir de la pratique et va à l'encontre du vieux système de Staline qui divisa la philosophie marxiste en deux parties : matérialisme dialectique et matérialisme historique. Il renonce également à la division des trois parties du matérialisme dialectique (le matérialisme, la dialectique et l'épistémologie), en essayant d'intégrer le matérialisme historique dans le matérialisme dialectique. Dans le quatrième chapitre du livre, il expose la catégorie de la « Praxis » sous l'angle de la relation du sujet avec l'objet et reproduit par là, plus ou moins, l'itinéraire de Lukács, inspiré par Max Weber et par Nicolaï Hartmann, pour renouveler le marxisme (27).

Le deuxième représentant des marxistes traditionnels issus des intellectuels, Huang Nan-Sen, directeur du département de philosophie de l'Université de Pékin, trace, quant à lui, un sytème inspiré plus ou moins des idées de Lénine telles qu'elles se formaient, selon lui, dans les *Cahiers Philosophiques*. Il souligne le lien des idées philosophiques de Lénine à celles de Hegel, nous donne l'impression de reprendre, à travers son interprétation de Lénine, le système de la *Logique* de Hegel en le transposant dans le champ marxiste (28).

4. PERSPECTIVES DE LA MUTATION DU MARXISME CHINOIS

La portée du changement du marxisme chinois dépendra du destin de la réforme actuelle, du fait que le marxisme chinois, tout comme celui des pays socialistes, est étroitement lié à la politique et se développe souvent sous le contrôle du Parti. En ce sens, la mutation ne pourrait se diriger que dans le sens de la réforme. Etant donné que celle-ci demeure encore jusqu'à présent dans un état ambigu, la partie des renouvellements théoriques demeure indéterminée. Mais la mutation d'esprit d'une grande nation comme la Chine n'est pas toujours identifiable si on l'observe sous le seul angle des relations entre l'être social et les idéologies. L'itinéraire spirituel propre à la Chine se prolonge toujours à travers les interférences entre ces élément divers.

En définitive, la mutation se dessine dans la perspective d'une recherche libérale de la pensée, capable de rompre « les digues d'interdictions » du marxisme traditionnel. La situation actuelle de la mutation porte au moins le témoignage de la possibilité d'un développement singulier par rapport aux voies de Staline et de Mao. Le plénum le plus récent du Comité central du PCC s'est achevé, le 28 septembre 1986 à Pékin sur une modification significative en ce qui concerne « le guide idéologique » qui est devenu le seul « marxisme », débarassé de ses avatars successifs léniniste et maoïste (*Le Monde*, le 30 septembre 1986). C'est le signe d'un commencement des recherches idéologiques officielles en dehors des modèles établis. Le marxisme, une fois qu'il revient à ses racines, comme la théorie de l'aliénation de Luckás et la théorie critique de l'école de Francfort, nous offre les exemples convaincants de sa capacité à dépasser le dogmatisme. La nouvelle génération des marxistes chinois semble désormais tendre son esprit vers la reconstruction du marxisme sous des couleurs réalistes et pratiques.

Notes

(1) Chou Wang, « Recherches sur quelques problèmes théoriques du marxisme », *Quotidien du peuple*, 16 mars 1983.

(2) Cf. « Le concept marxiste de pratique et son destin dans la vie philosophique chinoise d'aujourd'hui », in *Etudier Marx*, Ed. CNRS, Paris, 1985, p. 83-100.

(3) *Annuaire philosophique chinois de l'année 1984*, p. 381, Ed. de l'Encyclopédie chinoise, Pékin, 1984.

(4) Parmi les collections et les recueils d'articles sur le centenaire de Marx, on remarque les trois suivants : a) *Recueil des thèses sur le centenaire de Marx*, édité par l'Association des études des sciences sociales de

Shanghai, 1983 ; b) *Commémoration du centenaire de la mort de Marx,* édité par l'Ecole supérieure du Parti, 1983 ; c) *La diffusion des ouvrages de Marx et d'Engels en Chine,* édité par l'Institut central de Marx, Engels, Lénine et Staline, Pékin, 1983.

(5) Cf. « Principales tendances de la philosophie chinoise actuelle », in *Le cahier du Collège international de philosophie,* n° 2, Ed. Osiris, Paris, 1986, pp. 109-118.

(6) *Annuaire philosophique chinois de l'année 1985,* Ed. de l'Encyclopédie chinoise, Pékin, 1985, p. 1.

(7) *Ibid,* pp. 2-3.

(8) Sun Hao-Liang, « Parlons de la contradiction sous l'angle du système », in *Actes du colloque sur le problème de la contradiction,* Pékin, 1985.

(9) Sun Kai-Fei, « La théorie du système pousse le développement de la théorie de la contradiction », *Recherches philosophiques,* n° 12, Pékin, 1984.

(10) Cf. Lin Mo-Han, « Quel critère doit-on exiger des écrivains ? », *Quotidien de Lumière,* 21 févr. 1986, Pékin.

(11) Cf. « Rapport du ministère de la Propagande du Parti, Monsieur Zhu Hou-Ze », diffusé par l'Agence de presse chinoise le 24 avril 1986.

(12) Zhu Ren-Jun, « Créons des formes réelles de la relation productive correspondant au développement de la force productive », *Revue théorique de Zhejiang,* n° 2, Hangzhou, 1983.

(13) Huang Xi-Yuang, « Modification de la relation productive dans la campagne », *La Tribune de Jiang Han*, n° 3, 1983.

(14) Sun Ye-Fang, ex-directeur de l'Institut d'économie de l'Académie des sciences sociales ; Guang Da-Tong, ex-président de la Commission nationale des prix ; Tong Da-Lin, vice-président de la Société nationale de la réforme du système économique.

(15) *Marx-Engels. Œuvres complètes,* Ed. chinoises, vol. 25, p. 498, Pékin. Citation de l'article de Tong Da-lin, « Actionnariat en tant que nouveau point d'appui d'entreprise socialiste », *Quotidien du peuple,* le 18 août 1986, Pékin.

(16) *Ibid.*

(17) Deux points importants sur lesquels les économistes mettent l'accent dans la réforme actuelle, selon Dong Fu-Reng, directeur de l'Institut d'économie de l'Académie des sciences sociales, sont la recherche de nouveaux systèmes de propriété correspondant à la réalité chinoise et la mise sur pieds de meilleurs organismes économiques adaptés aux mouvements réels. « Les résultats des recherches économiques de l'Occident, celles de Keynes et de Sombart par exemple, nous fournissent éventuellement de précieuses inspirations pour nos nouvelles recherches ». (« Pour le développement de l'économie chinoise », *Quotidien du peuple,* 1er septembre 1986, Editions étrangères.)

(18) Zhang Jiang-Ming, « Sur l'identité et la lutte des contradictions socialistes », *La Tribune théorique,* n° 3, 1984.

(19) Depuis 1982 est publiée toute une série d'ouvrages sur le Jeune Marx (Chen Xian-Da et Jin Hui-Ming, *Recherche de la pensée initiale de Marx,* Editions de Pékin, 1983 ; *Histoire des pensées de Marx et d'Engels,* éditée par l'Institut de la recherche historique du développement du Marxisme-Léninisme de l'Université populaire de Chine, 1983 ; Hu Qu-Yan, *Quelques problèmes de la recherche du marxisme,* Shanghai,

1983 ; Ge Xi-You, *Histoire de la naissance du marxisme,* Jilin, 1982 ; *Recueil des recherches sur l'histoire de la philosophie marxiste,* édité par l'Association nationale de la recherche en histoire de la philosophie marxiste, Pékin, 1982 ; Meng Hong-Xian, *Précis d'histoire de la philosophie marxiste,* Hubei, 1983 ; *Recueil des recherches des marxistes étrangers sur la pensée initiale de Marx,* rassemblé et traduit par Shen Zhen, Editions de l'Académie des sciences sociales, 1982 ; Xing Fen-Si, *Recherche sur la pensée philosophique de Marx,* Shanghai, 1982 ; *Etudes sur la pensée philosophique de Marx à l'étranger,* rassemblées et traduites par l'Institut de philosophie, 1983 : etc. La relation du marxisme aux idées de ses précurseurs retient l'attention des chercheurs. (Jiang Pei-Zhi, *Marx et Hegel,* Editions de la jeunesse, Pékin ; Zeng Xian-Sen, *Sur la position historique de la critique de la philosophie hégélienne du droit dans la création du matérialisme historique ;* Cai Yi, *La relation de Marx avec Feuerbach à travers l'analyse des Manuscrits de 1844,* Pékin ; Kang Yu-Xin, *La position des Manuscrits de 1844 dans le développement du marxisme et la relation du marxisme à l'humanisme de Feuerbach,* Pékin... etc.) La distinction plus précise entre la pensée de Marx et celle de sa jeunesse, celle d'Engels, celle de Lénine... etc., s'établit peu à peu. A travers des études des *Thèses sur Feuerbach,* par exemple, le philosophe Yu En-Zi a pu constater qu'Engels déforma, à travers ses corrections des *Thèses*, les idées originales de Marx à l'époque en ajoutant sa propre pensée des années 90 (Yu En-Zi, *Thèses sur Feuerbach — la première pierre du matérialisme de la pratique,* « La tribune théorique du nord », n° 2, 1983).

(20) Chen Dong-Guan, « L'homme est le problème central du matérialisme historique », *Quotidien de Wen Hui,* 31 mai 1982, Lu Wang-Qing, « Evaluation des recherches philosophiques pendant ces dernières années », *Recherches philosophiques,* n° 8, 1982 ; Li Peng, « La libération des hommes et l'idée directrice de la révolution de la philosophie marxiste », *Revue mensuelle de la recherche théorique,* n° 4 1982 ; Liu Zai-Fu, « Idées humanistes socialistes et pratique littéraire », *Quotidien du peuple*, Editions étrangères, le 9 sept. 1986).

(21) Yan Ya-Yi, « Signification théorique et pratique du concept d'aliénation », *Recherches des sciences sociales,* n° 4, 1982.

(22) *Annuaire philosophie chinois de 1985,* p. 24, Pékin.

(23) Wang Ruo-Shui, « La politique des « Deux Cents » et le droit des citoyens », *Voice of overseas chinese,* 8 août 1986.

(24) Li Ze-Hou, « Le Discours au colloque de Qingdao sur l'étude comparative de la culture », *Voice of overseas chinese,* 29 août 1986.

(25) Cf. Mao, *Intervention aux causeries sur la littérature et l'art à Yenan,* mai 1942.

(26) *Quotidien de Lumière,* 12 févr. 1981, Pékin.

(27) Mais Gao Qing-Hai, marxiste traditionnel ne va pas plus loin que le Lukács des années vingt. Il reprend plutôt le marxisme en fonction de la pensée de Mao telle que celui-ci l'exposait dans ses deux œuvres philosophiques — *De la pratique* et *de la contradiction*, en ajoutant toutefois quelques éléments singuliers correspondant à la situation nouvelle. Il réorganise ainsi le marxisme de la manière suivante : la première partie, épistémologie, se développe autour de la relation entre la conscience et l'existence, bref de la connaissance ; la deuxième partie traite de l'Objet, en tant que base de l'unité et de la diversité du monde ; la troisième partie traite du Sujet, de la nature de l'homme et de la cause inhérente de ses

puissances subjectives ; la quatrième partie retombe sur le problème de l'*Unité* entre le sujet et l'objet en abordant le développement de la pratique et de la connaissance ainsi que leurs « lois objectives ».

(28) Le concept le plus important, selon Huang, est celui de l'*Existence* qui doit être « le point de départ de ce nouveau sytème » (Huang Nan-Sen, « Esquisse du système de la dialectique matérialiste à la lumière des *Cahiers philosophiques* de Lénine », *Revue humaniste*, n° 1 et n° 2, 1983, Pékin). Le système philosophique du marxisme est ainsi structuré dans son *Esquisse* : 1/ Sous-système des catégories concernant la totalité — le sous-système, partant de l'« Existence » ou de l'Etre *(Sein)* et du Néant *(Nichts)*, passe aux catégories de la Substance, de l'Attribut, des Substances relatives et de la Relation ; 2/ Sous-système des catégories corrélatives : le Temps et l'Espace, la Discontinuité et la Continuité... ; 3/ Sous-système des catégories de stratification : l'Extérieur et l'Intérieur, le Phénomène et l'Essence, la Forme et le Contenu... ; 4/ Sous-système des catégories du processus : le Statisme et le Mouvement, la Cause et l'Effet, l'Identité et la Différence... ; 5/ Sous-système des catégories de la société : la Nature et la Société humaine, la Force de production et la Relation de production... ; 6/ Sous-système des catégories de la connaissance : l'Objet et le Sujet, la Pratique et la Connaissance, la Sensation et la Raison, la Nécessité et la Liberté....

Marx anglo-saxon

McLELLAN David

L'impact du centenaire de la mort de Marx, dans le monde anglo-saxon a été limité. Bien que Marx ait passé la moitié de sa vie en Angleterre et qu'il soit mort à Londres, moins de 1 000 personnes se rendirent à la cérémonie du cimetière Highgate où Marx est enterré aux côtés de Herbert Spencer, Michael Faraday et George Eliot. Les raisons de ce faible succès ne sont pas difficiles à trouver ; en Grande-Bretagne, il s'agit de l'absence d'une grande révolution bourgeoise, du développement déjà ancien d'une aristocratie du travail, et de la naissance du socialisme au sein des Eglises libres plutôt qu'au travers du mouvement des Lumières. Aux Etats-Unis, il s'agit du mythe des chances égales, des frontières ouvertes, et des hiérarchies créées par les vagues d'immigration successives et par les divisions ethniques. Le résultat est que, quelles que soient les forces intellectuelles (que nous allons examiner par la suite) du marxisme, le nombre d'adhérents aux partis marxistes, en Angleterre, 100 ans après la mort de Marx, ne dépassait pas 2 400, dont les deux-tiers appartiennent au parti communiste.

En Grande-Bretagne, l'événement le plus important dans les médias fut une importante série télévisée en six parties sur Marx, produite par la BBC et qui s'avèra n'être rien de plus qu'un produit de la guerre froide. Plus importants, deux recueils d'articles méritent d'être pris en considération.

Dans *Marx : One Hundred Years On*, édité par Betty Matthews, Gwyn Williams explique que la vision qu'a Marx des événements de la moitié du XIXe siècle en France est la preuve d'une évolution dans sa pensée historique ; Georges Rudé, traite d'une façon plus générale, du marxisme et de l'histoire ; et Stuart Hall essaye avec maintes difficultés d'arriver à une exposition raisonnable de l'idéologie. Alan Hunt établit la place, ou l'absence de place, d'une théorie de la démocratie représentative dans la pensée marxiste. G.A. Cohen poursuit ses réflexions sur la nature de l'explication historique chez Marx. Gregor McLennan traite du matérialisme historique et Goran Therborn des classes. Michèle Barrett montre comme Marx développe la possibilité d'une analyse radicale et matérialiste de la différentiation sexuelle, sans toutefois la mettre en œuvre. Enfin, Peter de Francia propose une approche marxiste de Picasso, et Yvonne Kappe des réflexions historiques sur les relations de Marx avec ses enfants. L'hétérogénéité de ce recueil reflète bien la nature des intérêts de la tendance « eurocommuniste » qui est dominante dans le parti communiste britannique.

Dans le second recueil — *Marx : The First Hundred Years*, édité par David McLellan — les six auteurs considèrent tous la pensée de Marx comme faisant partie d'un débat dans lequel les philosophes et écrivains contemporains sont engagés. Raymond Williams parle de culture, Victor Kiernan d'histoire, Tom Bottomore de sociologie, David McLellan de politique, Ernest Mandel d'économie et Roy Edgley de philosophie. Pour eux tous, le domaine dans lequel ils travaillent ne peut être compris ni même défini sans référence aux écrits de Marx. Ils soulignent que Marx n'est ni le « maître » ni le « fondateur » de quoi que ce soit. Williams parle de « l'œuvre longue, massive, non terminée et souvent contradictoire que nous désignons maintenant du nom de Marx ». Mais c'est en partie ce caractère inachevé qui détermine le travail intellectuel d'aujourd'hui.

Aux Etats-Unis, le colloque sans doute le plus intéressant qui marqua ce centenaire fut « Marx : 100 Years After » qui eut lieu à l'Université de Maryland, Baltimore County. Les interventions, qui ne sont pas encore publiées, faisaient le point sur l'intérêt de la pensée de Marx dans quatre domaines de la vie américaine : le travail, la religion, le féminisme et la culture noire. On remarqua en particulier l'essai d'activistes noirs pour interpréter leur expérience du racisme et la difficulté de combiner les reflexions avec une analyse des classes.

Le recueil d'articles édité par Terence Ball et James Farr et intitulé *After Marx* est un bon exemple de l'impact de Marx sur le milieu académique américain. Des écrivains comme Cohen, Miller, Buchanan, Gilbert et bien d'autres ont utilisé les outils de la philosophie analytique et linguistique traditionnelle pour étudier Marx sous un aspect nouveau. Ceci consiste à prendre les principaux concepts de la philosophie politique bourgeoise — droits, justice, égalité et même celui de nature humaine — et à montrer que certains d'entre eux appartiennent à un ensemble marxiste plutôt qu'aux recoins arides d'une théorie politique libérale/démocratique. Ce que ces penseurs, des deux côtés de l'Atlantique, cherchent à prouver, c'est que le marxisme est l'héritier de la tradition libérale. Comme le souligne Perry Anderson dans *In the Tracks of Historical Materialism,* le monde anglo-saxon au cours des quinze dernières années a connu un développement considérable en amplitude et en précision de la théorie marxiste — ce qui compense le déclin qu'elle subit ailleurs.

Bien que les développements de la théorie marxiste dans les pays anglo-saxons aient été très intéressants, les travaux et colloques mentionnés ci-dessus montrent que le problème politique reste entier. La confiance totale faite à la « démocratie bourgeoise » et au pluralisme politique lors des débats du centenaire, peut sembler curieuse à toute personne de gauche. Et pourtant, qui voudrait proclamer aujourd'hui que « les travailleurs prendront le pouvoir », qui oserait parler de « lutte armée » ou bien encore de « dictature du prolétariat ? » Il serait difficile d'employer ces termes léninistes sans une certaine ironie. Cependant entre ce « vide mythique » et la confiance aveugle dans les institutions politiques actuelles, il existe un espace important qui est loin d'être rempli. La question est de savoir si la gauche possède aujourd'hui un vocabulaire permettant de discuter de la façon dont le « pouvoir socialiste » (si toutefois « pouvoir » est ici le mot qui convient) pourrait être instauré et exercé dans un Etat moderne ?

Le développement récent de la réflexion sur Marx en Grande-Bretagne et aux Etats-Unis a montré que la réponse à cette question devrait à tout prix tenir compte de trois choses que Marx a négligées.

— La première est la limite imposée aux programmes socialistes traditionnnels de développement continu (et même accéléré) de l'économie, par la crise écologique (manque de ressources et destruction de l'environnement naturel).

— La seconde est l'importance de l'emprise qu'a la religion ou le nationalisme sur l'imagination populaire (cf. Tom Nairn) : le refus de tels symbôles signifierait que leur immense pouvoir idéologique serait abandonné aux idéologies de droite.

— La troisième chose est la désillusion face aux programmes socialistes de nationalisation et de centralisation. L'idée que les seuls obstacles aux ravages causés par la politique de Thatcher étaient les îlots socialistes de démocratie locale (en particulier le Greater London Council) a fait sentir le besoin d'une politique et d'une économie communales et décentralisées.

Le centenaire coïncidait avec la présence au pouvoir des gouvernements les plus conservateurs que la Grande-Bretagne et les Etats-Unis aient connus depuis plusieurs dizaines d'années. Dans ces pays, en particulier, le socialisme représenté (de façon inadéquate) par les partis social-démocrates est idéologiquement et politiquement sur la défensive. Lorsque de tels partis se trouvent en position de « pouvoir », ils n'ont pas la moindre intention de modifier la société de façon fondamentale. Mais d'un autre côté le « véritable socialisme » intransigeant des marxistes-léninistes-trotskistes orthodoxes est tout aussi incapable de briser l'hégémonie de la société de consommation capitaliste que d'affronter adéquatement les grandes crises du monde contemporain.

Le centenaire de Marx fut donc l'occasion d'un ré-examen nécessaire de la totalité de notre « héritage théorique ».

Marx en Amérique Latine

VARGAS LOZANO Gabriel
Traduit par Simone Degrais de Rodriguez

On comprend aisément que le centenaire de la mort de Marx n'ait pu être célébré ouvertement dans toute l'Amérique Latine : en 1983, le Chili, l'Argentine, l'Uruguay, le Paraguay, Haïti, le Guatemala et le Salvador étaient en proie à la pire répression. La commémoration, quand elle fut possible, eut lieu dans la clandestinité. Une réflexion débouchant sur l'expression publique n'a pu se manifester que dans des pays comme la Colombie, le Vénézuéla, la Bolivie, Le Pérou, le Nicaragua, Cuba ou le Mexique. Dans ces pays peuvent aussi s'exprimer des intellectuels exilés du Chili, d'Uruguay, d'Argentine, du Guatemala ou de Haïti.

Première question : quand, comment et dans quelles conditions ont été diffusés les textes de Marx en Amérique Latine ? Michel Löwy avait donné une première réponse, un an auparavant, dans son anthologie intitulée *Le marxisme en Amérique Latine.*

Le marxisme « commence à s'étendre en Amérique Latine à la fin du XIXe siècle, introduit par des émigrants allemands, italiens ou espagnols » (1). Le premier traducteur en espagnol du *Capital* fut Juan B. Justo en 1895. L'historien haïtien Gérard Charles, analysant la diffusion du marxisme dans les Caraïbes, dit que, dès 1865, commencent à se répandre les idées socialistes à Cuba à travers le journal *La Aurora*, et qu'à partir de 1887, Enrique Roig San Martín se fait le porte-parole des idées de Marx et d'Engels, auprès du monde ouvrier, à travers les journaux *El productor* et *El obrero* (2). De même, l'historien mexicain Gaston García Cantú indique que *El Manifiesto del Partido Comunista* « a été publié en séries périodiques dans l'organe socialiste espagnol *La emancipación* et diffusé au Mexique par le journal *El socialista* en 1984, au moment où les travailleurs reprenaient l'opposition contre Porfirio Díaz » (3).

La dispersion des textes témoignant de l'accueil fait au marxisme dans les divers pays d'Amérique Latine constitue une réelle difficulté pour déterminer quelles ont été les grandes lignes de cette réception. Néanmoins les chercheurs tombent d'accord sur les points suivants.

1. La traduction des principaux ouvrages de Marx et d'Engels fut tardive et se prolonge jusqu'à des dates très récentes où furent traduits des textes tels que les *Manuscritos económico-filosóficos de 1844* ou les *Grundrisse* (4).

2. On cite généralement comme figures importantes et créateurs originaux, José Carlos Mariategui (1894-1930) et Anibal Ponce (1898-1938).

3. Au cours des années trente à cinquante, s'est largement répandue la version stalinienne, soutenue d'abord par la Révolution russe, puis plus tard par la lutte contre le fascisme.

4. A partir de la Révolution Cubaine et d'autres événements historiques comme le « Rapport secret » de Kroutchev ou la scission sino-soviétique, on assiste à une mise en question critique de cette version du marxisme et de son application concrète à la réalité latino-américaine.

Au début des années 80, s'ouvre une discussion sur un problème jusqu'alors resté dans l'ombre : celui des textes de Marx et d'Engels sur l'Amérique Latine. Textes publiés d'une manière fragmentaire en 1939 ; commentés par Anibal Ponce dans la revue *Dialéctica* et édités en espagnol, pour la première fois intégralement, en 1972 (5). Comme on le sait, Marx et Engels font mention, à différentes reprises, de multiples questions comme la découverte et la conquête de l'Amérique, le commerce anglais, l'intervention nord-américaine et française au Mexique, l'indépendance, etc. Ces travaux représentaient une partie des recherches de Marx pour *Le Capital* ; c'étaient des articles de presse ou des textes destinés à des encyclopédies, comme celui qu'il a consacré à Simón Bolivar. Je signale au passage, que les opinions de Marx sur Bolivar, opinions méprisantes et fort peu marxistes, ont certainement contribué à ternir l'éclat du centenaire au Vénézuéla, étant donné qu'aux mêmes dates on y célébrait le bicentenaire de la naissance du libérateur.

En 1983, parurent les études de José Aricó (Argentine) ; Gustavo Vargas Martínez (Colombie) et Jésús Monjarás (Mexique) (6). Sans aucun doute, le travail le plus sérieux et systématique sur ce thème est celui de José Aricó qui soupèse d'une façon attentive et critique les diverses raisons que l'on a proposées pour expliquer les jugements de Marx : préjugés, indifférence ou incompréhension à l'égard de la spécificité des sociétés latino-américaines, eurocentrisme, négation du caractère autonome de l'Etat (ici décisif), information lacunaire ou biaisée, influence du paradigme hégélien des « peuples sans Histoire », optique centrée sur le capital. Devant ces exlications José Aricó propose la thèse qu'au cours des années 70 on observe dans la pensée de Marx un tournant stratégique dû aux éléments suivants : appui à l'indépendance de l'Irlande, rejet du sens unique de l'histoire ; reconnaissance de la potentialité de la commune russe et priorité accordée à l'« autonomie » de la politique dans ses analyses concrètes » (7). En sorte que les sociétés latino-américaines ne figureraient pas, dans la perspective de Marx, dans leur caractère particulier, puisque sa préoccupation centrale était la transformation révolutionnaire de la société, fait qui ne se trouvait pas à l'ordre du jour dans ce continent. Cela l'entraîne, dit Aricó, à hiérarchiser des forces et à favoriser des secteurs. Aricó n'écarte pas l'idée que des préjugés politiques influent, par exemple, sur les opinions de Marx à propos de Bolivar, mais il tente d'en démêler les causes profondes.

Cette discussion, menée pour la première fois ouvertement, a le mérite d'éclairer un côté obscur du rapport de Marx à l'Amérique Latine, de mettre en lumière la dernière étape de sa pensée où pointe un phénomène qui ne tardera pas à manifester son importance, l'existence d'un capitalisme dépendant et périphérique, et enfin d'asséner un coup définitf à la croyance que le texte classique est intangible, attitude souvent adoptée par un marxisme talmudique (8).

Les diverses publications parues au Mexique, au Vénézuéla ou en Colombie, attestent de cette remise en question. L'intervention d'Adolfo Sánchez Vázquez (Mexico) qui eut peut-être le plus de répercussion en Amérique Latine, synthétise ainsi les grandes mutations du XXe siècle : renforcement de l'exploitation, développement des forces productives dont le caractère destructeur, déjà signalé par Marx, menace de guerre nucléaire ou de catastrophe écologique ; renforcement du pouvoir de l'Etat qui jouit actuellement d'une relative autonomie ; destructions des relations capitalistes du fait des révolutions, point de départ du processus de transition vers le socialisme ; transformation du sujet révolutionnaire qui, comme le démontrent les expériences de Cuba ou du Nicaragua, ne se réduit pas au prolétariat industriel du marxisme classique ; et intégration à l'histoire mondiale, avec ses luttes coloniales et anti-impérialistes des hégéliens « peuples sans Histoire » (9).

De son côté, l'historien chilien Luis Vitale déclare que les marxistes latino-américains « n'ont pas encore conscience des défis fondamentaux de la dernière décennie » (10) et cite comme phénomènes importants le féminisme, la crise écologique, la relation ethnie-classe, le rôle révolutionnaire des autres classes exploitées différentes du prolétariat, la régionalisation de la révolution latino-américaine et le socialisme auquel nous aspirons. Pour ma part, je pense que cette conscience existe et s'étend de plus en plus en Amérique Latine.

Il convient d'ajouter à cela un phénomène important dans la lutte pour le socialisme au Brésil, Colombie, Nicaragua, Salvador et Amérique centrale en général : l'incorporation des chrétiens à la praxis révolutionnaire. On constate un changement d'attitude, aussi bien du côté des croyants que du côté des non-croyants. Exemple, pour les premiers, la semaine organisée par l'Universidad Javeriana de Colombie (11), où l'on examine systématiquement les aspects historique, économique, socio-politique, philosophique et théologique (?) de la pensée de Marx. La question posée était celle de savoir si le marxisme pouvait être utile méthodologiquement pour une praxis chrétienne engagée. La réponse, en termes généraux, a été positive, encore qu'aient été laissés à l'écart le problème de la foi et la conception de l'anthropologie qui aurait dans le marxisme un caractère soi-disant réducteur.

Un autre exemple du côté des seconds. Jaime Labastida, au forum « Marxisme et christianisme » tenu à Mexico (12) après avoir analysé le matérialisme et l'athéisme de Marx, affirme que le « marxisme considère comme fondamentale une union étroite avec les exploités, sans que le sentiment religieux intervienne ou empêche cette union ». « Je veux, dit-il, être plus explicite encore, afin d'éviter un quiproquo possible. Je ne fais pas allusion à une simple « unité d'action » ; ni même à une « alliance tactique » entre marxistes et chrétiens en Amérique Latine. Je parle de quelque chose qui va beaucoup plus loin : une « unité stratégique » (13).

Au Nicaragua, le Front sandiniste de libération nationale (FSLN) au pouvoir, s'est déclaré marxiste-léniniste mais au-delà de ceci, en réalité, il s'est contenté d'une idéologie constituée par une série d'éléments qui, selon Giulio Girardi (14), seraient les suivants : une conception nationaliste, antidogmatique, ouverte à l'utopie, capable de reconnaître et apprécier la charge révolutionnaire de la foi chrétienne, produit d'une élaboration collective, marxiste et sandiniste. A propos du sandinisme, rappelons que le héros de la révolution nicaraguayenne était nationaliste, mais pas explicitement anticapitaliste et que sa ligne politique a été censurée par le mouvement communiste international. Néanmoins le Commandant Victor Tirado a exprimé dans sa communication « Les enseignements de Karl Marx au Nicaragua » que Marx « nous a avant tout appris que pour construire la théorie de la révolution nicaraguayenne, il fallait en premier lieu, voir à l'intérieur, tenir compte de nos racines historiques, de la richesse et de la valeur de l'expérience progressiste du passé. Cette quête nous a menés inévitablement à Sandino. Héros anti-impérialiste et défenseur irréprochable de la souveraineté. Sandino a souligné la nécessité d'une profonde transformation sociale au profit des opprimés et des exploités (...) Toute cette expérience et cette pratique, nous la reprenons, et pour ainsi dire, nous la recréons ».

Un problème nouveau qui surgit alors, est la fusion, dans le nouveau Nicaragua, du christianisme, du sandinisme, du marxisme et du léninisme. D'où la question : la critique marxienne sur la religion doit-elle être remise à plus tard, réexaminée ou reformulée face aux probables coïncidences de type stratégique ? Les réponses sont multiples, mais pour l'instant, enregistrons cette symbiose qui émerge entre christianisme et marxisme en Amérique Latine, ce qui, à coup sûr, est mille fois préférable à une nouvelle Pologne.

En 1983, les différences marquées qui existent entre les diverses conceptions de Marx et du marxisme apparurent clairement. A une extrémité, ceux qui se plaisent à répéter les formules des manuels soviétiques, et à l'autre, les post-marxistes pour qui Marx n'aurait plur rien à nous dire. Sur un plan différent : ceux qui se réclament d'un Marx révolutionnaire, et les tenants d'une interprétation réformiste et social-démocrate. Face à ces extrêmes et toutes les possibilités intermédiaires, se détacheraient trois grandes préoccupations des marxistes en Amérique Latine aujourd'hui :

1. Retard de la théorie par rapport aux mouvements sociaux. Retard non seulement dans la saisie des problèmes mais aussi dans le langage schématique et stéréotypé avec lequel on cherche à expliquer la réalité. C'est l'une des idées centrales qui guident l'essai de Pablo González Casanova, essai qui a été diffusé dans divers pays d'Amérique Latine. « La vérité — dit l'auteur en question — est que la révolution latino-américaine ne suit pas les schémas classiques, et que si de nouveaux schémas peuvent être enregistrés dans nos conversations et discours oraux, nous avons fait bien peu pour enrichir la théorie de la richesse qu'à montrée la vie (16) ».

2. Analyse et évaluation des différentes thèses exposées autour du « socialisme réellement existant ». L'un des points abordés au cours de la commémoration a été ce que pensait Marx sur ce que devrait être le socialisme et le communisme, sujet sur lequel, nous le savons, il n'a fourni que de brèves observations, encore qu'elles aient beaucoup de valeur (17).

3. Conception et réalisation de la démocratie : rapport de celle-ci au socialisme, confrontation entre ligne léniniste de la prise du palais d'hiver et dialectique gramscienne, entre guerre de position et guerre de mouvement, problème de la conception de l'organisation politique.

Je ne voudrais pas conclure sans citer Octavio Paz. Dans son anti-hommage à Marx, il a dit que « le marxisme a des limites historiques, il est prisonnier de ses origines. Marx a pensé à l'*autre* (la classe ouvrière) dans la culture européenne du XIXe siècle (18). Et il n'y a aucun doute : Marx, comme tout penseur, était conditionné par l'horizon historique dans lequel il a vécu ; car la valeur de sa conception ne se trouve pas dans ses limites, mais dans sa portée, dont nous avons essayé d'examiner ici certaines expressions actuelles au grand dam de ses modernes fossoyeurs.

Notes

(1) Michel Löwy, *El marxismo en América Latina. (De 1909 a nuestros diás). Antologiá,* Ed. Ers. México, 1982. (Ed. fr. Maspéro, 1980).

(2) Gérard Pierre Charles « El marxismo y la emancipación de los pueblos del Caribe » dans la Rev. *Dialéctica,* Año Vill. Num. 14-15. Déc. 1983, p. 53. México.

(3) Gastón García Cantú « Marx en México ». Journal *Excelsior.* 18 mars 1983. Voir aussi Vicente Fuentes Díaz, série d'articles publiés dans le journal *El Día* du 17 au 23 mars 1983.

(4) A titre d'exemple, la publication en espagnol des *Manuscritos económico-filosóficos de 1984* par Wenceslao Roces a été faite jusqu'en 1962 et celle des *Elementos fundamentales para la crítica de la economía política (brouillon) 1857-1858.* Trad. de J. Aricó, M. Murmis et P. Scarón, jusqu'en 1971. *El Capital.* Trad. de W. Roces a circulé au Mexique jusqu'en 1946.

(5) Domingo de P. Toledo « México en la obra de Marx y Engels », *El Trimestre ecónómico,* Vol. VI pp. 84-140, México, FCE, 1939.

Anibal Ponce, *Obras completas.* T. IV. p. 562 et suivantes, B. Aires, Cartago, 1974.

K. Marx et F. Engels *Materiales para la historia de América Latina* Cuadernos de Pasado y Presente, Num. 30, México, 1972. (Préparation de Pedro Scarón).

(6) J. Aricó, *Marx y América Latina.* Centro de estudios para el desarrolo y la participación, Prol. c. Franco. Pérou, 1980. Seg. Ed. Alianza Ed. México1982.

Gustavo Vagas M. *Bolivar y Marx. Otro debate sobre la ideología del libertador,* Ed. Domés. México, 1983.

Jesús Monjaras « Karl Marx y México » in *Marx y América Latina.* Numéro spécial de la revue *Nuestra América,* sept-déc. 1983. Ed. Centro Coordinador y difusor de estudios latinoamericanos.

(7) J. Aricó « Marx y América Latina », Rev. *Nueva Sociedad, Num. 66. « Marx, cien años después ».* Numéro spécial. Mai-juin 1983, p. 54. Cette étude a été présentée au « Congrès International sur Karl Marx en Afrique, Asie et Amérique Latina » organisé à Trèves, RFA, du 14 au 16 mars 1983 par la Fondation Friedrich Ebert et l'UNESCO.

(8) Déjà Enesto Che Guevara, en 1960, aborde le thème sans préjugés. Référence de Leopldo Zea dans son article « Visión de Marx sobre América Latina » in la Rev. *Nueva Sociedad.* Ed. cit.

(9) Adolfo Sánchez Vázquez « La actualidad de Marx », Rev. *Pluralnum.*

(10) Luis Vitale « El marxismo latinoamericano ante dos desafíos : feminismo y crisis ecológica », Rev. *Nueva sociedad,* Ed. cit. p. 90.

(11) *Resista Universitas humanistica,* año XIII, Num. 20, Juil-déc. 1983. Numéro spécial. Bogota, Colombie.

(12) Le forum a été organisé par l'Université Autonome de Puebla, le 27 avril 1983.

(13) J. Labastida « Marx y la crítica de la religión » in *Marx hoy,* Ed. Grijalbo. México, 1983, p. 45.

(14) Giulio Girardi, *Sandinismo, marxismo, cristianismo en la Nueva Nicaragua,* Ed. Nuevomar, México, 1986.

(15) Commandant Victor Tirado López « Las enseñanzas de Carlos Marx en Nicaragua ». Publié in *Barricada,* organe du FSLN, 25 avril 1983, Managua, Nicaragua. Intervention à la Conférence Internationale sur Karl Marx, tenue à Berlin, du 11 au 16 avril 1983.

(16) Pablo González Casanova « Recuerdo y recreación del clásico » in *Sábado,* Num. 279, supplément spécial du journal *Uno más Uno,* México, 12 mars 1983.

(17) Sur ce point ont été publiés divers essais parmi lesquels il convient de citer : Adolfo Gilly « Qué tan real es el 'socialismo rea ? » Rev. *El Buscón*, Num. 5 Juil-août 1983. Du même auteur, *Sacerdotes y burócratas.* Ed. Era, México, 1980. Et aussi, A. Sánchez Vázquez « Ideal socialista y socialismo real », Rev. *Nexos,* Num. 44, México, 1981.
Pablo González Casanova, *La nueva metafísica y el socialismo,* Ed. Siglo XXI, México, 1982.

(18) Octavio Paz, interview pour le journal *Uno más Uno,* México, 14 mars 1983.

Sur « Les aventures du marxisme » *

TEXIER Jacques

Il s'agit des actes du colloque « Marx-marxismes » organisé du 24 au 28 mai 1983 par les Universités de Paris VII, de Paris VIII et la Fondation nationale des Sciences politiques. Le volume présente un intérêt réel et une certaine unité qui découlent de sa problématique et de sa méthodologie. Pour l'essentiel il s'agit d'y repérer les métamorphoses du marxisme, (des marxismes) confronté dans son histoire, qui est aussi l'histoire en acte tout court, aux problèmes de la nation et de l'Etat, ou mieux peut-être de l'Etat-nation (cf. le texte introductif de R. Gallissot qui place au centre de sa recherche des « fractures du marxisme », cette question de l'Etat-nation). La méthode est la plus souvent — dans les contributions les plus riches — celle de l'historiographie et de la science des sociétés, ce qui donne à l'ensemble son caractère anti-dogmatique, anti-idéologique, non que la méthodologie et les concepts marxistes y soient absents, mais parce que l'adhésion critique à « l'idéologie » marxiste consiste fondamentalement à se placer dans la perspective générale de l'émancipation des hommes et donc à ne pas oublier en présence des « idéologies marxistes » que le marxisme est né comme critique des idéologies.

Tout à fait instructif à cet égard, un ensemble de textes consacrés au communisme chinois et vietnamien, dominé par les contributions de R. Lew et D. Hemery (avec aussi sur les mêmes questions les communications de G. Bourdarel et A. Roux et sur le monde arabe musulman celle de S. Nair). A la question pressante : que sont au juste les pays communistes extrêmes-orientaux, on donne ici une réponse « prosaïque » (la prose de l'histoire réelle) et éclairante, en

* *Les Aventures du Marxisme*, Syros 1984, 415 p.

partant d'une description de la situation de crise aiguë que connaissent ces pays à la fin du XIXe siècle, en précisant la tâche historique de *modernisation* économique et culturelle qui s'y impose comme une question de vie ou de mort pour ces pays, celle en conséquence de la constitution d'*Etats-nations* capables de l'assumer et la question des forces sociales, idéologiques et des instruments politiques et militaires adéquats pour mener cette tâche à bien. On découvre alors le rôle que joue dans ce processus la couche sociale de l'*intelligentsia* moderne, les solutions élaborées par la pensée nationaliste, les avatars concrets du marxisme-lénisme dans un tel contexte et le type de pratique politique qui permet d'encadrer, de mobiliser et de contraindre les masses paysannes en ébullition.

Je priviligerai un deuxième sous-ensemble de textes, parce qu'il témoigne me semble-t-il de la capacité naissante des chercheurs marxistes à affronter les problèmes réels qui se posent à eux : quelle est la nature des rapports sociaux dans les économies de l'URSS et des pays de l'Est ? V. Andreff et M. Drach débarrassent le terrain des discussions scolastiques qui l'encombrent encore et font valoir les exigences de l'enquête et de la connaissance réelles : les rapports sociaux de production dans les pays dits socialistes seraient caractérisés par l'existence d'un « rapport salarial atténué » et d'un « taylorisme » précaire et arythmique. L'hypothèse élaborée patiemment à partir des faits et sans *a priori* doctrinal met en œuvre sans complexes les catégories marxiennes de surtravail et précise les conditions spécifiques de la *mise au travail*.

Le marxisme face à ses problèmes, c'est aussi la crise de la politique dans les pays capitalistes développés et la crise de l'analyse marxiste de l'Etat et du politique. Pour qui veut y réfléchir sérieusement, je proposerai un troisième parcours en prenant comme point de départ notre présent et comme incitation à penser l'article décapant de C. Buci-Glucksmann. Après quoi on lira Y. Cohen et C. Weill sur « les nouveaux mouvements sociaux » et remontant le cours du livre et du temps, L. Marcou sur le « communisme de guerre froide » et A. Agosti sur l'histoire des élaborations stratégiques de la IIIe Internationale. (L'article est malheureusement mal traduit).

L'avant-dernière étape sera réservée à l'histoire du bolchevisme (M. Lewin) et à Boukharine son enfant chéri (A.Adler).

Signalons enfin qu'une partie du volume est consacré à la production marxiste dans les sciences sociales avec trois articles de qualité : l'Ecole de Francfort (J.M. Vincent), l'école historique anglaise (F. Poirier) et l'anthropologie marxiste en France (E. Terray).

Sur « L'œuvre de Marx, un siècle après * »

BERTRAND Michèle

Du 17 au 20 mars 1983, s'est tenu à Paris, sous la triple égide des Universités du Paris-X et Paris-I, et l'Ecole normale supérieure, un colloque international sur le thème « L'œuvre de Marx, un siècle après ».

Les organisateurs (G. Labica, E. Balibar, A. Guerreau et J.-P. Lefebvre) ont voulu dans cette rencontre faire la part de l'érudition et celle de l'actualité. D'une part, l'histoire et les problèmes de l'édition et des traductions de l'œuvre de Marx y occupent une place importante ; de l'autre, les usages politiques et théoriques, la réception de l'œuvre de Marx en Europe et dans les continents africain, américain et asiatique, y sont considérés sous des angles variés, attestant qualitivement de la diversité, et quantitativement de l'impact de cette œuvre.

L'édition des œuvres de Marx a son histoire et ses vicissitudes, que retracent de façon claire et intéressante les exposés de J.-P. Lefebvre et R. Zapata. On sait que l'œuvre publiée du vivant de Marx ne représente qu'une infime partie de ses écrits. A sa mort, Engels se heurte tout de suite au problème du déchiffrement, l'écriture de Marx étant quasi illisible, et ses abréviations rendent plus difficile encore l'établissement du texte. A cela s'adjoignent les considérations politiques du moment qui infléchissent le rythme et la nature des publications. R. Zapata expose les trois étapes de la publication de la première *MEGA*, en y montrant le rôle majeur joué par D. Riazanov et l'arrêt des travaux à partir de 1935.

(*) *L'œuvre de Marx, un siècle après*, PUF, Paris, 1985, 411 pp. *1883-1983*.

Dans cette même perspective, notons la communication de J.-P. Cotten sur les *Etudes Philosophiques* comme constitution d'un faux corpus, et celle de Horst Arenz et Luis Ramalho sur les manuscrits de 1861-63. Les diverses lectures qui ont été faites du « jeune Marx » offrent aussi matière à réflexion à des auteurs comme Marco Duichin, S. Mercier-Josa, J. Rojahn, A. Tosel, tandis que Hans-Peter Müller s'interroge sur la méthodologie des lectures actuelles de Marx (en l'occurence la lecture historique-critique).

Plus particulièrement sur le *Capital*, J. D'Hondt s'attache à montrer la traduction tendancieuse du *Capital* par Joseph Roy, qui a donné lieu, par ses ajouts et ses censures, à des interprétations extravagantes de l'œuvre, notamment en ce qui concerne le jugement de Marx sur les économistes classiques. J. Bidet, qui s'est fait une spécialité de montrer comment chaque nouvelle version de Marx corrige la précédente, estime que cette traduction comporte une élaboration significative de Marx lui-même, et qui n'a pas eu la réception méritée. Enfin, l'historien Cl. Mainfory montre comment l'œuvre de Marx se rapporte à l'histoire de France, notamment celle de la Commune, à partir de quelques thèmes : l'Etat centralisé ou fédératif, les institutions républicaines, la paysannerie, la question de la spécificité de l'histoire de la France. Mais la plus grande partie du colloque a été consacrée à la réception de l'œuvre de Marx, tant en Europe que dans les autres parties du monde.

Pour ce qui est de la France, deux contributions concernent la période de l'entre-deux-guerres. L'une, sur le plan philosophique, est celle de H. Lefebvre, évoquant les deux courants, l'un scientiste, l'autre critique, du marxisme (ce dernier autour du groupe « Philosophies » et de la *Revue Marxiste*). L'autre, sur le plan historique, est celle de D. Tartakowsky, qui analyse les quatres moments du rapport à Marx dans l'histoire du jeune PCF ; le dernier (1934-39) étant celui d'un marxisme marqué par la philosophie des Lumières qui inscrit ainsi une tradition « française » dans la lutte contre le fascisme.

Les lectures faites de Marx par les économistes sont analysées de façon fouillée par Guy Caire ; J.-C. Delaunay s'attachant au point précis de la plus value. M. Bertrand retrace la stratégie de l'Eglise de France à l'égard du marxisme après la seconde guerre mondiale et en montre les aspects contrastés.

Il faudrait consacrer une place spéciale à la réception italienne de l'œuvre de Marx, tant elle a suscité de recherches originales et diverses, comme le montrent les interventions de G. M Bravo (sur les premières éditions de Marx en Italie), M. Viroli (sur le marxisme et l'idéologie du socialisme italien).

Hors d'Europe, la réception de l'œuvre de Marx est à la fois très importante et marquée par les situations locales. Pour ce qui est de l'Amérique latine, signalons les communications de Osvaldo

Fernandez-Diaz et M. Löwy. Ce dernier esquisse une typologie des réceptions de la pensée marxiste, l'une révolutionnaire « européisante » qui voit dans le rôle civilisateur du capitalisme la clé du développement économique et social latino-américain (ex. Juan B. Justo). L'autre, dialectique, qui juge épuisé le rôle progressiste de la bourgeoisie et avance une perspective révolutionnaire enracinée dans les traditions sociales et culturelles des classes populaires (Mariategui).

Dans le monde arabe, le marxisme a été connu plus tôt qu'on pouvait le penser. Les premiers textes arabes évoquent le socialisme et le marxisme dès la fin du XIXe siècle. W. Chaaban, M. Amin el Alem, M. Harmel étudient la réception arabe de l'œuvre de Marx.

En Afrique, la diffusion du marxime s'est faite à partir des universités européennes ou américaines, c'est-à-dire que les intellectuels y jouent un rôle particulièrement important. Yves Benot étudie trois figures différentes du marxisme africain, qui représentent aussi trois courants différents : celle de NKrumh qui insiste davantage sur les rapports de domination que sur les rapports de classes et d'exploitation ; celle de Cabral (pour l'auteur, la plus rigoureuse et cohérente pensée marxiste), qui replace les rapports internes aux sociétés africaines dans le champ plus vaste des rapports intercontinentaux ; celle du sénégalais Dieng. Autre contribution importante sur ce point : celle de Mario de Andrade.

Enfin notons, pour ce qui est du continent asiatique et de la pénétration de l'œuvre de Marx en Chine, la très intéressante contribution de Gu Liang, celle de M. Loi (« Marx et Mao ») ; et, pour le Vietnam, la belle étude que fait Trinh Van Thao sur Ho-Chi-Minh, lecteur de Marx.

La richesse et l'intérêt de ce colloque ne peut malheureusement apparaître dans un si bref résumé ! Mais les Actes du colloque publiés récemment permettront d'en avoir un aperçu plus complet.

Sur « Marx en perspective » *

COTTEN Jean-Pierre

On ne parle pas de la doctrine de Galilée ou d'Einstein, et l'on vient, il y a trois ans, de commémorer le centenaire de la mort de Karl Marx, lui, *instituteur* d'une doctrine qui fait depuis lors référence à son nom propre. Sans se bercer de l'illusion de pouvoir déterminer la place exacte du marxisme dans le « théorique existant » (L. Althusser), il n'est peut-être pas dépourvu d'intérêt de proposer quelques éléments d'analyse pour rendre compte de cette différence. Et, à cette fin, de prélever des échantillons parmi les colloques qui se sont tenus en France, en 1983. Un, tout particulièrement, *Marx en perspective* (EHESS, décembre 1983, publié en 1985, M.).

On proposera d'esquisser une typologie des colloques possibles organisés autour de Marx et du marxisme : cela irait du *symposium*, dont l'idéal (qui n'a aucune chance d'être atteint) est la réunion scientifique qui se donne à elle-même sa propre norme, jusqu'au *meeting* où les analyses présentées ne prennent sens qu'en fonction de finalités pratiques, idéologiques et politiques, des plus déterminées. Mais il n'est nullement certain que l'on puisse, clairement et distinctement, séparer les genres, telles des natures simples : la teneur et la nature de la doctrine imposeraient que l'on ait toujours affaire à des mixtes ou des mélanges, dans des proportions chaque fois spécifiques. La thèse soutenue apparaîtra avec plus de netteté si l'on se donne comme matériau l'ouvrage qui veut, le plus explicitement, s'égaler aux productions d'une « cité scientifique » (G. Bachelard) capable d'imposer son autonomie.

Parler d'une nature mixte de la doctrine, c'est, selon nous, présenter une « logique de la crise », celle-ci n'étant nullement

* *Marx en perspective*, textes réunis par B. Chavance, Ed. EHESS, Paris, 720 p.

conçue selon un mode catastrophique mais comme le régime normal qui impose à la doctrine marxiste de n'exister, de ne se reproduire et de ne se développer, que dans une conjoncture toujours singulière où les fameuses « lois tendancielles » se manifestent sous des formes (nécessairement) concrètes. Il est alors possible de dégager trois versions de la « crise du marxisme », la troisième nous semblant être la seule pleinement opératoire et productive :

a — soit il faut procéder à un réexamen de tel ou tel aspect de la doctrine, selon la norme épistémologique d'une *science normalée*,

b — soit il convient de mettre en rapport analyses et conceptualisations dans leurs relations avec des pratiques effectives dont la doctrine ne rend pas nécessairement compte,

c — soit, enfin, il y a lieu d'inscrire dans une logique de crise ce que peut signifier, ici et maintenant, la crise de la doctrine.

a — On passera rapidement sur les développements qui réfèrent à la première orientation. Il s'agit du plus classique et du plus connu : on débat de la teneur de la doctrine et de ses concepts, une fois isolée, voire autonomisée, une sphère de la « théorie ». Que l'on se demande, dans le colloque précité, avec B. Horvat, ce que l'on peut retenir de Marx, une fois le tri fait entre erreurs et résultats incontestables (*M.*, 459 sq.). Que l'on distingue, avec R. Brenner, des modèles dissemblables pour penser la transition au capitalisme (M., 203 sq.). Que l'on sépare, avec G. A. Cohen, une interprétation « large » et une interprétation « étroite » de la doctrine (M., 53 sq.). Mais il est à noter que les auteurs qui se préoccupent de ce que Marx dit du communisme ne peuvent se contenter de faire le départ entre une étude du mouvement actuel et une « embardée » utopique, car ils sont finalement conduits à conclure que l'« interaction entre science et utopie (...) est (...) profonde et complexe, quoique déniée dans la pensée de Marx et son mouvement » (M., 131, contrib. de B. Chavance). Par ailleurs, l'indispensable étude « micrologique » propre à une analyse des *formes*, même dans une critique de l'économie politique, qui se doit, fort légitimement, de repousser l'indigence d'un subjectivisme populiste, peut bien aboutir à des résultats déroutants et discutables touchant la valeur, par exemple, avec l'usage du paradigme « rapport social » (contrib. de M. de Vrœy, M., 385 sq.). Mais elle n'ajoute assurément pas un chapitre supplémentaire à *Sur la logique et la théorie de la science* de Cavaillès.

Soyons net : il n'est pas possible de dire n'importe quoi, dans l'horizon de la doctrine marxiste, mais les débats ne seront que plus productifs en la matière si l'on n'use pas de façon intempérante et inexacte d'une catégorie trop vague de « science » ou de « rationalité ».

b — La deuxième orientation ne manquerait pas d'intérêt si elle ne portait pas, trop souvent, témoignage de visées politiques qu'il vaudrait mieux exposer dans tout leur prosaïsme. En effet, lorsque l'on s'éloigne du noyau dur, constitué, sans conteste, par la critique de l'économie politique, pour aller vers les analyses historiques, inséparables de perspectives transformatrices, faut-il hésiter à parler de « journalisme révolutionnaire » (Trinh Van Thao), à propos de certains aspects de l'œuvre de Marx (et de celle d'Engels) ? Ainsi, s'il est incontestable que Marx n'a jamais rédigé d'histoire de la Convention, cela ne témoigne pas nécessairement, comme le pense F. Furet, d'une inadéquation des instruments intellectuels de Marx pour penser l'histoire effective des « formes politiques » (M., 553), inadéquation que l'on mesurerait à l'aune d'un schème universel et totalisant de la critique du politique. Mais cela peut porter à penser que les analyses historiques — historico-politiques, plutôt — que Marx développe (et qui sont plus ou moins approfondies) ne débouchent pas sur une « théorie politique » au sens fort du terme. De plus, la relation entre histoire/théorie/interventions « journalistiques » positions et activités pratiques n'a presque rien à voir avec celle existant entre une science « dure » et ses applications.

Dans de telles conditions, il sera aussi légitime qu'instructif d'étudier dans quelles cultures politiques et idéologiques la doctrine marxiste a été reçue, comme l'établit Groh à propos du mouvement ouvrier allemand (M., 585 sq ; l'analyse de D. Lindenberg, qui s'intéresse à la France, semble trop directement lié à des prises de position pratiques, par exemple, M., 576). Pourquoi ne pas prendre en compte l'inégal intérêt de Marx pour la conjoncture économique anglaise et pour les formes politiques concrètes qu'a connues la Grande-Bretagne ? Certes, un analyste/acteur de l'histoire réelle n'a pas un entendement infini, faut-il, de là, passer à l'affirmation de faiblesses et de lacunes dans la théorie (M., 610) ? Ce n'est pas assuré. Cette remarque vaudrait également pour l'immense problème des fonctions de la doctrine marxiste dans les sociétés apparues dans la descendance de la « rupture » bolchévique. Toutes ces questions méritent attention, mais se donne-t-on un schème suffisamment complexe pour appréhender la relation entre doctrine et mouvement réel ?

c — Nous proposons de caractériser un troisième type d'analyses par un régime normal de crise : une analyse, propre à la doctrine marxiste, élaborerait-elle d'incontestables éléments d'intelligibilité, ne peut pas ne pas être une forme réelle dans une conjoncture déterminée (moyennant des formes d'organisation, de diffusion, etc. : il faut tenir compte des formes-partis, dans leur diversité, ainsi que des figures historiques prises par la doctrine et son « devenir-monde » (H. Lefebvre). Mais s'il est un régime « normal » de crise, il n'est nullement acquis que l'on puisse unifier les analyses qui, d'une façon globale, relèvent de cette orientation.

L'exposé d'E. Balibar pose le problème méthodologique : est-il possible de séparer mécaniquement un « acquis » et des « erreurs » (cf., modèle -i-) ou de mettre au jour ce que la doctrine aurait manqué du « mouvement réel » (cf., modèle -ii-) ? La réponse est négative. Balibar met, à bon droit, en évidence la relation entre ce qu'ont de contradictoire les « concepts » propres, chez Marx, à penser les pratiques politiques et les contradictions de son activité politique, telle, la façon qu'il a de jouer une tendance contre une autre, sans jamais écrire un anti-Lassalle ou un anti-Bakounine (M., 505). Et cette contradiction ne reçoit tout son sens que de l'impossibilité de penser les pratiques politiques (actuelles et à venir) sans être, tout à la fois, *dedans* et *dehors* par rapport aux pratiques et aux idéologies dominantes (cf., l'impossible — autant que nécessaire — distinction entre l'étatique et la politique, M., 504/505). Mais il ne s'agit pas d'un défaut, sauf à se donner une norme elle-même théorique des rapports entre science et politique (ce que ne fait pas, ici, Balibar, M., 499). Encore que Balibar soutienne que Marx « combine paradoxalement l'affirmation de l'historicité du capitalisme et sa dénégation » (M., 523) qui pour le moins, mérite débat.

Il est intéressant, à ce sujet, de noter qu'une analyse fine de l'adéquation de la doctrine au mouvement réel (d'une doctrine qui épouserait ledit procès réel) n'aille pas sans une certaine élision du moment politique. C'est ainsi que Boyer et Coriat exposent une analyse de la double détermination du procès de production capitaliste comme procès de travail et comme procès de valorisation (moyennant le *primat* du procès de valorisation) qui mène à une « logique » de la crise qui n'est ni linéaire, ni de type évolutionniste, inséparable de l'analyse/action de Marx (cf., l'analyse, par Marx, de la « révolution cotonnière » en Angleterre, M., 434 sq.).

Selon Boyer et Coriat, Marx analyse comment « la » crise existe et se développe dans des écarts de productivité, sans que l'on puisse faire fond sur la diffusion homogène d'un même « principe » technologique (M., 438). Au total, qu'« aujourd'hui comme hier le changement technique [soit] au cœur de la crise » et que la tendance, toujours agissante, ce soit l'« aptitude des techniques à servir de support à l'extraction du sur-travail *dans une société et à un moment données* » (M., ibid.), cela fait signe vers un modèle « complexe » des crises, et des sorties de crise, sur le caractère ouvert des crises, de leur analyse, des interventions transformatrices, ici et maintenant (M., 446). Certes, ce texte, caractéristique de l'« école de la régulation », a ses spécificités, il nous donne, cependant, une voie pour complexifier l'analyse.

Quelques mots, pour finir, sur la présentation d'A. Lipietz (M.,

351sq.) : il serait irréaliste et présomptueux de dresser un bilan de ce qui, modestement, se veut un bilan partiel des débats sur la valeur dans l'aire culturelle française (M., 355sq.). Pour ce qui est du modèle de la « crise du marxisme », deux traits s'entrecroisent : d'une part, il est des problèmes spécifiquement théoriques touchant l'articulation de la grandeur, de la substance et de la forme de la valeur (et Lipietz, s'il prend parti contre certaines interprétations, ne prétend pas nous donner ce « marxisme différentiel » qu'il distingue du simple « marxisme algébrique », M., 374, n. 32, 379 : on n'en a pas fini avec les *Erscheinungsformen*, surtout s'il faut penser la relation exotérique/ésotérique en dehors du procès logique hégélien, M., 366) ; d'autre part, aucune des élaborations théoriques n'est séparable des positions et des attitudes des analystes, sans que l'on puisse se contenter de parler d'effet idéologique (cf., ce qui est dit sur la problématique de la « socialisation », dans ses rapports avec la séparation, aurait-elle conduit à un formalisme confinant au subjectivisme, M., 366 sq.) ; de plus, ces analyses s'inscrivent dans un procès réel, « la tragédie actuelle de la crise financière internationale » (M., 374). Nous trouverions, là aussi, un modèle de complexité pour penser la position de l'analyste/acteur par rapport aux procès réels.

Il est trop évident que la cohérence dernière de la doctrine n'est pas séparable d'une perspective pratique/historique, en tant que cette dernière constitue, comme le dit bien Balibar, comme une instance dernière de radicalité critique (M., 508 sq.). Il est également évident que c'est par rapport à cette perspective pratique qu'ont finalement sens les analyses de la « crise » (du procès réel et de la doctrine). Mais, justement, pour des raisons tant théoriques que pratiques, il n'est pas inutile d'expliciter les schèmes dont on fait tacitement usage pour exposer, développer et utiliser cette doctrine, peut-être, finalement, parce que l'éventuelle intervention dans les procès réels ne va pas sans une conscience plus exacte du statut de l'analyse/action.

LIVRES

Philosophie

ALEKSANDROWICZ Darius
Poznanie i Krytyka, *Wydawnictwa Uniwersytetu Wroclawskiego, Wroclaw, 1986, 237 p.*

Cet ouvrage étudie les problèmes relatifs à la connaissance scientifique de la réalité sociale. Les thèses défendues par l'auteur sont élaborées à partir d'une réflexion sur la critique marxienne de l'économie politique classique. Le concept de science propre à Marx est donc dégagé soit à partir de ses formulations explicites, soit plus encore à partir du sens implicite de son activité scientifique. L'auteur admet d'ailleurs qu'on trouve dans l'œuvre de Marx des énonciations qui contredisent son interprétation (chez le jeune Marx mais pas seulement). Il s'agit donc en somme d'une des interprétations possibles de la théorie de la science chez Marx et ce qui la caractériserait, c'est qu'ainsi le savoir marxiste garderait son actualité, sa capacité d'affronter des problèmes nouveaux de la réalité contemporaine. A cet égard l'auteur oppose sa conception de l'héritage marxien qui consiste en un paradigme historique de la science de la société, à ceux qui considérent ce legs comme un réservoir de décisions, de solutions et d'idéaux auxquels la réalité doit se conformer.

Dans la première partie de ce livre où il étudie le procès de reproduction théorique de la structure sociale mise en œuvre dans le *Capital*, Aleksandrowicz critique la conception de la science propre au matérialisme dialectique qui prétend construire une théorie « dialectique » universelle qu'on pourrait ensuite appliquer aux divers domaines de la réalité empirique en se proposant de démontrer ainsi que les lois universelles posées *a priori* s'y vérifient effectivement. La démarche scientifique n'a pas selon l'auteur son point de départ dans un tel *a priori*, mais dans l'analyse des matériaux empiriques effectifs.

Dans la multiplicité infinie des phénomènes sociaux, la pensée scientifique prend en considération grâce à un procés d'abstraction théorique ceux des phénomènes que l'expérience historique permet de considérer comme typiques d'une formation sociale. On parvient ainsi à l'unité interne des phénomènes à une connexion fondamentale caractéristique d'un système social. Ce rapport social élémentaire et objectif porte en lui la contradiction qui définit la structure de cette formation historique.

Le procès de reproduction théorique de la réalité sociale peut alors se développer comme mouvement de l'abstrait au concret : les rapports plus concrets étants saisis alors comme forme de la solution des contradictions identifiées au niveau élémentaire et abstrait. L'objectivité de la théorie ainsi construite ne renvoie pas à une succession chronologique des institutions et rapports sociaux, mais à leur place dans le système d'interdépendance de la structure du processus historique : des liens logiques appropriés sont établis dans la théorie entre les concepts qui expriment les divers rapports sociaux.

Intervient alors l'analyse du concept de « critique » qui caractérise le paradigme marxien de la science de la société. Cette critique est dite historique ce qui signifie tout d'abord que dans la reproduction conceptuelle du réel, l'objet est appréhendé comme historiquement nécessaire et donc aussi transitoire, en relation à un ensemble donné de conditions. L'objet socio-historique étudié n'est donc pas l'incarnation absolue d'une catégorie abstraite, anhistorique. De plus la « critique » n'est pas quelque chose d'extérieur par rapport à l'objet et à sa reproduction conceptuelle, faisant ainsi intervenir un système de valeurs postulé par une raison pratique. La « critique historique » pour Aleksandrowicz, c'est la découverte de « la critique » inhérente à l'objet lui-même, « l'anticritique » immanente à l'objet du fait de ses contradictions et de leur mouvement menant à sa suppression.

Au cours du développement de sa conception Aleksandrowicz est amené à discuter un ensemble de positions renvoyant à des questions diverses (théorie fonctionnaliste de l'explication en science sociales, critique de l'historicisme chez Althuser et Balibar, problème de la présence d'une valorisation dans la connaissance scientifique, question dite du caractère « de parti » des sciences sociales).

Cette dernière question est longuement analysée et conduit l'auteur à critiquer des conceptions de ce « caractère de parti » qui aboutisent en fait à la destruction de l'essence même de la connaissance scientifique. En vérité « l'intérêt de classe » effectivement « représenté » par une théorie et les perspectives » qui en résultent, doivent être découvertes par le théoricien avant la science il n'existe aucune « perspective scientifique » préconstituée. Sa constitution est l'œuvre de la science.

Aleksandrowicz démontre enfin que la théorie dite du « point de vue », de « l'attitude » ou de « la perspective » de classe ne sauraient expliquer l'apparition de nouveaux paradigmes théoriques dans l'histoire des sciences sociales. Le facteur décisif qui provoque ces changements paradigmatiques est à chercher au niveau des transformations de ce que l'auteur appelle « les formes historiques de l'objectivité » dont l'analyse est complexe. Ces « formes historiques » comprennent en effet l'ensemble des faits qui à un stade donné du développement constitue la base empirique de la recherche, ainsi que l'ensemble des matériaux mentaux transmis par la tradition et qui correspondent aux formes antérieures de l'assimilation théorique et de l'interprétation des phénomènes. Ainsi pour comprendre la naissance du paradigme propre à Marx, il faut prendre en compte non seulement les phénomènes nouvellement apparus dans le champ de l'observation, mais aussi l'acquis théorique de l'école classique, avec ses réalisations positives mais aussi les points où apparaissent les contradictions de cette théorie. Les

« formes historiques de l'objectivité » comprennent donc en elles l'ensemble des questions qui peuvent être posées à l'objet ; elles déterminent les structures de la théorie avec le type de réponses ainsi rendues possibles. Lorsque la forme historique de l'objectivité à changé, l'ancien système conceptuel entre en crise.

Lukasz Piatek.

BADIOU Alain,
Théorie du sujet, *Editions du Seuil, Paris, 1982, 354 p.*
Peut-on penser la politique ?, *Editions du Seuil, Paris, 1985, 124 p.*

Le retard avec lequel nous saisissons la production des années qui viennent de s'écouler oblige à présenter ensemble les deux derniers livres d'Alain Badiou. L'avantage est de les éclairer l'un par l'autre. Le lecteur qui risquerait d'effrayer le « mathématisme » du premier (inspiré de Lacan) y gagnera de pouvoir commencer par le second, dont la pédagogie est servie par une écriture d'une belle autorité.

Théorie du sujet (TS) se présente comme une réécriture de leçons prononcées entre 1975 et 1979. *Peut-on penser la politique ?* (PPP) est l'élaboration de deux conférences de 1983-1984, à la fois élucidation et mise en œuvre des thèses de l'ouvrage précédent. Ces dates invitent à mesurer (chez un auteur qui se réclame avec insistance de la vertu de *Fidélité) la distance parcourue depuis ses essais antérieurs (Le concept de modèle*, Maspéro 1970 ; *Théorie de la contradiction*, Maspéro 1975 ; *De l'idéologie*, en collaboration avec F. Balmès, Maspéro 1976).

Les ouvrages de Badiou sont philosophiques au sens que lui-même donne à ce terme : ils transgressent les « frontières épistémologiques » instituées des disciplines spécialisées, pour combiner des concepts et des thèses scientifiques, littéraires, historico-politiques. L'objectif est de reprendre sur nouveaux frais la question traditionnelle de la *dialectique* (en tant que dépassement de la question de l'être, par la destruction du clivage sans cesse renaissant entre « théorie » et « pratique ». Mais le sens global de l'entreprise est la constitution d'une *éthique*, et donc d'une procédure de choix entre les différents discours éthiques qui sous-tendent ou justifient différentes façons de « faire de la politique ». C'est pourquoi la catégorie du *sujet* (et du « subjectif ») occupe la place centrale.

Bien qu'elle se cristallise en formules frappantes, la démarche de Badiou ne se résume pas en quelques paragraphes. Je ne peux en signaler les articulations les plus générales. Il s'agit à mon sens d'une tentative parmi les très rares et les plus sérieuses de la période actuelle pour maintenir ouverte (et productive) la confrontation du marxisme et du champ philosophique. Et il n'est pas nécessaire d'accorder à Badiou ni ses présupposés ni ses conclusions pour convenir que son argumentation doit être pesée et discutée en détail.

La conjoncture dans laquelle il s'inscrit explicitement (au sens d'une « intervention ») est celle de la *crise du marxisme*, aboutissant aujourd'hui à la « destruction » de sa figure historique (PPP, p. 25 sv.). De cette crise,

Badiou donne une description en somme classique : les « référents » traditionnels de la politique révolutionnaire, tels que les énumérait l'orthodoxie (mouvement ouvrier, luttes de libération nationale, « construction du socialisme ») ont totalement perdu leur évidence et leur fonction de garantie. En devenant doctrine d'Etat (et d'Etats oppressifs), le marxisme s'est transformé en son contraire, mais cette transformation ne peut être tenue ni pour un accident extrinsèque ni pour la manifestation d'une fatalité congénitale. C'est pourquoi l'anti-marxisme aujourd'hui omniprésent est une pensée débile. Ce que Badiou recherche, dans son diagnostic sur la crise du marxisme, c'est plus profondément les symptômes d'une « crise universelle de la politique » : triomphe apparent de la « modernisation » économique et étatique, mais dissolution de toute expérience du « lien social » (que ce soit sous le nom d'appartenance nationale, de conscience de classe, ou de devoir civique). D'où la nécessité, pour qui veut *penser* la politique (et non la subir) d'examiner la destruction historique du marxisme dans une position d'*immanence* à sa crise, de s'en faire d'une certaine façon le porteur ou le sujet (PPP, p. 52).

Les références historiques de Badiou sont en général allégoriques (Commune de Paris, Résistance, Révolution culturelle) ou allusives de l'actualité (révolte ouvrière polonaise, grève des immigrés de l'usine Talbot). D'où provient alors la possibilité d'énoncer leur sens et leur portée ? En dernière analyse, si nous suivons Badiou, d'un *pari* intellectuel et pratique (Pascal « dialecticien français » est l'une des grandes références invoquées). Mais ce pari (avec le *risque* corrélatif, qui appelle le « courage » comme catégorie cardinale de l'éthique) (TS, p. 310 sv.) n'est pas irrationnel : il est dialectiquement pensable, à condition de se représenter l'histoire, non comme la continuité positive (positiviste) d'un procès de réalisation substantielle des fins de la société, mais comme la logique intempestive des *événements* qui, après coup, dissolvent les rapports de forces institués et les identifications historiques sublimées dans l'imaginaire (y compris, bien entendu, celles de l'antagonisme de classes pensé comme une « guerre civile » où se jouerait le destin de l'humanité, et du parti révolutionnaire comme « organisation » des producteurs).

Ici Marx, tel que le lit Badiou, se divise en deux. D'un côté c'est un théoricien empirique ou spéculatif de la lutte des classes comme « fondement » de l'histoire. De l'autre c'est un dialecticien de l'événement et de la « capacité politique prolétaire », c'est-à-dire un penseur de l'intervention révolutionnaire qui fait *coupure* dans la pseudo-continuité des institutions dominantes (fondamentalement : l'Etat). D'où la thèse provocante : « Le vrai contraire du prolétariat n'est pas la bourgeoisie, c'est la société impérialiste dont, notons-le bien, ledit prolétariat est un élément notoire, en tant que « force productive » (...) le projet du prolétariat, son être interne, ce n'est pas de contredire la bourgeoisie, de lui scier les pattes, ce projet c'est le communisme, et rien d'autre » (TS, p. 25).

Pour dégager (ou plutôt constituer, « refondre ») ce Marx dialecticien, il faut penser le marxisme dans son analogie avec la psychanalyse (bien que ces deux discours ne soient pas unifiables : TS, p. 295). Car l'« inconscient » de Freud et le « prolétariat » de Marx sont les deux formes que prend dans la pensée moderne l'*affirmation* de l'irréductibilité du sujet (le « horlieu ») aux structures qui lui assignent une place, ou encore la démonstration que les « nœuds » qui matérialisent la contrainte de l'un sur les individus et les classes ne peuvent pas ne pas se disperser (TS, p. 259

sv.). Ce sont donc les deux concepts d'un *procès de subjectivation* qui ne cèdent *pas* à la tentation de moraliser, psychologiser ou substantialiser le sujet.

On comprend que la catégorie « matérialiste » centrale chez Badiou ne soit pas celle du *rapport social* (dont il pose explicitement le caractère de fiction : TS, p. 143 sv.), moins encore celle de la *production* (qui traduit plutôt l'emprise de la politique économiste dans le marxisme) mais, dans la tradition maoïste, celle des *masses*. Non pas certes en tant que substance révolutionnaire dotée d'une vitalité originaire ni en tant que réalité sociologique classifiable, mais en tant que « formation » événementielle, initiative insurrectionnelle qui manifeste une vérité et s'impose comme un fait par le « forçage » du réel (TS, p. 244 sv., 259 sv.). « Nous appelons "masses" l'interruption historique comme telle, le réel de la coupure » (TS, p. 190).

Si l'on veut étiqueter l'orientation de Badiou, on sera tenté d'y voir une forme sophistiquée de philosophie de l'*action* ou de la *décision*, qui constitue en effet l'une des grandes tendances du « marxisme » (dans son ascendance non pas tant hégélienne que fichtéenne : d'où la possibilité de rapprochements inattendus, par exemple avec Negri). Manifestement Badiou est hanté par la nécessité d'un perpétuel règlement de comptes avec la philosophie sartrienne de la liberté. On pourrait soutenir schématiquement que le « pari » de Badiou est un « engagement » (pour la justice) à quoi la psychanalyse a retiré toute garantie de transparence ontologique (TS, p. 294), et donc de totalisation.

Il est plus instructif de conclure en soulignant la pertinence du dilemme auquel Badiou doit finalement faire face :

D'un côté, pourquoi affirmer (TS, p. 148) qu'« il n'y a qu'un sujet politique pour une historisation donnée » ? Et pourquoi nommer « prolétariat » le sujet de la décision politique, l'acte qui manifeste l'inconsistance de l'ordre établi ? Sinon parce que, par delà la fluctuation de tous les « groupes sociaux » historiquement dominés et des classes révolutionnaires elles-mêmes, toutes les insurrections intellectuelles ou physiques affrontent *une même domination*. Mais cette domination serait-elle pensable comme « la même » (en l'occurrence comme capitaliste) si elle ne faisait l'objet d'une connaissance *objective* (ou simplement d'une analyse de sa réalité structurale, empiriquement déterminée) ?

De l'autre, Badiou soutient que « la politique est l'art de l'impossible » (TS, p. 333). Et il précise l'enjeu de cette définition : « La possibilité de l'impossible est le fond de la politique. Elle s'oppose massivement à tout ce qu'on nous enseigne aujourd'hui, qui est que la politique est la gestion du nécessaire » (PPP, p. 78). Dès lors la question se pose inévitablement : en quoi la dialectique de l'événement et de la décision, visant à fonder une « confiance » libérée de toute « croyance », se distingue-t-elle d'une théologie négative ? Si le nom de *prolétariat* (ultime réduit de la positivité historique) doit être détaché de toute référence à des conditions objectives (ou à des causes) pour désigner un pur effet pratique de subjectivité, il ne reste en effet, pour justifier qu'on l'invoque, qu'une raison morale (plutôt qu'éthique) : le dégoût légitime qu'inspirent ceux qui, pour nous faire croire que les choses ne peuvent pas aller autrement qu'elles ne vont, voudraient nous faire avouer qu'il est « mort » — et que s'il ne l'était pas il faudrait le tuer au plus vite.

Etienne Balibar

BREUER Stefan,
Aspekte totaler Vergesellschaftung, *Ça ira, Verlag Freiburg, 1985, 315 p.*

Le recueil *Aspekte totaler Vergesellschaftung* regroupe les articles les plus importants que Breuer, professeur en sciences politiques à l'Université de Hambourg, a publiés, dans diverses revues, ces onze dernières années. Breuer propose une relecture de la théorie marxienne de la valeur à la lumière de la *Dialectique négative* d'Adorno. Dans cette perspective, les trois premiers articles engagent l'analyse différentielle des projets d'Adorno, de Horkheimer et de Habermas.

Breuer montre que *la théorie habermasienne* n'est que la « reprise de la philosophie idéaliste de l'histoire » (61) substituant au Sujet l'intersubjectivité communicationnelle : le rationnel en soi est, depuis toujours, là, en tant que langue (*Sprache*) et ne fait que se réaliser dans la démocratie parlementaire. De cette façon la critique du réel devient affirmation de l'existant. La référence positive à l'idéalisme allemand est également au centre des réflexions de Horkheimer. Malgré tous ses tournants théoriques, Horkheimer fait continuellement jouer la raison contre sa réalisation tronquée par la société bourgeoise, et « conçoit l'idéalisme non comme une forme réflexive de la société abstraite, mais comme le pré-apparaître de la vérité », de l'« essence humaine » (32).

Adorno, par contre, décèle, dans la figure du sujet transcendental, le principe de l'échange. L'universel de l'idéalisme n'annonce aucunement la société réconciliée, mais repose sur la négation du particulier, de la valeur d'usage. Il n'est pas l'en soi d'une substance humaine non encore advenue, il n'est pas non plus le chiffre du « travail social » comme le pense l'orthodoxie et le jeune Marx, en tant que valeur (25).

Cette articulation entre la socialisation abstraite par la valeur et l'idéalisme absolu hégélien est le point nodal de la lecture de Marx par Breuer. La valeur se totalise au fur et à mesure que le capital passe de la subsomption formelle à la subsomption réelle, réduisant le concret (les valeurs d'usage) à une simple forme d'apparition de l'abstrait (la valeur). Ce faisant, le capital liquide tout antagonisme substantiel entre la valeur d'usage et la valeur — antagonisme qui est la condition de possibilité de la révolution. La désubstantialisation de l'antagonisme capitaliste est le concept régulatif des analyses de Breuer qu'il expérimente dans différents champs. L'article « Subjectivité et machinisation » analyse ce processus à travers les théories de Freud, Lorenzer et Lacan.

La deuxième partie du livre regroupe des analyses historiques sur les transfigurations de la politique et du droit. Les « métamorphoses du droit naturel » exposent sa grande thèse : « Histoire sociale du droit naturel », 1983. La troisième partie enfin, reprend de petites critiques adressées à R. Dutschke, E.P. Thompson, Foucault, Baudrillard et alia.

Aussi juste que soit la critique de l'ontologie du travail du marxisme traditionnel, il me semble que Breuer substitue une ontologie de la valeur conservant ainsi le schéma de la philosophie de l'histoire. Seulement, l'histoire ne nous conduit pas à la révolution, mais la rend progressivement impossible.

Bodo Schulze

BRZEZINSKI Jerzy,
Consciousness : Methodological and Psychological Approaches
Rodopi, Amsterdam, 1985, 206 p.

Cet ouvrage fait partie d'une série publiée par le département de philosophie de l'Université de Poznań. La déclaration d'intention de la collection indique : « Notre visée est de contribuer à une pratique de la philosophie aussi profonde que le marxisme, et aussi rationnellement justifiée que le positivisme ». Ce tome reproduit un ensemble de travaux diversement orientés qui ont en commun d'aborder des questions de méthodologie en faisant appel notamment à des notions venues de la psychologie. Pour un lecteur qui n'est pas au fait des travaux de l'Ecole de Poznań, la lecture demande un réel effort d'ajustement aux concepts. On saura gré, cependant, à ceux qui ont conçu l'ouvrage, d'avoir reproduit, pour chacun des courants de pensée représentés, un article synthétique de son chef de file.

Le premier de ces courants se réfère à la conception épistémologique de Jerzy Kmita. Un article de cet auteur est centré sur la notion de « coefficient humanistique » (humanistic coefficient), dont il précise qu'il s'agit moins d'un concept que d'une sorte de métaphore opératoire, permettant d'estimer, en somme, la densité de « communication culturelle » et de « références intersubjectives » qui vient lester les phénomènes que les approches scientifiques constituent en objets. Un débat dont, à l'évidence, les implications ne sont pas seulement académiques, s'organise autour du caractère manifestement hybride et contradictoire des disciplines touchant à la psychologie, puisqu'elles rendent compte de phénomènes à la fois objectifs et subjectifs. Ce débat est par exemple présent dans l'article de Tadeusz Zgolka, qui tente en particulier une vaste mise en perspective des réaménagements contemporains des champs de la sociolinguistique et de la stylistique (à travers Saussure, Chomsky, les formalistes russes, etc.), ou dans la contribution de Krystyna Zamiara, qui propose une large approche critique et rétrospective de l'ensemble des théories maîtresses dans le champ psychologique, à partir de leurs présupposés concernant le « parallèlisme » ou le « non parallèlisme » entre les phénomènes de conscience individuels et les phénomènes physiques.

On saisit mieux l'objet du débat autour des conceptions globalisantes de J. Kmita, à partir des contributions critiques : ainsi, Marek Ziolowski tout en acceptant, dit-il, le caractère socialement fonctionnel, voire même « génétique » des déterminations des croyances et des représentations sociales, plaide pour une prise en compte de l'hétérogénéité de l'objet même des sciences qui en rendent compte. Il ne s'agit pas de savoir quelle est la « dose » de référence intersubjective dans les phénomènes qui réalisent les finalités historiques de la société, mais de concevoir que, par exemple, les croyances ont d'une part une place et un rôle dans le cours de l'histoire (c'est une forme d'existence des croyances qui peut être appréhendée par l'analyse des comportements sociologiquement repérables) et d'autre part un espace et une histoire propres et irréductiblement particuliers : « On peut dire que la "fonctionnalité" est une affaire de degré, qu'une religion est un peu plus fonctionnelle qu'une autre (par rapport à l'esprit du capitalisme), mais pour répondre à la question de savoir pourquoi les peuples du XVIème siècle ont gardé telle croyance religieuse plutôt que telle autre, il faut se référer à un grand nombre d'autres paramètres ».

La contribution de Jersy Topolski sur la méthode historique procède du même souci de prendre en compte le fait qu'à un certain niveau, les facteurs irréductiblement singuliers renversent la perspective par rapport à la simple interprétation rétrospective du sens général de l'histoire.

Le second courant s'appuie sur la théorie « idéalisationnelle » de Leszek Nowak concernant le développement des sciences (idealizational theory of sciences). Cette théorie, exposée synthétiquement dans une contribution à l'ouvrage, vise à repérer les « régularités » dans les mouvement des sciences (avec la série : préscientifique, scientifique immature, scientifique mature). Elle en propose une formalisation en stades que cet auteur rapporte aux principes généraux de la dialectique. A travers deux exemples, la physique et la linguistique, l'auteur expose une conception des types de modes de pensée qui correspondent à ces nivaux (spéculative, empirique, « idéalisationnelle empirique » et « idéalisationnelle théorique »).

Cette théorie, moyennant certains aménagements, est utilisée par Jerzy Brzezinski et Marek Gaul pour rendre compte, à travers des formalisations mathématiques élaborées, des procédures de l'œuvre dans la connaissance psychologique, psychiatrique et pédagogique (modèles dits : protoidéalisationnels »).

Un troisième courant est particulièrement orienté vers la méthodologie en histoire. Jerzy Topolski développe un point de vue analytique sur la « conscience méthodologique » en histoire, rapportée d'une part aux perspectives (ontologiques, méthodologiques, axiologiques) qui orientent les activités de recherches, et d'autre part aux types d'actions dont elles sont faites : sélection (ou rejet) des faits pris en compte, hiérarchisation, systématisation permettant la construction des « histoires historiques » (historical stories). Comme ceux qui caractérisent les précédents courants, ce type de démarche vise à cerner dans l'intimité même des processus psychologiques, l'élaboration des objets théoriques dans l'activité de recherche.

Cet ouvrage présente donc l'intérêt d'offrir une vue assez panoramique sur les travaux d'une école fertile dans le domaine des théories des sciences. Les points de vue épistémologiques et méthodologiques mettent l'accent à la fois sur l'analyse des processus d'appropriation subjective du réel et sur les lois générales du développement des sciences.

Bernard Doray

DE GIOVANNI Biagio,
Marx e la costituzione della prassi, *Cappelli editore, 1984.*

Réflexion sur « le modèle de Marx » à partir du concept de praxis et donc des thèses sur Feuerbach, mais aussi sur l'ensemble de son itinéraire, des textes de 1843-44 jusqu'aux œuvres de la maturité (deux chapitres sont consacrés au rapport des concepts de praxis et de force ou capacité de travail).

Cette détermination du modèle de Marx se situe dans la tradition italienne de la philosophie de la praxis (Gentile, Mondolfo, Labriola, Gramsci, Preti, Capograssi), mais avec une orientation propre qui conduit à des choix et à des différenciations critiques : rejet de la lecture « humaniste » de Mondolfo (il n'y a pas un sujet-homme démiurge dont la praxis serait l'objectivation), mais revalorisation des savoirs anthropologiques proposés par G. Preti comme médiation entre le moment ontologique (celui de « la substance irréductible de la vie ») et le moment historique qui est le lieu soit de la séparation aliénante, soit de la réunification-libération.

Liée au caractère « dramatique » du temps présent, cette reconstruction du modèle théorique marxien, comporte un dialogue plus ou moins explicite avec des thématiques de la philosophie contemporaine (le concept de vitalité considéré positivement, mais aussi celui de la volonté de puissance considéré négativement en rapport avec la proposition d'une image « métapolitique » de la politique marxienne). Elle se conclut par une reproposition de l'actualité de Marx et de son modèle d'une « constitution de la praxis » mais sans illusion optimiste, car il se pourrait fort bien que la tendance de l'histoire devienne toujours plus hostile à cette conservation de la vie qui est au cœur du modèle métapolitique de Marx.

D'ou l'actualité de ce modèle « métapolitique » en tant qu'il fournit des principes régulateurs de l'existence historique. Lorsque la praxis est réduite à la volonté de puissance, la critique heideggerienne de la « modernité » trouve sa légitimité. Mais cette réduction est illégitime et il faut la critiquer lorsqu'elle se manifeste y compris dans certains aspects de la pensée de Gramsci.

Mais que faut-il entendre par cette « constitution de la praxis » qui donne son titre au livre ? La praxis « se constitue » dans un mouvement de libération qui est à la fois « conquête » et « réalisation ». Il s'agit manifestement du changement ou du bouleversement que Marx pense sous le titre du communisme. C'est dire qu'il y a un temps de la « préhistoire » et un temps nouveau qui met fin à cette préhistoire ; un temps de la séparation-scission et un temps de la réunification et que la possibilité de la réunification doit être présente dans la scission elle-même puisque la praxis ne renvoie pas au-delà d'elle-même à un sujet-démiurge garant de l'émancipation. Mais en quoi consiste ce déchirement de soi-même en soi-même de la vie historique ? B. de Giovanni le pense successivement comme opposition d'une « objectivité » vidée de toute énergie vitale à la praxis de « la vivante corporéité » et comme séparation-inversion de la vie individuelle et de la vie générique. Mais il semble bien que pour lui les deux formules désignent un même processus.

Le modèle marxien apparaît alors comme critique des formes étatiques et des formes-capital de la force sociale des individus. Il s'agit alors de dissoudre « l'objectivité » aliénée et fétichisée de ces formes pour sauver la substance irréductible de la vie en l'incorporant à la fluidité de l'histoire.

Nous le suivrons volontiers dans le mouvement général de son interprétation. Simplement, il nous semble que les formes socio-historiques de « l'objectivité » qu'il critique (objet religieux, l'objet-Etat, l'objet-capital) n'épuisent pas la question de « l'objectivité », celle de la nature et des communautés naturelles dont parle Marx. La réduction de toute « objectivité » à l'objectivité féchitisée d'une forme spécifique de vie sociale n'implique-t-elle pas une position idéaliste ? B. de Giovanni parle volontiers de la « substance irréductible de la vie ». Cette substance vitale, cette vitalité qu'il s'agit pour lui d'intégrer dans des formes fluides de l'historicité, ne renvoient-elles pas à une substantialité naturelle qui est la présupposition de toute praxis ?

Jacques Texier.

I.M.S.F.,
Marxistische Studien, *N° 10, Francfort/Main, 1986.*

En consacrant son numéro 10, de 1986, à la présentation de contributions internationales sur la « théorie marxiste de la personnalité, l'I.M.S.F. (Institut d'études et de recherches marxistes) de Francfort a/M répond indiscutablement à une carence.

La majorité des études a tout d'abord le mérite de ne pas se laisser absorber par la recherche hâtive d'une synthèse éclectique entre Marx et Freud, mais de tenter — comme le fait par exemple Lucien Sève, précurseur du reste en la matière — de partir du marxisme pour approcher individualité et personnalité. Ce qui n'empêche nullement des « rencontres en chemin » avec Freud — que ce soit sur le terrain des méthodes, des objets d'étude délimités, des conclusions partielles — comme c'est le cas dans l'étude de Charles W. Tolman sur la psychologie anglo-américaine. On a l'impression que le marxisme se dégage peu à peu d'une sorte de « mauvaise conscience » vis-à-vis du freudisme — mauvaise conscience qui, si elle a certes des racines historiques dans son rejet dogmatique de Freud, ne peut conduire qu'à des compromis boîteux.

Le volume comporte également l'intérêt de ne pas se limiter aux fondements théoriques, mais d'aborder pédagogie et thérapie. C'est ainsi que les différentes conceptions et pratiques du « jeu », qu'il s'agisse du champ pédagogique ou thérapeutique (et parfois peut-être de la nécessité de ne pas distinguer ces deux champs pour éviter de reproduire/accentuer un clivage entre êtres humains et au sein de la personnalité elle-même), sont étudiées de façon fort approfondie et nouvelle par Karl-Heinz Braun. Dans un ordre d'idées très différent, le rapport d'Eva Schmidt-Kolmer sur l'évolution des crèches en R.D.A. apporte d'intéressantes précisions et réflexions, par exemple sur les conditions initiales de pénurie qui, du fait de la rareté et de l'isolement des premières crèches, amena à reconnaître des manifestations de ce que Spitz, à sa façon, analysait comme de l'« hospitalisme ». Inversement, Eva Schmidt-Kolmer fait remarquer qu'une intégration active et harmonieuse de l'enfant dans la crèche dépend aussi de l'« activité » globale des parents et de leur non-enfermement dans un lien étouffant avec l'enfant à la maison. Sur le plan théorique, Eva Schmidt-Kolmer se fonde de toute évidence avant tout sur cette notion d'« activité », introduite par Wygotski et A.N. Leontiev. Thèse qui, certes, permet d'échapper à un certain « naturalisme » freudien, et à la tentation de revenir toujours plus en arrière vers des « traumatismes » originels en négligeant la perspective de la restructuration active de la personnalité dans les contradictions, antagonistes ou non, de la société présente. Mais thèse qui peut à son tour sous-estimer le poids de blocages anciens gênants l'accès à cette « activité », et qui par ailleurs fait parfois trop peu de cas de ce que les activités — préparatoires au travail ou de travail tout court — ne sont pas dans les pays socialistes eux-mêmes sans contradictions (intellectuel/manuel, de commandes/d'exécution, ville/campagne...). Or ces contradictions peuvent limiter l'effet épanouissant de l'« activité » proposée, voire même réactiver tel blocage originel...

Claude Mainfroy

LEKTORSKIJ V.A.,
Subjekt - Objekt - Erkenntnis Grundlegung einer Theorie des Wissens, *Verlag Peter Lang, 1985.*

Il s'agit d'une traduction partielle et (légèrement) remaniée d'un ouvrage en russe paru en 1980 (titre russe non indiqué). La traduction a été élaguée de la première partie de l'ouvrage original, consacrée à la critique des conceptions non-marxistes de la théorie de la connaissance ; elle porte sur la seconde partie, traitant de « la mise en œuvre du reflet dans sa médiation cognitive-sociale et son développement historique » (Erkenntnis-sozial vermittelte und sich historisch entwickelnde Widerspiegelung Tätigkeit).

Malgré cet élagage, la partie critique reste importante, sur la base d'une connaissance approfondie d'auteurs contemporains, de Piaget à Popper en passant par Quine et Th. Kuhn. Elle témoigne d'une attention accrue des philosophes soviétiques à la philosophie contemporaine non-marxiste.

Dans l'ensemble, l'ouvrage rappelle et développe les bases marxistes classiques de la théorie de la connaissance (le terme *Erkenntnistheorie* est systématiquement employé) : caractère médiat de la connaissance, non réductible à la simple exploitation de l'information sensorielle (§ I-1, « Information sensorielle et savoir objectif » ; I-2, « Illusion et réalité » ; I-3, « La connaissance et l'activité objective-pratique » ; I-4, « Objectivation du savoir, communication et caractère social de la connaissance » avec références à des psychologues soviétiques, notamment des représentations (les « normes et étalons cognitifs » prennent naissance « dans le processus de l'activité pratique du sujet avec les objets matériels » p. 31) que comme instance critique ; existence des objets de la connaissance, indépendante du sujet (Chap. II, « La théorie et le monde des objets » : § II-1, critique de la notion d'« objet non observable » ; II-2, rapport des « objets idéalisés » aux objets réels).

Le chapitre III est consacré au problème de la « continuité de l'expérience » (la notion de « continuité » est référée à l'enracinement de la connaissance actuelle dans la connaissance passée). L'auteur récuse tout unilatéralisme aboutissant à mettre l'accent exclusivement sur les ruptures (Th. Kuhn), ou au contraire sur le glissement graduel (Quine) : la continuité de la réalité objective n'est pas incompatible avec des discontinuités dans la structure du reflet (p. 111).

Le dernier chapitre (Réflexion sur le savoir et le développement de la connaissance) présente des thèmes de recherche : rôle et conditionnement du sujet individuel (§ IV-1 « Conscience de soi et réflexion — savoir explicite et implicite » ; IV-2, « Fondement et développement du savoir » ; IV-3, « La réflexion comme unité du reflet et de la transformation de son objet ») et du sujet collectif (§ IV-4, « Sujet collectif, sujet individuel »). Enfin est posée la question : « Comment la théorie de la connaissance est-elle possible ? ». La réponse de l'auteur est un appel à une théorie *scientifique* du processus de connaissance, entendu comme phénomène objectif spécifique — une théorie non réductible aux sciences spéciales, et visant à la connaissance du mode de développement des connaissances, et non pas à la simple description empirique de l'activité pratique du scientifique.

J. Bonitzer

MOTROSCHILOWA Nelly,
Studien zur Geschichte der westlichen Philosophie, *traduit du russe par S. Bielfeldt, Suhrkamp, Francfurt, 1986, 266 p.*

Il s'agit d'un recueil, qui peut interesser le lecteur de l'Ouest à plus d'un titre. C'est l'occasion de faire la connaissance de philosophes soviétiques des deux dernières générations, qui — à l'exeption de Motroschilowa et de Lektorski — sont à peine connus à l'Ouest. On nous offre un aperçu représentatif des ateliers de la recherche soviétique contemporaine en histoire de la philosophie, concernant aussi bien la méthode de travail que le choix des thèmes. Les thèmes abordés dans les études vont des cosmologies présocratiques au statut épistémologique de l'inconscient dans la psychanalyse, en passant par la « sémiotique » du haut moyen-âge, le problème de la connaissance chez Leibniz, Kant et Hegel et les conceptions philosophiques de Wittgenstein. Ce qui est frappant c'est, sur une base unique dialectico-matérialiste, la diversité des formes du travail et de l'analyse en histoire de la philosophie. Dans certaines contributions l'interprétation demeure timide, au profit de la fidélité au texte et des références aux commentaires adéquats d'origine soviétique ou autre ; d'autres contributions adoptent franchement le style de l'essai, sans lien rigoureux avec le texte. Dans tous les cas sans exceptions il semble qu'il y ait à l'arrière-plan une solide connaissance des textes dans leur langue d'origine. On devine le motif commun de toutes ces contributions sur des thèmes divers : il s'agit de s'approprier toujours plus complètement l'expérience culturelle de l'humanité et d'intégrer à cette expérience globale le philosopher, l'exercice philosophique. C'est pourquoi presque tous les auteurs s'intéressent au duel de la philosophie avec le reste de la culture. On y gagne ici et là une lumière nouvelle sur les interrelations historiques des cultures grecque, orientale, romaine, médiévale et moderne. Les auteurs ne prétendent pas avoir le dernier mot et renoncent à l'énoncé catégorique trop achevé. Par endroits on peut constater une certaine disproportion entre l'audace des hypothèses et leur mise à l'épreuve critique (par exemple chez Lebedev p. 52 entre autres). Parmi toutes les contributions, qui ont toutes leur valeur, la subtile interprétation du fragment B 52 d'Héraclite (le Cosmos est un enfant qui joue à construire et à détruire) que propose A.L. Dobrocholov mérite une mention particulière, ne fut-ce qu'à cause de l'originalité des résultats. P.P. Gajdenko fait preuve d'une parfaite connaissance de l'histoire de l'ontologie dans son travail sur la constitution de la géométrie chez Platon, Proclus et Kant. On souhaiterait cependant une évocation plus serrée de la discussion actuelle sur les fondements de la géométrie. By the way, il ne fait pas de doute que le gros travail de Gajdenko sur l'évolution des concepts de la science, qu'on ne trouve jusqu'à présent qu'en russe, serait pour les spécialistes de l'ouest d'un intérêt considérable. Un tel vœu est heureusement sans objet pour le travail de Lektorki, représenté dans le recueil par l'article sur « le problème de la possibilité de la connaissance dans la philosophie transcendantale de Kant », étant donné que son ouvrage *Sujet, objet, connaissance* (Moscou 1980) est paru entre-temps intégralement à l'Ouest. C'est un véritable morceau de la pensée philosophique authentiquement russe qui s'offre à nous sous la forme de l'exposé d'E.J. Solovev « savoir, croyance et ethique — un thème de Kant vu aujourd'hui ». Les questions de l'indépendance éthique de l'homme, de l'autonomie spirituelle de la personnalité se tiennent ici au centre de l'intérêt d'un matérialiste dialectique. Le recueil offre un article tiré de la recherche hégélienne, connue aussi à l'Ouest, menée par Motroschilowa, « le principe de système dans la Science de la Logique de Hegel ». Entre-temps les idées présentées ici ont été retravaillées et publiées en russe dans la grande monographie *La voie hégélienne vers la science de la logique* (Moscou 1984). Deux contributions à la philosophie occidentale du 20 [e] siècle méritent d'être mentionnées. N.S. Autonomova fait une recherche sur les conceptions freudiennes de l'inconscient dans le cadre du problème de la différence entre le concept de conscience dans la philosophie classique bourgeoise et le concept de conscience dans les sciences humaines du 20 [e] siècle. M.S. Kozlova (Léningrad) étudie dans son article « la conception linguistique de la philosophie et des erreurs philosophiques » à l'occasion de la critique de Wittgenstein, on faisait preuve d'une remarquable connaissance des textes et des commentaires, la question du statut particulier de la philosophie dans la culture.

C'est D. Henrich qui a dirigé cette publication méritoire pour le compte de Suhrkamp, saluée comme un nécessaire élargissement de l'horizon de l'intelligentzia de l'Ouest.

Jindrich Zeleny
traduit par Marc Sautet

MUGNAI Massimo,
Il Mondo Rovesciato, Contraddizione e « valore » in Marx
Bologne, Il Mulino, 1984.

L'auteur nous avertit que son empirisme est un choix, non entre la vérité et l'erreur, mais entre divers « styles de pensées », et qu'avec ce livre, il s'est « risqué à une œuvre de traduction » (pp. 16-17) de thèmes hégéliens ou marxiens (dans le langage empiriste, précisément). Dans de nombreuses études italiennes de ces dernières décennies sur la philosophie de Marx il déplore le manque de renouvellement et de « finesse » en plus des tentatives évidentes de *ramener les exégèses textuelles à des lignes politiques déterminées*. Aussi avoue-t-il avoir « amplement » utilisé pour son essai l'ouvrage de M. Dal Pra (*La Dialettica in Marx*. Dagli scritti giovanili all' « Introduzione alla critica dell'economia politica », Bari, Laterza, 1977), publié pour la première fois en 1965, et avoir en revanche délaissé une grande partie de la littérature critique ultérieure. Il nous semble, quant à nous, qu'en traitant le sujet et en donnant les indications bibliographiques essentielles sur le problème de la contradiction (pp. 65-66, note), Mugnai aurait pu prêter davantage attention à quelques études françaises sur le rapport Hegel-Marx (J. d'Hondt, Centre de Poitiers en général etc.).

Selon une opinion répandue, les apories de la contradiction et de la valeur-travail révéleraient la « non-scientificité » du marxisme (pp. 9-12). Selon Mugnai, la théorie de la valeur-travail peut être abandonnée sans dommage pour la structure analytique du *capital*, notamment pour ce qui concerne la notion d'exploitation et on pourrait lui substituer la conception straffaienne plus adéquate du rapport inverse entre salaire et profit (pp. 267-279). Du reste, Hilferding ne défendit la théorie de la valeur-travail que pour son intérêt philosophico-sociologique et non comme instrument d'analyse économique (p. 197), et Marx lui-même (*Théories sur la plus-value*) ne lui accorde pas une valeur générale pour toutes les époques mais ne la considéra que comme une notion « tirée de la production capitaliste » (p. 239).

La partie la plus intéressante et de plus originale de *Il Mondo Rovesciato* est celle qui traite de la dialectique et de la contradiction. L'accusation du jeune Marx adressée à Hegel d'avoir inversé ou « renversé » le rapport entre sujet et prédicat était nettement d'origine feuerbachienne, comme l'a déjà démontré D. Rjazanov. Mais dans *Misère de la philosophie* laissée de côté et dans l'*Idéologie Allemande*, elle était remplacée par la critique des idéologues en général qui font dépendre le monde des idées, et le font tenir sur la tête, par une sorte d'illusion d'optique généralisée (pp. 30-37). La *Sainte Famille* décrivait l'illusion idéologique dans laquelle serait tombée la philosophie de Hegel, en particulier, en inversant le rapport entre passé et présent : « l'enfant engendre la mère, l'esprit engendre la nature, la religion chrétienne engendre le paganisme, le résultat engendre le commencement ». Il y a sans doute quelque chose de forcé dans cette critique de l'hégélianisme, mais il n'en est pas moins vrai que, selon Hegel, le résultat auquel tend tout procès est *présupposé* et préfiguré dès le moment initial et dans chaque passage intermédiaire : le résultat, donc, s'autoréalise (pp. 43-44). Pour Marx aussi la compréhension du passé, dans sa différence spécifique, n'est possible qu'à partir du présent, mais elle présuppose la *critique* du présent (p. 155). On pourrait en déduire que, chez lui, la compréhension du passé présuppose le point de vue du *futur*, bien qu'il s'agisse alors d'un critère exclusivement méthodologique et non (comme chez Hegel) onto-téléologique. Mugnai, toutefois, n'en vient pas à pareilles conclusions.

Marx et Engels estimaient que la dialectique hégélienne était elle aussi renversée mais qu'elle était néanmoins théoriquement féconde (pp. 46-50). D'ailleurs la métaphore du monde placé sur la tête avait déjà été employé par Hegel lui-même, pour exalter la Révolution française, dans un passage de la *Philosophie de l'histoire* qu'Engels rappelait dans l'*Anti-Dühring*. Ce sont des métaphores dérivées de Hegel également que celles du « renversement » (*Verkehrung*) et du monde renversé, métaphores qui, dans les *Théories sur la plus-value*, sont utilisées non plus *contre* Hegel mais, au contraire, dans l'esprit de la *Phénoménologie* et de la *Logique* (pp. 60-63) : Engels soutenait en effet que la *vraie* philosophie de la nature de Hegel se trouve dans la doctrine de l'essence exposée dans sa *Logique*. Et avec une autre métaphore employée par Marx et Engels dans la confrontation à la dialectique hégélienne (dégager le « noyau » rationnel de la « gangue » mystique), on en revient au rapport essence-phénomène. Dans la critique marxienne de l'économie, l'apparition phénoménale de salaires, profits et rentes était la « gangue », tandis que la loi de la valeur constituait le « noyau » caché de ce qui se voyait à la surface (pp. 185-189). Cette métaphore était peut-être sous-entendue aussi dans le concept marx-engelsien des rapports sociaux (« gangue ») et des forces de production (« noyau » essentiel), suggérant l'idée de leur développement conjoint et *organique*, et pas seulement conflictuel (pp. 89-90).

Selon Mugnai, la conception marxienne faisait dépendre la contradiction « d'événements empiriques déterminés se produisant (ou non) » et non d'une « nécessité logique » présumée, et, par conséquent, on peut encore la « partager » (p. 12). A son tour, la logique contemporaine essaie de revaloriser, « d'une manière rationnelle », la fonction positive de la contradiction. Colletti ignore ces orientations nouvelles (pp. 70-71) et passe sur le fait que l'opposition entre les forces réelles (en tant qu'elles sont compatibles conceptuellement) avait été déjà clairement définie par Leibniz avant Kant. Ce dernier en avait fait un rapport symétrique à celui de l'opposition logique (deux forces s'annulent réciproquement dans la réalité comme deux concepts dans la pensée). Comme l'a montré S. Landucci (*La contraddizione in Hegel*, Florence, 1978), Hegel n'avait pas confondu les deux types d'opposition : en tant que rapport de réciprocité, l'opposition (réelle) hégélienne *produit* la contradiction logique. Dans la version marxienne, où chaque opposé bien qu'étant relié à l'autre et n'existant que par rapport à l'autre (par une sorte de mouvement circulaire) tend à se faire valoir comme indépendant de l'autre, l'opposition peut (et non doit) donner origine à une contradiction (pp. 84-100) : si l'on se rappelle que dans certains passages de *Misère de la philosophie* Marx employait le terme français *antagonisme* au lieu de *contradiction* (Gegensatz), on peut dire que pour lui les oppositions ne sont pas toujours et seulement oppositions antagonistes. Du reste Marx usait parfois du mot « contradiction » sans plus de discrimination voire d'une façon « désinvolte » (pp. 90-96).

C'est un développement exemplaire, dans la dialectique marxienne, que celui qui conduit à l'argent, « valeur d'échange de la marchandise "séparée" d'elle-même et rendue autonome ». La séparation advient parce qu'une opposition interne, qui se situe *dans la marchandise elle-même*, se mue en contradiction : la marchandise est une valeur d'usage qui prétend fonctionner *en même temps* comme valeur d'échange générale ; mais certaines caractéristiques (non-divisibilité, etc.) de sa valeur d'usage spécifique font obstacle à une telle prétention (pp. 104-106). La notion d'« en même temps », essentielle dans l'énonciation du principe aristotélicien, se retrouve dans les concepts hégélien et marxien de contradiction. A l'exemple de la marchandise nous pourrions ajouter pour notre part celui de la gestation : la mère et le fœtus presque formé sont un et, *en même temps*, deux ; l'événement de la naissance résoud la « contradiction » (qui s'entend donc ici comme « crise »).

La naissance et le développement organique avaient fourni à Aristote le modèle de tous les autres devenirs. Il n'est pas rare de trouver dans les textes marxiens l'évolution biologique comme métaphore du devenir historico-social, par exemple dans l'*Einleitung* de 1857, où l'on rencontre le concept de « ce qui dans les espèces animales inférieures indique quelque chose de supérieur » (le livre de Mugnai fait allusion à une telle problèmatique dans le paragraphe intitulé « L'embryon et l'organisme développé »). Et, dans le contexte de l'œuvre de Marx, l'opposition réelle (la plus semblable à la *Realrepugnanz* kantienne) s'établit, en règle générale, entre des éléments qui se situent à l'intérieur d'une « essence » et qui, précisément, « s'engendrent et se posent l'un l'autre ». De même quand Marx dit que la valeur d'usage constitue la « base *matérielle* » de la valeur d'échange, nous pouvons considérer le rapport entre les deux valeurs d'une façon aristotélicienne, comme un lien *génétique* entre matière et forme.

Mais, après que la contradiction se soit résolue avec la « naissance » de l'argent comme valeur d'échange autonomisée, l'opposition se reproduit en celui-là. Mugnai le montre en faisant référence à un autre rapport génétique : le capital et le travail, opposés l'un l'autre en tant qu'ils sont séparés l'un l'autre, « entrent *aussi* en opposition « chacun *contre* lui-même : le capital se décompose en *soi* et en ses intérêts propres, le travail se décompose « en soi et en salaire ». On a enfin une *collision* d'oppositions réciproques » (p. 86). Non développé par Mugnai, le thème de l'opposition originaire qui se reproduit *inversée* dans l'élément dérivé et rendu autonome, est au contraire l'objet d'analyses pertinentes dans les écrits d'E. Berti et d'autres spécialistes de l'école « aristotélicienne » de Padoue.

Giuseppe Prestipino

SACRISTÁN Manuel,
Panfletos y materiales, *Icaria, Barcelone, 1983-1985, 4 vols.*

Manuel Sacristán est un des plus importants noms de la philosophie espagnole contemporaine. Sa mort, survenue en 1985, a sans doute interrompu (il n'avait que 59 ans) une œuvre qui aurait pu être beaucoup plus vaste et probablement plus sereine. Je ne voudrais pas dire que l'œuvre de Sacristán ne soit pas sereine, admirablement sereine si on tient compte des circonstances dans lesquelles s'est déroulée son activité intellectuelle. Je parle aussi bien du fait de l'ostracisme auquel la dictature franquiste l'a condamné que de l'obligation de traduire pour survivre, ce qui frustra cet intellectuel remarquable de l'œuvre qu'il aurait pu réaliser s'il n'avait été exclu de l'université. Ces circonstances expliquent sans doute quelques caractères des essais qui se trouvent dans ces quatre volumes : langage parfois allusif et critique, courts essais plutôt que longues études.

Le premier volume contient des travaux sur Marx et quelques marxistes comme Gramsci et Lukács ; le deuxième, des essais philosophiques, dont quelques-uns très débattus en Espagne ; le troisième, des chroniques sur l'actualité politique et culturelle de l'Espagne, ainsi que des essais sur l'Université ; le quatrième, des critiques littéraires et des considérations esthétiques. Ces quatre volumes ne rassemblent pas toute l'œuvre de Sacristán, mais ils offrent une vision complète de sa production intellectuelle et, surtout, il mettent à la disposition des lecteurs des écrits qui demeuraient introuvables, à cause de leur origine clandestine et de leur dispersion.

L'œuvre de Sacristán a été célébrée par la gauche espagnole comme l'arrivée enfin d'une réflexion théorique marxiste, dans un pays où celle-ci n'avait jamais atteint un niveau remarquable (les histoires du marxisme européen font à peine mention du marxisme espagnol). Non seulement il a enrichi notablement le marxisme espagnol comme traducteur et introducteur de textes marxiens (sous sa direction on a commencé la première fois en Espagne une édition d'œuvres complètes et influentes comme *La tarea de Engels en el Anti-Dühring* (Vol. I, pp. 24-51), Karl Marx (Ibid.,pp 277-308), *El trabajo cientifico de Marx y su noción de ciencia* (Ibid., pp. 317-367). Ces textes, surtout le dernier, sont une excellente preuve du marxisme critique de Sacristán. Jamais il n'a été le type d'écrivain qui exalte la figure de Marx en la sacralisant. Il a plutôt réalisé un travail de clarification, d'analyse, peu fréquent dans la tradition marxiste. Cet humaniste avait une rare connaissance de l'histoire de la science, de la logique et de la philosophie de la science, surtout celle de tradition empiriste et néopositiviste, ce qui explique son aversion envers la frivolité et le manque de rigueur.

Dans le volume II on trouve aussi l'essai *Sobre el lugar de la filosofía en los estudios superiores*, un texte qui a donné lieu, lors de son apparition en 1968, à une notable polémique sur le rôle de la philosophie. En somme, Sacristán soutient là que la philosophie est un savoir adjectif, et par conséquent le licencié en philosophie est une figure parasitaire, destinée à satisfaire une nécessité idéologique dans la bureaucratie éducative. Le savoir substantif. Le savoir de quelque chose — non du néant ou de l'être — est celui des sciences. La philosophie ne devrait pas être une tâche endogène, mais la réflexion et l'analyse de celui qui, après avoir étudié une spécialité scientifique, examine son articulation avec d'autres savoirs. Naturellement, Sacristán visait la philosophie que la dictature franquiste avait manifestement convertie en défense idéologique du système. Mais au-delà de cette circonstance historique, le sens de la philosophie comme spécialité autotrophique n'a jamais été accepté par Sacristán.

Pedro Ribas

ZELENY Jindrich,
Dialektik der Rationalität, Dialectique de la rationalité,
éditions Pahl Rugenstein, Cologne 1986, 172 p.

Le philosophe pragois Jindrich Zeleny a acquis en 1968 la notoriété grâce à l'une des plus importantes études d'histoire de la philosophie et de philosophie des sciences consacrées à l'œuvre maîtresse de Marx : *La logique de la science chez Marx et le Capital.* Son activité dans la Société Internationale de philosophie dialectique et dans la Fédération internationale des sociétés philosophiques ainsi que de nombreuses contributions de congrès lui valurent de se faire un nom comme l'un des philosophes marxistes de notre époque qui (dans la tradition de la dialectique de Marx, Engels et Lénine) discernent dans le marxisme l'exigence d'un développement permanent, à l'aide d'une argumentation rationnelle et en étroite liaison avec le développement des sciences.

Le titre de l'étude sur Marx contient déjà tout un programme qui caractérise la spécificité de l'œuvre de Jindrich Zeleny au sein du marxisme contemporain : le programme des *fondations* historiques et systématiques d'un matérialisme dialectique dont les énoncés ne soient pas affaire de foi, mais que nous avons à justifier. Zeleny mathématicien et logicien de formation se concentre sur des « recherches logico-ontologiques » qui éclairent historiquement le cheminement du marxisme et expliquent de manière systématique ses prétentions à la validité. Ses *Etudes sur la dialectique,* parues en 1975 à Prague en langue allemande, montrent la continuité de ce programme, que l'auteur vient de concrétiser et de préciser avec son dernier ouvrage.

Zeleny y expose la « dialectique de la rationalité » non point figée en schémas et constructions ontologiques, mais dans le *mouvement* d'une *histoire* qui est notre histoire (dans laquelle nous sommes pris sans le savoir ou face à laquelle nous nous posons en critique). Le livre conduit le lecteur jusqu'à « l'essence de la nouvelle forme historique du penser rationnel », la dialectique matérialiste, auquel le dernier chapitre (chapitre 9) est consacré ; mais il ne se fourvoye pas dans la fiction d'une histoire téléologique du savoir philosophique et scientifique, il prend au contraire les commencements pour des commencements et ne nie pas plus la simultanéité historique et contingente que la discontinuité du processus, qui n'est précisément pas linéarité mais dialectique.

L'exposition historique et la critique commencent avec la critique hégélienne de Kant, puis attribuent une place de choix à la *Science de la Logique* de Hegel en confrontation avec la logique de Frege au lieu de passer directement (comme le fait systématiquement la marxisme allemand, dans sa proximité problématique avec une manière hégélienne d'écrire l'histoire) de Hegel à Marx ; c'est l'un des grands mérites de Zeleny de montrer à l'aide de son analyse de la critique de Hegel par Bolzano que *dans* la philosophie *les sciences* jouent un rôle fondamental ; c'est seulement ainsi qu'on obtient un portrait de Marx qui n'oscille pas de manière simpliste entre philosophie et non-philosophie : le chapitre 5 s'intitule « Marx comme logicien » et justifie « la place de la logique mathématique dans le type de rationalité dialectico-matérialiste ».

Par le biais de ses études historiques Zeleny prépare à l'évidence le lecteur à sa critique de Heidegger (cela représente dans le livre l'exemple de la critique marxiste des stratégies d'irrationalisation de la rationalité philosophique) ; les critères de sa critique sont *élaborés* et non dogmatiquement affirmés, comme le prouve l'intéressante confrontation avec I. Prigogine et I. Stengers sur les fondements logico-ontologiques de la science contemporaine. La valeur de ce livre repose sur ce que le chapitre 1 « pensée rationnelle — types de rationalité » annonce d'emblée : rien n'est présupposé de manière scolastique comme objet d'un consensus avec le lecteur allant de soi ; les catégories sont introduites et *expliquées*. Oui, ce livre rend l'ouverture et le style de pensée de Marx — actuel.

Hans Jörg Sandkühler *(Brème)*
traduit par Marc Sautet.

Economie politique Epistémologie

ADLER Paul,
New Technologies, new Skills *(doc. ronéoté), Harvard Business School, mai 1984, 51 p.*
Technology and the Future of the Firm : A schumpeterian Research Agenda *(doc. ronéoté), Stanford University, février 1986, 71 p.*

Les deux documents ronéotés que l'on mentionne ici prennent place dans un ensemble de travaux déjà publiés de P. Adler, en particulier sa thèse de doctorat de troisième cycle (*Automatisation et travail : le cas des banques*, Université de Picardie, France, 1981) et divers articles. L'objet de ces documents est l'étude des nouvelles dimensions de la qualification résultant de la mise en place des technologies qui révolutionnent aujourd'hui toutes les activités, à savoir celles du traitement et du transport de l'information, notamment dans les banques. Or, sans parler de leurs qualités scientifiques propres (et en particulier le balayage qu'ils effectuent de la littérature anglo-saxonne sur le sujet), ils peuvent intéresser la réflexion de marxistes pour au moins deux raisons. La première est le choix qu'ils contiennent relativement à l'évolution des tendances en matière de qualification. Les travaux empiriques conduisent, en effet à des observations très contrastées dont on ne sait trop que déduire. Pour P. Adler, si le taylorisme n'est pas mort, il n'en serait pas moins condamné à terme, la tendance étant celle de la recomposition des qualifications à un niveau supérieur de formation et d'implication dans le travail. L'affirmation de cette tendance conduit Adler à critiquer les thèses défendues par H. Browerman, en particulier dans *Labor and Monopoly Capitalism* (Monthly Review Press, 1974).

Mais s'il n'y a pas lieu de considérer qu'est à l'œuvre une sorte de tendance à la paupérisation absolue des qualifications, encore faut-il mettre en évidence les nouvelles dimensions.

C'est ici qu'intervient la seconde raison importante de l'intérêt qu'un marxiste peu ressentir à la lecture de ces textes. En effet, reprenant les grands clivages qui, selon lui, sont utilisés par Marx pour décrire le fonctionnement du travail sous le capitalisme (Social/privé ; abstrait/concret ; collectif/individuel) Adler estime que les trois dimensions de la socialisation, de l'abstraction, et du caractère collectif tendent à s'incarner directement dans la force de travail elle-même. Dans les phases technologiques antérieures, le travail aurait été directement et immédiatement privé, concret et individuel, la forme marchande étant alors nécessaire à son accomplissement social.

Dans la phase technologique actuelle, le travail serait directement et immédiatement social, abstrait et collectif. La forme marchande serait ainsi mise en cause.

Jean-Claude Delaunay

BIDET Jacques,

***Que faire du « Capital » ?**, Méridiens-Klinsksieck, 1985, 303 p.*

L'ouvrage de Jacques Bidet porte ce sous-titre : « matériaux pour une refondation ». C'est de là qu'il faut partir pour comprendre l'intention théorique qui soutient cette étude d'un bout à l'autre. Il convient en effet de prendre le terme de « refondation » en toute rigueur : il ne nous dit pas simplement qu'il s'agit ici d'une recherche portant sur les « fondements » de la théorie exposée dans *Le Capital*. L'objectif que poursuit l'auteur n'est pas de rapporter ou de reconduire à des fondements déjà établis, tout faits, qu'il suffirait pour ainsi dire d'exhumer moyennant l'effort d'un nouvel éclairage. « Re-fondation » veut dire précisément fonder de nouveau, littéralement reposer les fondations, rendre les fondements à une œuvre qui n'était restée jusqu'ici qu'imparfaitement fondée ou encore dont la fondation demeurait inachevée (en raison d'ambiguïtés ou d'incertitudes persistantes). C'est à la condition d'avoir mis à jour le fil conducteur de cette intention spécifique qu'il devient possible de saisir la profonde unité des deux thèses qui donnent à l'ouvrage sa remarquable cohérence.

La première thèse porte sur la « logique du système ». Cette logique appelle une reformulation des catégories fondatrices de la théorie du mode de production capitaliste à partir de ce que l'auteur appelle « l'interférence » ou « l'inséparation » de l'économique et du politique. On le voit donc, cette théorie concerne la nature des fondements que l'entreprise de refondation doit restituer à l'exposé du *Capital* : ces fondements seront indissociablement économiques *et* politiques ou ne seront pas.

La fécondité d'une telle approche apparaît à la lecture des premiers chapitres de l'ouvrage qui tentent une réélaboration de la catégorie de « valeur-travail ». S'agissant de la catégorie première, donc de la catégorie fondatrice par excellence, on devait s'attendre à ce que toute « refondation » conséquente lui accorde une attention privilégiée. Jacques Bidet satisfait à cette exigence en montrant que cette catégorie opère d'emblée dans une *double dimension théorique* : elle articule tout à la fois la notion quantitative du « temps de travail » (dimension de l'économique) et celle d'une « dépense de la force de travail », laquelle dépense suppose toujours la mise en œuvre d'une certaine contrainte sociale (dimension sociopolitique). Le même principe méthodologique amène ensuite l'auteur à reconsidérer la catégorie de « force de travail » en évitant les apories de l'économisme et du sociologisme : contre l'économisme, il soutient que la « force de travail » n'est pas une marchandise comme les autres et que ce n'est donc que par « métaphore » que l'on peut la désigner du nom de marchandise ; contre le sociologisme, que les déterminations propres au « concept » de marchandise sont requises pour signifier précisément ce par quoi la force du travail est autre qu'une simple marchandise. D'où la notion de « métaphore conceptuelle » proposée par l'auteur. Enfin, les catégories corrélatives de « travail productif » et de « classe ouvrière » sont elles-mêmes rendues à leur véritable signification économico-politique : il en ressort en particulier que le concept de classe n'est pas le concept d'une classification, mais le « concept du mouvement historique » (p. 117). Ce réexamen salutaire a pour conséquence de ruiner toute conception mythique tendant à projeter la victoire inéluctable de la classe ouvrière au terme de son renforcement progressif. La théorie n'autorise aucune prédiction quant à l'issue finale, elle n'a d'usage légitime que « stratégique » : les tendances au renforcement de la classe ouvrière y ont même statut que les tendances à la division des salariés.

Cette reformulation des catégories fondatrices du système est en même temps solidaire d'une seconde thèse qui porte cette fois sur le « procès d'élaboration » de la théorie de Marx : selon elle, le projet d'une refondation ne fait en définitive que poursuivre « un mouvement ininterrompu de reconstruction théorique » déjà engagé par Marx (p. 271). De 1857 à 1875, Marx procède en effet à des réactions et à des corrections successives ; pour l'auteur, ces remaniements dessinent une certaine orientation ; si Marx prend progressivement ses distances vis-à-vis de Hegel et de Ricardo, c'est pour faire davantage droit à la spécificité économico-politique de son objet théorique. En quoi la seconde thèse est liée à la première. Pareille lecture rend compte de l'effacement des catégories philosophiques qui s'opère d'une rédaction à l'autre (ainsi du syllogisme universel-particulier-singulier, du couple être/essence, du renversement en son contraire, etc.). Par là même, elle conduit à s'interroger sur la *méthode de l'exposé* et en particulier sur son *commencement*. De fait, alors que dans les *Grundrisse* (1857) et la « Version primitive » de la *Critique* (1859) Marx construit son exposé sur le modèle de la *Logique* de Hegel (au point que le passage de la circulation simple à la production capitaliste y est calqué sur le passage de l'Etre à l'Essence chez Hegel), dans le *Capital* en revanche, le premier moment de l'exposé est constitué non plus par la circulation, mais par le rapport marchand comme unité de la production et de la circulation marchandes. Le rapport marchand est en ce sens « l'intelligible premier » de la section 1 du *Capital*.

Tirant toutes les conséquences de cette évolution, Jacques Bidet montre que la relégation de la concurrence au Livre 3 constitue une anomalie au regard de ce qu'exige ce premier moment : les déterminations de la concurrence appartiennent de plein droit au rapport marchand lui-même. Plus largement, c'est tout le traitement de l'idéologie — qu'implique dès le début la considération de la concurrence — qui s'avère commandé par la logique du développement de l'exposé d'abstrait en concret : loin que le Livre 3 soit le lieu exclusif d'un tel traitement, à chaque moment de l'exposé correspond en fait un type spécifique de représentation de la « conscience ordinaire ». Cette scansion discontinue de l'exposé exprime l'irréductibilité de la démarche de Marx à tout développement « dialectique » : Marx procède non plus par « déduction » de concepts les uns à partir des autres, mais par « progression constructive », introduisant une nouvelle catégorie pour passer d'un niveau à un autre (ainsi, seule l'introduction de la marchandise « force de travail » permet de passer du rapport marchand au rapport capitaliste). De sorte que l'on ne trahirait pas la pensée de l'auteur en disant que pour lui Marx procède presque « more geometrico ». Conclusion radicale : l'exposé du *Capital* est « non-dialectique » (p. 141).

Cependant, une difficulté surgit des considérations mêmes de l'auteur concernant ce développement de l'exposé d'abstrait en concret : il montre bien que cette conception héritée de Hegel permet à Marx d'éviter le « téléscopage » ricardien de la valeur et des prix de production, en fonctionnant comme principe d'étalement de l'exposé. Il voit même dans ce précepte l'essentiel du « legs hégélien » (p. 267). Mais comment concilier cette idée d'un legs hégélien avec celle d'un « échec du développement dialectique de l'exposé » dans le *Capital*, sinon à réduire ce legs à un emprunt purement verbal ? Chez Hegel, en effet, le développement de l'abstrait au concret a précisément le sens de ce passage de l'« en soi » au « posé » si caractéristique de l'exposé dialectique (cf. notamment l'Addendum au § 34 des *Principes de la Philosophie du Droit.*).

Plus généralement on fera remarquer que dans la terminologie hégélienne le mot « abstrait » a la double signification de ce qui n'est pas le Tout (le non-encore développé du commencement ou l'unilatéralité de chaque moment du Tout au regard du Tout lui-même) et du vide complet, de l'indéterminé (cf. sur se point M. Theunissen, *Sein und Schein*, p. 71). Or, si l'on peut accorder que l'abstrait a chez Marx le sens du « non-encore développé » ou celui de « l'unilatéral », peut-on affirmer qu'il a également celui du « vide complet » par lequel il en vient à désigner chez Hegel le « concret en soi » ? En d'autres termes, comment ce qui est principe de circularité de l'exposé chez Hegel peut-il fonctionner chez Marx comme principe d'étalement linéaire de l'exposé ?

Une chose est sûre : répondre à cette question exige de penser à partir de l'effort de refondation amorcé par l'auteur.

Pierre Dardot

BOYER Robert, (sous la direction de)
Capitalismes, fin de siècle, *Presses Universitaires de France, Paris, 1986, 272 p.*

Voici sous la plume de Robert Boyer (introduction et conclusion) un exposé de la « théorie de la régulation » dont on sait qu'elle fut précisément explorée pour tenter de comprendre « notre » crise ; et sous celles de Michel Aglietta (Etats-Unis), Hugues Bertrant (France), Ricardo Haussman et Gustave Marquez (Venezuela), Carlos Ominami (Chili), Alain Lipietz (le « Sud »), Jacques Mistral (les relations économiques internationales), des études de cas qui sont autant de travaux pratiques.

L'économie et les théories n'étant plus ce qu'elles étaient, et les crises n'étant plus ce qu'elles devraient être, il convient, écrit R. Boyer, de procéder à une critique de l'économie pure à partir de l'histoire mais récusant l'historicisme, à une recherche de régularistes macro-économiques dans les formes d'organisation au-delà de l'institutionnalisme, à une utilisation des outils modernes d'analyse pour revivifier les intuitions marxiennes sans importation des paradigmes venus d'ailleurs.

De fait la musique intellectuelle qui se dégage de ces essais est tout à fait singulière en comparaison des grandes harmonies théoriques qui tiennent le haut de l'affiche dans le discours sur la crise, ne serait-ce que par l'absence quasi totale de formalisation mathématique, l'absence de préoccupation normative et prédictive (ne pas se laisser abuser par un titre certes modeste mais laissant supposer une démarche futurologique), et par l'imperméabilité à la vague libérale. Mais lisons par exemple les pages de Michel Aglietta, les meilleures, consacrées aux Etats-Unis. On serait tenté de les qualifier de braudeliennes tant l'économique y est débordé, et tant l'histoire, et l'histoire de longue durée, y surdétermine le présent. Au point que, et cela aussi n'est pas sans évoquer le braudelisme, l'analyse pourra être taxée d'empiriste.

D'ailleurs la théorie de la régulation ne serait-elle pas explicitement d'abord une théorie de la diversité des formations sociales concrètes contre toutes les prétentions, y compris marxistes, à la théorie générale d'une économie pure ou même d'un mode de production ? Le postulat de la régulation, — tout objet de la science économique est, ou s'inscrit dans, un système régulé à un niveau largement extra-économique — le recours à quelques concepts les plus généraux de l'économie — accumulation, productivité — et à d'autres, dérivés du tronc marxiste — mode d'accumulation, rapport salarial — constituent le seul fonds commun des chercheurs se réclamant de la régulation. Après quoi, les données concrètes et les inclinations subjectives commandent.

Les dimensions de ce compte-rendu interdisent ne serait-ce que de résumer les conclusions de chacune des monographies. Notons simplement qu'*in fine* Robert Boyer invite à réfléchir sur les ressemblances entre la crise actuelle et la « grande dépression » de la fin du XIXe siècle. Décidément, avec l'école de la régulation, l'histoire revient en force dans la théorie économique.

François Hincker

DE BRUNHOFF Suzanne
L'heure du marché, *P.U.F. 1986, 154 p.*

Depuis des années nous assistons à un retour en force de l'idéologie libérale. Retour paradoxal en période de crise alors que les analyses économiques libérales nient fondamentalement la crise au nom des vertus autorégulatrices des économies de marché, nient le chômage involontaire et durable en le dissimulant sous le masque d'un chômage naturel.

Dans cet excellent livre, Suzanne de Brunhoff s'attache à une critique systématique de la prétention de la théorie néo-classique à rendre compte de la réalité du fonctionnement du marché. Elle montre bien que le mythe du marché efficient, auto-régulateur repose sur une fausse conception des marchés contemporains.

L'examen d'un certain nombre de faits nous alerte déjà sur les limites des propositions néolibérales. L'autorégulation par le marché ne résoud nullement le problème de l'emploi. Elle laisse dans l'ombre tout ce qui concerne « le laboratoire secret de la production » : conditions de travail, formes d'exploitation,... Les politiques libérales, y compris dans l'Angleterre de Mrs Thatcher, ne suppriment pas toute une série d'interventions étatiques, par exemple dans l'organisation de procédures financières internationales visant à réduire les risques de crise financière en économie d'endettement généralisé. D'ailleurs, jamais même dans la période d'hégémonie du Big Market de Polanyi n'a-t-on connu de libéralisme intégral : législation du travail, organisation ou contrôle publics du système de crédit, etc.

C'est justement à partir de l'incapacité de la théorie libérale à comprendre les deux principales « marchandises particulières » du mode de production capitaliste, la monnaie et la force de travail, que l'auteur met en évidence la racine des erreurs néoclassiques : une fausse conception du marché. En étudiant les thèmes de la crise de l'Etat-providence et de la montée des corporatismes elle établit l'impossibilité de définir les structures du salariat par un simple rapport d'échange entre « égaux ». Le marché dont traite la théorie néoclassique est un marché atomistique, efficace, neutre, qui se borne à révéler, à travers l'établissement de prix, des normes indiscutables résultant de la confrontation de raretés objectives et de préférences données. Le complément du marché neutre est la monnaie neutre. Suzanne de Brunhoff consacre deux chapitres à l'étude critique de la conception monétariste de la monnaie et du crédit.

Celle-ci repose sur le présupposé d'une économie réelle, a-monétaire, gouvernée par les forces concurrentielles du marché et dont il suffit ensuite de traduire les résultats en termes monétaires. Or l'économie capitaliste, par ses structures mêmes, est d'emblée une économie marchande et monétaire ; il n'y a ni salaire réel préalable au salaire monétaire, ni prix réels préalables aux prix monétaires. Et la monnaie ne peut être introduite par le biais d'un marché de la monnaie, pseudo-marché incapable de fonctionner durablement sans l'action de l'Etat pour gérer l'instabilité macro-monétaire.

L'auteur décortique soigneusement la logique friedmanienne et cerne des questions clefs : l'articulation jamais correctement établie entre les diverses formes monétaires, à l'intérieur des nations (monnaie centrale-monnaies bancaires) et au niveau international (le système des changes), avec les hiérarchisations qui s'y manifestent (domination du dollar, rôle de la politique monétaire), la détermination du taux d'intérêt.

Si la théorie néoclassique échoue à interpréter une crise qu'elle réduit au rang de déséquilibre transitoire, l'idéologie du *Big Market* a son efficace propre. Elle a, pour l'auteur, la fonction d'imposer à tous les agents économiques la discipline du marché capitaliste en prétendant justifier l'existence d'un excès naturel de main-d'œuvre, d'une rareté du capital, par suite une dépréciation nécessaire de la force de travail comme condition d'issue à la crise.

Christian Barrère

PORCARO Mimmo,
I difficili inizi di Marx, *Dedalo 1986, 120 p.*

M. Porcaro propose une relecture de la 1re section du *Capital*. Il tente d'y repérer le moment critique où s'originent les deux formes politiques connexes que sont à ses yeux l'économisme (celui des P.C.) et le subjectivisme (de l'opéraïsme notamment) : ce moment est celui de l'exposé marxien de la « circulation simple », qui mobilise des catégories universelles (valeur-travail/besoins humains) que ces interprétations reprennent telles quelles pour formuler les principes de l'ordre communiste. Il faut donc réexaminer cet exposé en suivant la démarche propre à Marx, qui, à chaque étape, n'énonce ses présupposés qu'au terme, comme résultats de la circulation simple. Et il convient ainsi de lier les moments les uns aux autres, au lieu de privilégier soit la substance de la valeur, le travail humain (économisme), soit la forme de la valeur, la domination politique (subjectivisme), car la finalisation du travail par l'économie de temps, « l'existence temporelle » du travail, n'est rien d'autre que l'effet de la structure capitalistes.

L'auteur porte donc l'attention sur le travail abstrait, qu'il définit comme travail *social*, socialisé dans l'antagonisme de la connexion marchande et capitaliste, par opposition au travail concret, désigné comme travail privé. Le travail abstrait est celui du temps linéaire et uniforme de l'horloge (p. 45), issu de la domination de la division du travail sur les producteurs privés. L'interprétation économiste naturaliste, qui néglige l'analyse de la « forme de valeur » et du fétichisme, et qui ne connait la valeur-travail que comme principe de « mesure », culmine dans le projet stérile de substituer à l'anarchie capitaliste un plan de travail rationnel. Le subjectivisme, lui, rivé à la problèmatique tout aussi générale des « besoins humains », ne peut proposer qu'une théorie instrumentale de l'argent. L'auteur s'efforce donc de définir le rapport « réel » (ou contradictoire) entre le contenu et la forme, entre la valeur d'usage et la valeur : il ne faut pas le chercher, dit-il, dans la circulation simple, où ils s'articulent seulement comme les deux « facteurs » de la marchandise, mais dans les moments logiquement ultérieurs qui définissent les rapports de productions capitalistes.

L'intérêt de ce petit livre, à la fois original et significatif d'un courant de recherche actuel, me semble résider dans ce projet de réélaborer les catégories premières de façon à dépasser l'économisme sans tomber dans le subjectivisme. Projet dont une annexe, à mon sens pertinente, consacrée à la critique du dernier livre de C. Napoleoni, manifeste le bien-fondé. La mise en œuvre de ce projet est cependant opérée par certains présupposés à mes yeux insoutenables. L'idée, reprise des *Grundrisse,* que l'exposé devrait partir de la *circulation* simple (alors qu'en réalité *Le Capital* commence à juste titre par les « présupposés » théoriques les plus généraux du capitalisme, par les rapports marchands de *production* et de circulation). L'idée que le travail abstrait et la finalité économie de temps seraient spécifiques du capitalisme. L'assimilation du travail abstrait au travail social, et du travail concret au travail privé, etc. Une juste intuition pousse l'auteur à développer la notion de valeur-travail non comme simple catégorie de mesure, mais sur la base d'une problématique sociale spécifique, qu'il recherche dans l'exposé de la forme de valeur et du fétichisme. Mais cela le conduit à la mise en œuvre de catégories philosophiques générales plutôt qu'à celles que requiert l'objet spécial, en l'occurence celles qui appartiennent au niveau « abstrait » de la production marchande en général.

Jacques Bidet

ROLAND Gérard,
La valeur d'usage chez Marx, *éditions de l'Université de Bruxelles, Bruxelles, 1985, 220 p.*

En explorant la seconde dimension de la marchandise, que Marx après Smith a distingué de la valeur d'échange, G. Roland cherche à réintégrer la valeur d'usage dans le champ de la réflexion économique marxiste. Sa démarche relève à la fois de l'interprétation de Marx et de développements novateurs, en partie critiques vis-à-vis de l'auteur du *Capital.* Pour Roland, l'utilité d'un bien représente selon Marx une variable qualitative et objective. C'est l'attribut — d'ailleurs mal défini — de la valeur d'usage, et non un concept identique à cette dernière comme le pensent de nombreux auteurs. La valeur d'usage possède un caractère multidimentionnel, lié aux diverses propriétés physiques actuelles ou potentielles du bien envisagé sous le rapport de l'usage, et pertinentes vis-à-vis de son consommateur. N'exprimant pas les rapports de production, puisqu'elle relève du rapport sujet-objet, elle n'en est pas toutefois totalement indépendante car elle renvoie à ses besoins sociaux et historiques. L'auteur critique la thèse de Marx sur l'incomparabilité des valeurs d'usage, qui sert abusivement dans le *Capital* à fonder la théorie de la valeur-travail. A l'aide d'une représentation mathématique vectorielle des valeurs d'usage et en s'appuyant sur la théorie du consommateur de K. Lancaster, il plaide pour l'élaboration d'une théorie marxiste de la demande et pour un recours aux fonctions d'utilité hors du paradigme néo-classique. Après avoir souligné le rôle important joué par la valeur d'usage chez Marx, à propos de l'équivalent général, de la force de travail, de la rotation du capital, de la composition technique et organique du capital, du salaire par rapport au panier de consommation ouvrière, Roland discute la place de la demande chez Marx, en particulier à propos du concept de valeur de marché. Supposant en fait une courbe d'offre horizontale, Marx limite le rôle de l'offre et de la demande au processus d'ajustement dynamique aboutissant à l'équilibre. Pour l'auteur il est souhaitable d'intégrer des fonctions de demande à l'analyse marxienne et d'envisager une rétroaction de la demande sur la valeur de marché, donc plus généralement un lien — même indirect — entre demande et valeur, habituellement absent des analyses marxistes. On regrette dans cette intéressante partie du livre l'absence de référence à la discussion du rapport entre valeur, demande et besoin social dans les *Essais* classiques d'I. Roubine.

Enfin Roland aborde le rôle de la valeur d'usage pour le « calcul économique dans la société des producteurs associés », le communisme de Marx. En postulant l'incomparabilité des valeurs d'usage, ce dernier ne fournit pas de solution au problème, contrairement à une remarque d'Engels dans l'*Anti-Dürhing* où est suggérée une comparaison des effets utiles et des coûts en travail pour opérer les choix dans la structure de la production et élaborer le plan social.

Supposant une fonction d'utilité sociale agrégeant les diverses préférences, Roland retrouve en fait une thèse de l'école mathématique soviétique, la proportionnalité à l'optimum des « valeurs » et des utilités marginales. Il critique cependant les « marginalistes » soviétiques pour supposer le caractère objectif de l'utilité sociale, alors qu'elle relève selon lui d'un choix normatif. Cependant Roland, pas plus que Marx qu'il cherche ici à dépasser, n'explique par quel *processus* social politique et économique il serait possible d'agréger les préférences individuelles dans une hypothétique société sans classes, car il n'envisage pas que des individus, même altruistes, puissent avoir des vues divergentes de ce qui serait bon pour la collectivité. Plaidant justement pour une définition explicitement normative des besoins sociaux, il oublie que Marx auquel il se réfère à construit son œuvre sur une dénégation de cette même dimension normative au sein de sa propre théorie, qui la pénètre pourtant de part en part. Il est certes important, comme le fait Roland, de distinguer le positif du normatif chez Marx, mais il l'est encore plus de se demander *pourquoi* ce dernier a toujours refusé cette distinction pour sa propre pensée, comme on le voit dans ses positions sur la science et l'utopie, et *comment* un tel refus a structuré ses conceptions et engendré quelques-unes de leurs plus fortes tensions internes.

Ce livre, autant par son objet exploré autrefois par H. Grossman (non cité) et R. Rosdolsky que par l'attitude ouverte et critique de son auteur, constitue une contribution importante et stimulante à l'interprétation et à la discussion de l'œuvre économique de Marx.

Bernard Chavance

DIVERS OUVRAGES D'ECONOMIE, présentés par Christian Barrère.

DOSTALER G., (sous la direction de), avec la collaboration de M. LAGUEUX
Un échiquier centenaire. Théorie de la valeur et formation des prix, *Editions La Découverte, Paris/Presses de l'université du Québec, 1985.*

Un ouvrage important et extrêmement utile car il regroupe des contributions diverses — et pour certaines importantes — au débat sur la théorie marxiste de la valeur et sur son aptitude à expliquer la formation des prix. De plus une bibliographie de 274 ouvrages et articles est proposée à la fin du livre.

GUIBERT Bernard,
L'ordre marchand. Réflexions sur les structures élémentaires de la vénalité, *Editions du Cerf, Paris, 1986.*

Bernard Guibert se propose de formaliser la logique implicite de l'analyse marxienne des formes de la valeur et de leur développement en recourant aux instruments mathématiques de la théorie des groupes. Il éclaire ainsi de façon extrêmement originale les propriétés des échanges marchands en insistant, à l'encontre de la tradition qui met l'accent sur la quantité échangée, sur la qualité de la relation marchande. Bref, un livre tout à fait stimulant et sur lequel il nous faudra revenir.

SALAIS Robert, **BAVEREZ** Nicolas, **REYNAUD** Bénédicte,
L'invention du chômage, *PUF, Paris, 1986.*

« L'hypothèse du livre est la suivante. La crise contemporaine est fondamentalement une crise des représentations et des catégories anciennement établies. Elle ne peut se développer et s'achever sans modifications des représentations du travail et du non-travail, employées dans leur activité par divers acteurs sociaux (individus, entreprises, institutions), ni sans transformations des catégories correspondantes ». L'ouvrage commence par restituer la dimension historique de la formation de la catégorie « chômage ». Il montre que pour gérer efficacement leurs relations et construire les connaissances nécessaires, les agents économiques s'appuient sur un outillage de formes sociales, plus ou moins générales et standardisées (règles, conventions, contrats,...). Sur cette base les auteurs posent de premiers jalons pour reconsidérer la théorie du chômage.

KORNAI J. et **RICHET** X. (sous la direction de),
La voie hongroise, *Calmann-Levy, Paris, 1985.*

Un ensemble de textes produits par des spécialistes de la Hongrie et d'éminents théoriciens hongrois autour de l'histoire et de l'analyse du « modèle hongrois », c'est-à-dire d'une tentative originale de planification décentralisée utilisant le système de prix dans une économie très largement extravertie.

LAVIGNE Marie,
Economie internationale des pays socialistes, *Collection U., Armand Colin, Paris, 1985.*

L'une des principales spécialistes françaises des pays socialistes offre avec cet ouvrage une synthèse claire et complète des relations économiques internationales des pays socialistes, entre eux, avec le Tiers-Monde et avec les pays capitalistes.

L'HERITEAU Marie-France,
Le Fonds Monétaire International et les pays du Tiers-Monde, *Idées — Collection Tiers-Monde, PUF, Paris, 1986.*

Un ouvrage qui fait le point sur le sujet fort controversé des relations entre FMI et PVD. L'auteur étudie l'accès des PVD aux ressources du FMI et la politique économique du FMI dans les PVD.

Histoire, Société

Antipode, *A Radical Journal of Geography, vol. 17, numbers 2 and 3, 1985, 186 p. (The Best of Antipode 1969-1985.)*

Cette revue américaine vient de fêter ses quinze ans de radicalisme géographique. Le numéro spécial ici mentionné rassemble vingt-six contributions, chacune prolongée par une bibliographie fournie. C'est à la fois un point de vue et un instrument de travail. Toute action humaine est localisée.

La géographie radicale étudie la façon dont les rapports sociaux structurent l'espace.

Dans son article de tête, R. Peet montre l'évolution des idées dans ce champ conceptuel, depuis vingt ans, aux USA. On note l'influence marxiste qu'y joua D. Harvey et son important ouvrage *Social Justice and the City (1973).* Dix sujets ordonnent le contenu de cette publication. En particulier : l'état de la géographie critique dans plusieurs pays (Etats-Unis, Grande-Bretagne, France, Danemark, Norvège, Suède) ; la théorie de l'espace et de la nature ; le Tiers-monde ; les questions urbaines. On y trouve également un sujet encore typiquement anglo-saxon : la géographie des femmes. J. Levy a signé la contribution française à ce travail.

Jean-Claude Delaunay

FURET François
Marx et la Révolution française, *textes de Marx présentés, réunis, traduits par Lucien Calvié, Flammarion, Paris, 1985, 279 p.*

Les éditions Flammarion nous proposent un recueil de textes de Marx sur la Révolution française présentés par Lucien Calvié auquel est adjoint un essai de François Furet. Cet ouvrage diffère des *Ecrits de Marx et Engels sur la Révolution française,* publiés aux Editions Sociales sous la responsabilité de Claude Mainfroy, par l'ampleur de la présentation du sujet dans son ensemble (F. Furet) et pour chaque texte en particulier, ainsi que par la décision de s'en tenir exclusivement aux textes de Marx.

F. Furet étudie le rapport de Marx à la Révolution française sur la base d'un découpage en trois périodes : 1842-1845 : le jeune Marx et la Révolution française ; le Marx de 1848 en face de 1789 ; 1851-1871 : Marx et l'énigme politique française. Une thèse, étayée par une connaissance précise des étapes de la pensée de Marx, unifie le propos de cet historien : l'interprétation développée par Marx à propos de la Révolution française est directement inspirée du libéralisme (B. Constant), et plus particulièrement des historiens libéraux de la Révolution française. Par là même, elle en reproduit les impasses et constitue une régression par rapport à l'interprétation de Hegel ouverte, selon F. Furet, sur l'espace de compréhension des événements révolutionnaires.

De fait, les points communs entre Marx et les libéraux sont nombreux : l'idée de la prééminence de la société civile sur l'Etat qui justifie la critique de la Révolution française en tant que révolution seulement politique ; le principe méthodologique d'une histoire européenne des révolutions centrée autour des cas anglais et français ; une conception déterministe de l'idée de révolution associée au thème de l'ascension de la classe bourgeoise ; enfin l'analyse de la lutte politique en termes de lutte de classes. Ainsi s'éclaire la vocation avortée du jeune Marx. S'il avait écrit l'histoire de la Convention mise en chantier pendant son séjour à Paris, Marx aurait été le dernier et le plus prestigieux historien libéral de la Révolution française. Il dispose en effet d'une théorie critique de la Révolution française définie comme le moment de l'abstraction politique, de l'imaginaire politique, de l'illusion politique. Cependant Marx choisit, dans l'*Idéologie allemande,* la voie du matérialisme historique et s'enfonce dans « l'incohérence philosophique » : « En voulant retourner contre les libéraux la lutte de classes, par l'élaboration d'une théorie matérialiste de l'histoire, Marx a fait des difficultés d'interprétation qu'ils avaient rencontrées des impasses philosophiques. La Révolution française a un sens, mais son déroulement n'est plus intelligible » (p. 65).

Les travaux de L. Calvié, associé à ce travail de F. Furet en tant que spécialiste de l'histoire de la pensée allemande [il est l'auteur d'une thèse d'Etat sur *Les intellectuels allemands, les réalités politiques allemandes et l'idée de révolution* (1789-1844), Paris-III, 1979], permettent d'évaluer la portée et les limites de la thèse de l'historien de la Révolution française. L. Calvié montre en particulier, dans un récent article (« Le renard et les raisins : variations de/sur l'idée révolutionnaire de Schiller au jeune Marx », in *Continuités et ruptures,* Ellug, 1986), en quoi le jeune Marx partage, avec sa génération, un sentiment à la fois d'attraction et de « répulsion » pour la Révolution française.

S'il faut rompre avec la Révolution française, trop politique, au nom de la révolution sociale et universelle, la nécessaire science de la politique n'a d'autre fondement empirique que l'expérience révolutionnaire française. C'est ainsi que le jeune Marx trouve, dans la Révolution française, des éléments du réel de la politique. F. Furet a négligé ces aspects de la pensée de Marx qui nous introduisent dans un ensemble de concepts stratégiques explicatifs de l'histoire de la Révolution française, donc opératoires dans la recherche historique [voir sur ce point, notre article « Die Rezeption des Französischen Révolution in den Texten des jungen Marx (1843-1848).

« Das Problem der politischen (jakobinischen) Sprache », in *Der Diskurs der Literatur — und Sprachhistorie*, Suhrkampf, 1983].

Jean Guilhaumou

HARVEY David
Studies in the History and Theory of Capitalist Urbanization,
Basil Blackwell, Oxford, 1985.
1. Consciousness and the Urban Experience. *XIX — 293 p.*
2. The Urbanization of Capital. *XVII — 239 p.*

L'ambition de ces livres est posée d'emblée sous une forme qui surprendra : « Il faut faire du matérialisme historique un matérialisme historico-géographique. C'est la géographie historique du capitalisme dont il s'agit de faire la théorie » (UC, XII). Marx, qui traite si fortement du temps, n'est certainement pas le seul théoricien à considérer l'espace comme une complication superflue. Si cette posture conduit toujours à abandonner les complexités du réel au positivisme, elle a pour les marxistes des inconvénients qui ne sont pas seulement scientifiques : « Employant un vocabulaire qui convient à des rapports de classes universels, (ils) trouvent des quartiers, des sociétés locales et des nations qui divisent la lutte de classes et l'accumulation du capital en des configurations étranges de développement géographique inégal » (CU, XIII). Cela nous le savions : la discussion sur l'impérialisme a déjà plus d'un demi-siècle. Mais justement, ses difficultés pourraient résulter de ce qu'elle « traitait du capitalisme *dans* l'espace sans examiner comment l'espace est produit et comment le procès de production de l'espace est partie intégrante de la dynamique capitaliste et de ses contradictions » (UC, XII).

Professeur à Cambridge après l'avoir longtemps été à Johns Hopkins University, flâneur à Paris, David Harvey est à mon sens l'une des grandes figures du marxisme anglo-saxon d'aujourd'hui. Il avait déjà entrepris d'introduire l'espace au cœur de la théorie marxiste dans *The Limits to Capital* (Basil Blackwell, 1982) en établissant avec la rigueur de l'analyste ce qui était chez Henri Lefebvre une intuition : le capitalisme a survécu grâce à la production d'espace urbain. Dans les deux livres qu'il nous donne aujourd'hui, Harvey va plus loin, dépasse ce qui me semblait être le biais économiciste de son dernier ouvrage, et aborde de façon plus globale la lancinante question de la reproduction jusqu'ici réussie du capitalisme.

The Urbanization of Capital examine comment le capital produit un cadre bâti et des configurations spatiales bien spécifiques qui lui sont une « seconde nature ». Celle-ci est une « objectivation dans le paysage » à la fois de la force productive du capital et des rapports sociaux qui lui sont nécessaires. La création de ce monde de plus en plus urbain est vitale pour la reproduction et l'accumulation : c'est pourquoi la ville est le lieu à la fois de luttes de classes intenses et de puissant conflits inter-capitalistes. Du même coup, l'expérience des individus et des classes est devenue elle-même urbaine et la formation de la conscience est enracinée dans la matérialité d'une vie quotidienne transformée. C'est pourquoi « l'urbanisation de la conscience doit être comprise en relation avec l'urbanisation du capital » (CU, 252). Aller aussi loin qu'un Simmel ou un Wirth, ou que les historiens de la « culture populaire » dans l'analyse des complexités de l'expérience quotidienne, mais en les ancrant solidement dans l'étude de l'espace du capital, tel est le projet de *Consciousness and the Urban Experience.* Deux livres qui voudraient n'en faire qu'un, même si l'auteur admet que le découpage qu'ils instaurent relève encore de la séparation, qu'il s'agit justement de surmonter, entre théorie et analyse historico-géographique (UC, XV).

The Urbanization of Capital montre d'abord comment la tendance à la suraccumulation dans la production de marchandises conduit à la mise en place d'un second circuit du capital, celui du cadre bâti, et d'un troisième, celui des investissements dans la science et la reproduction de la force de travail. Ces circuits, qui impliquent un déplacement dans le temps de la suraccumulation et donc reposent sur le système de crédit, peuvent momentanément absorber les surplus, mais seront périodiquement soumis à des formes de dévalorisation spécifiques (ch. 1). Parce qu'il doit réduire le temps (de circulation) le capital doit supprimer l'espace, ce qu'il ne peut faire qu'en produisant de l'espace (villes, systèmes de transport), dont les caractéristiques concrètes viennent bientôt faire obstacle au mouvement de l'accumulation (ch. 2).

C'est le capital financier, appuyé par l'Etat, qui va naître de cette contradiction car il permettra le déplacement des surplus du circuit productif au circuit du cadre bâti. Du même coup s'exacerbe la tendance à réaliser la valeur sans prendre la peine de la produire (ch. 3). La rente foncière, désormais intimement liée aux autres formes de capital fictif développées par le capital financier (ch. 4), est simplement une des médiations qui permet à la structure de classe de se transformer en différenciation de l'espace résidentiel (ch. 5). Mais le capitalisme est contraint de détruire sans cesse le paysage physique et social qu'il a construit à son image : les politiques locales et les alliances de classe particulières aux différentes régions urbaines constituent des réponses instables à cette « destruction créatrice » (ch. 6) qui préside aussi à la naissance et aux crises de l'idéologie planificatrice (ch. 7). Soulignant les liens historiques entre les crises de l'accumulation et les étapes de la révolution urbaine (tout particulièrement entre le fordisme et la « ville keynesienne », dont la crise actuelle est magistralement analysée : UC, 202-221), Harvey entend articuler solidement à la dynamique du mode de production les complexités des modes de vie urbains, des spécificités et des politiques locales. Bref, il montre qu'on peut accomplir la tâche devant laquelle un Castells, parmi d'autres, a fini par « faire défection » (UC, 124-125).

Ainsi, « disséquer le processus urbain dans sa totalité, c'est mettre à nu les racines de la formation de la conscience dans les réalités matérielles de la vie quotidienne » (CU, 251). C'est ce qu'entreprend de faire, sur un mode à la fois plus spéculatif et plus empirique, *Consciousness and the Urban Experience.* Ce volume, où la théorie prend le risque de l'histoire, est un délice d'intelligence. Le discours analytique, toujours tenté de clore car sa force consiste d'abord en sa cohérence, y touche ses limites, montre son efficacité en avouant ses failles, c'est-à-dire les points où il permet et demande une articulation avec des théories qui restent à faire : ainsi sur la famille (CU, 257-259). L'attention se déplace de l'énoncé des contradictions et des régulations du capitalisme « urbanisé » vers les fondements, les logiques sociales et les confusions nécessaires de la révolte, des luttes de classes. Celles qui ont pour objet ou pour terrain le cadre bâti et la ville sont au centre de l'étude (ch. 2). Spécifiées par l'accumulation capitaliste, elles sont aussi prises dans les déterminations plus générales de la société marchande, cette « communauté de l'argent » qui a « quelque chose de démocratique » (CU, 4), et révolutionne l'expérience du temps et de l'espace. Il y a dans ces pages le scalpel de Balzac et d'Henry James, l'inspiration de Lefebvre, le souffle de Marx (ch. 1).

Nous partons ensuite pour Paris où se nouent entre le 2 décembre et le Mur des Fédérés toutes les contradictions des structures spatiales, de la distribution de la plus-value, de la production et des marchés du travail, de la reproduction et de la formation de la conscience. Solidement appuyé sur l'essentiel de l'historiographie de la période, Harvey propose une lecture à la fois complexe et fondée en théorie, de toutes les faces de ce Paris du Second Empire, liant la fête impériale au fonctionnement des ateliers, le marché mondial aux spécificités de Belleville, le féminisme populaire aux fureurs des Versaillais. Cette articulation de la théorie et de la singularité historique est une entreprise assez rare pour être, je l'espère, discutée comme elle le mérite. Une recherche originale sur la construction du Sacré-cœur de 1870 à 1919 conclut joliment cette étude. J'y ai appris par exemple le surprenant chassé-croisé entre la basilique expiatoire, l'Opéra et la statue de la Liberté (ch. 4).

On le voit, je crois Harvey important pour nous, en France aujourd'hui. Ce n'est pas tant qu'il « résoud » les difficultés classiques de la théorisation marxiste en économie. C'est plutôt, qu'intégrant étroitement l'espace dans la théorie, il permet à celle-ci de mieux rencontrer l'expérience de nos sociétés urbanisées, ce quotidien qui mobilise aujourd'hui si fortement les sciences sociales hexagonales. Une théorie construisant à l'intérieur d'elle-même les concepts de ces notions molles, mais si importantes dans notre conjoncture intellectuelle : le local et la diversité de ses configurations, les modes de vie inscrits dans des espaces toujours singuliers. Voilà ce que n'ont guère su produire les marxismes français des années 70, voilà ce qui peut aider ceux qui ont entrepris de le faire.

Christian Topalov

I.R.M.
Cahiers d'Histoire, 1985, n° 21
La Pensée, janvier-février 1986, n° 249.

A l'occasion d'un colloque tenu en avril 1985 par l'Institut de recherches marxistes et portant sur « Marx et la Révolution française », les *Cahiers d'histoire* et *La pensée* proposent une série de textes particulièrement éclairants. Dans les *Cahiers,* publication des quatre rapports introductifs sur la trentaine de communications parvenues ; dans *La pensée,* publication de deux communications ainsi que de textes écrits après-coup, sous l'impulsion du colloque.

Si dans les *Cahiers,* Raymond Huard traite « Du jeune Marx au coup d'Etat du 2 décembre 1851 », Jean-Pierre Lefebvre cherche à voir si le silence relatif de Marx sur la Révolution française pendant la longue « gestation » du *Capital* ne masque pas une présence en filigrane de cette préoccupation, trahie par la réflexion sur les « voies de transition » au capitalisme. De son côté, Claude Mainfroy — dont l'anthologie *Sur la Révolution française — écrits de Marx et Engels* venait de paraître avant le colloque aux Editions Messidor — tente de saisir si la découverte de l'« autogestion » par Marx et Engels à l'occasion de la Commune de 1871 ne renoue pas avec certaines ébauches de cette même autogestion, certes encore confuses et contradictoires, lors des Cahiers de Kreuznach et Paris du « jeune Marx ». Antoine Casanova présente, lui, une synthèse finale, en lançant quelques questions ouvertes.

Dans *La pensée,* la communication de Guy Besse, « Accomplir et dépasser la Révolution française », tente entre autres de voir si le Marx de la Commune ne reprend pas — avec un travail de maturation — certains concepts humanistes des années 1842-1843. Cependant que la communication de Holzapfel et Zeuske s'attache au thème peu étudié de l'« illusion héroïque » : réelle, vraie en un sens tant que le front de classe antiféodal est indispensable pour balayer l'Ancien Régime, cette « illusion » peut amener ensuite certains leaders à se couper de la réalité ou/et à manipuler des masses dont croissent les antagonismes objectifs avec la bourgeoisie naissante.

Quant à la réponse de François Furet au texte envoyé par Lucien Sève après le colloque, elle témoigne à la fois du fait que les conflits se sont déplacés (le thème du « dérapage » n'est plus tant à l'ordre du jour), mais que les positions n'en sont pas moins divergentes : pour François Furet, Marx a manqué l'autonomie, la spécificité du « politique » et son analyse ne rend pas compte de façon satisfaisante des multiples changements de régime intervenus entre Thermidor et l'ascension de Louis-Napoléon Bonaparte. Du reste, l'abandon par le jeune Marx du projet — qui lui était si cher — d'écrire une histoire de la Convention ne suggère-t-il pas, ne confirme-t-il pas un embarras de Marx devant la dimension spécifiquement politique ? Thèmes que reprendra Furet dans son anthologie tout récemment parue chez Flammarion, *Marx et la Révolution française,* où les interprétations de Furet occupent d'ailleurs plus de place que les textes de Marx lui-même : pour François Furet, Marx, à la différence de Tocqueville, a sous-estimé l'autonomie, l'impact et la valeur de la *démocratie*...

Enfin, Paul Boccara, dans une contribution parue après le colloque et fort originale, recherche chez Marx et Engels — après la Commune, mais aussi à partir de quelques jalons des années 1843 — les linéaments d'une théorie et d'une pratique autogestionnaires, qui n'abolit pas le centralisme, mais le reconstruit fédéralement à partir de la base ; et qui peut déboucher aujourd'hui sur l'intervention des travailleurs dans les gestions...

Riche ensemble de travaux, à propos desquels on ne peut que regretter que l'IRM n'ait pas été en mesure de publier la totalité des communications et des débats. Signalons enfin, pour plus de précision, que le colloque se tenait avec le concours de la commission nationale de la recherche historique pour le bicentenaire de la Révolution française, dont l'actuel président n'est autre que Michel Vovelle.

Claude Mainfroy

JAULIN Annick
La peau du marxisme, *Trans Europ Repress, Toulouse, 166 pages.*

Le prétexte de ce livre est une lecture philosophique de Gramsci. Ce qui suffirait à en dire l'importance. Mais l'ambition de l'auteur, on s'en rend bientôt compte, ne se borne pas à cette contribution aux études marxologiques. Son « option philosophique » conduit Annick Jaulin à dégager des textes de Gramsci un enjeu central, « la question des idéologies » : « point stratégique dans le marxisme », elle l'est aussi dans toute approche théorique des représentations du social, et plus profondément, dans toute tentative moderne de penser l'histoire. Le moment idéologique est en effet celui où le regard « se reflète sur une matière qu'un acte historique a formé ou transformé ». En cela, la question de l'idéologie renvoie le philosophe à celle de la praxis. C'est-à-dire, à une position historiciste du problème des représentations, obligeant à considérer celles-ci non comme des produits, mais comme des processus. Le véritable historicisme « ne se réfère pas à l'évolution constituée dans une (...) histoire sans sujets historiques, mais (...) insiste au contraire sur ce qui derrière l'histoire, la constitue : la praxis, sur la constitution de l'histoire par des *faire* et des *agir* concrets ».

C'est donc comme fondateur d'une philosophie de la praxis que Gramsci est convoqué ici. Interroger la praxis, c'est déplacer la coupure traditionnelle entre théorie et pratique, y compris dans la genèse du discours philosophique lui-même : si la philosophie est « la forme (...) sous laquelle les hommes se représentent leur rapport au monde », elle est, ou plutôt, elle fait histoire ; « Ne doit-on pas conclure, dit Gramsci, que l'*historicité* de la philosophie ne signifie rien d'autre que sa *praticité* ? »

Le premier objet d'une réflexion sur la praxis est la production du sujet pensant (sujet philosophique, capable, ou sujet idéologique, incapable, de se réfléchir), comme sujet organisant. Intervenir en paroles, en représentations, c'est agir sur l'organisation des rapports sociaux. La praxis devient « force organisative matérielle », écrit Annick Jaulin au terme d'une éclairante analyse, « l'expression des forces est organisation ».

L'unité dialectique des formes représentatives et des forces organisatives conduit une exigence théorique majeure : la critique de la topique des superstructures. Gramsci la mène à partir d'une double position : les structures sont l'objectivation de forces humaines, qui ne peuvent être purement matérielles, et, comme le rappelle Annick Jaulin, « les superstructures sont des structures », « elles ont une réalité matérielle ». La pensée dynamique que requiert une philosophie de la praxis, c'est-à-dire de l'historicité active des représentations, est mobilisée ici pour ébranler le cadre binaire et statique de la topique. « Il faut donc cesser de distinguer structure et superstructure comme matière et conscience, essence et apparence. »

La puissance d'organisation du réel que contient l'idéologie, force matérielle, se manifeste dans ce que Gramsci appelle, après Sorel, « bloc historique ». Annick Jaulin se livre à une étude serrée des textes, notamment des *Cahiers de prison,* où la philosophie gramscienne de la praxis tente de rendre compte du procès de production et d'organisation de la structure à travers des superstructures qui la mettent en scène, lui confèrent à la fois un présent et des limites.

On ne peut que souligner l'intérêt d'une telle entreprise, qui enrichit tant les études marxistes que la réflexion anthropologique sur l'activité de « production de la société par elle-même », et sur le mouvement concret de « constitution de l'organisme social ».

Elisabeth Guibert-Sledziewski

LACLAU Ernesto, **MOUFFE** Chantal
Hegemony and Socialist Strategy : Towards a Radical Politics,
Verso, Londres, 1985.

Ernesto Laclau est sociologue, auteur de *Politics and Ideology in Marxist Theory* (Verso, 1977), il analyse des théories marxistes du fascisme dans laquelle il fait une utilisation originale du concept althussérien d'interpellation. Chantal Mouffe est spécialiste de Gramsci ; elle a assuré la responsabilité du recueil d'articles *Gramsci and Marxist Theory* (Routledge, 1979). Leur œuvre commune se situe dans la problématique de l'après Marx. Remettant en question la conception que se font traditionnellement les marxistes de la nécéssité historique, ils cherchent à élaborer une logique de la contingence. L'entreprise impose la déconstruction d'un certain nombre de concepts fondamentaux de l'orthodoxie marxiste : classe sociale, détermination en dernière instance, superstructure et infrastructure, société. Le concept charnière, qui engage la déconstruction de l'édifice orthodoxe, et que les auteurs s'efforcent de développer et de radicaliser à partir des intuitions de Gramsci, est celui d'*hégémonie.*

L'ouvrage commence par une étude historique : les auteurs analysent l'apparition du concept dans le marxisme de la Deuxième Internationale (Rosa Luxemburg, Kautsky, Bernstein, Sorel), son développement dans l'entre-deux guerres (Lénine, Trotsky, la tradition social-démocrate et le planisme, et, bien sûr, Gramsci). Cette partie historique est d'un grand intérêt.

Dans un second temps, les auteurs s'efforcent de mettre en place autour de la notion d'hégémonie un système conceptuel qui permette de penser la contingence historique. Pour résumer grossièrement leurs thèses principales : il n'y a pas de société, totalité fermée et suturée (concept emprunté aux lacaniens), il y a du social, champ ouvert, et champ de pratiques discursives (« tout objet est constitué comme objet de discours » — on entend là l'influence du concept de formation discursive chez Foucault). Corrélativement, il n'y a pas de sujet, individuel (le prolétaire) ou collectif (le prolétariat), mais des positions subjectives (plusieurs peuvent coexister dans le même individu). Les concepts qui permettent de penser ce champ discursif sont ceux d'articulation, d'antagonisme (qui n'est pas contradiction) et d'hégémonie. La vieille problématique essentialiste de la classe, de l'origine et de la position de classe, et de la représentation (de la classe par le parti) est renvoyée aux poubelles de l'histoire (les auteurs ont une dent contre la pensée philosophique du président Mao).

Un dernier chapitre tire les conséquences politiques de cette élaboration conceptuelle. Il analyse les prétentions hégémoniques du libéralisme de la nouvelle droite dans les pays industriels avancés, et propose pour la

« gauche » une stratégie de révolution démocratique radicale (au sens anglo-saxon de ce terme).

Pour apprécier l'intérêt de ce livre, il faut distinguer soigneusement le bébé de l'eau du bain.

L'eau du bain. Chacun connaît le réductionnisme impénitent de l'analyse marxiste orthodoxe, l'étonnante capacité qu'elle a de proposer les vieilles réponses avant même que les questions nouvelles aient été formulées, le retard qu'elle prend souvent devant l'émergence d'un mouvement social de type nouveau. Les analyses de Laclau et Mouffe au contraire attirent l'attention sur la richesse et la diversité du champ socio-politique, sur son incessant changement, conséquence de son ouverture. Elles sont donc riches de virtualités descriptives. La réhabilitation de la lutte pour la démocratie, le refus de l'instrumentaliser, la prise en compte des nouveaux mouvements sociaux — féministes, écologistes, homosexuels — et le refus de les subordonner à la lutte de la classe ouvrière, sont des éléments positifs.

Le bébé. En premier lieu, la méthode déductive sent son marxisme scolastique : symptôme de crise du marxisme plutôt que solution. On se prend à rêver de l'analyse concrète d'une situation concrète — ces analyses restent à l'état de virtualités et sont décevantes. Plus sérieux : pousser jusqu'au bout, et avec une grande cohérence, la logique de la contingence, c'est se priver de tout principe d'intelligibilité de la situation historique. Cette pensée est tournée vers le passé : elle est plus apte à décrire la diversité des formations discursives dans une conjoncture close qu'à fournir un guide pour l'action. De fait les propositions stratégiques des auteurs sont entièrement dépendantes de la contingence de la conjoncture actuelle (ce sont des réactions plus que des actions) : s'opposer au bloc hégémonique que cherche à constituer la nouvelle droite (mais on ne voit plus très bien au nom de quoi) ; développer et radicaliser la révolution démocratique des deux derniers siècles. Bref, nostalgie du Welfare State et de l'avant-Thatcher. Je sors de la lecture de ce livre plus orthodoxe que je n'y suis entré.

Je ne veux pas finir sur cette note triste. Déconstruire nos concepts les plus vénérables et les plus chers, secouer nos certitudes les plus engourdies est une œuvre salutaire : il faut lire Laclau et Mouffe. Et il faut lire aussi la critique qu'en donne E.M. Woods, dans *The Retreat from Class* (Londres : Verso, 1986, chap. 4).

Jean-Jacques Lecercle

MEIKSINS WOODS Ellen
The Retreat from Class, *Verso, Londres, 1986 — 202 p.*

Au nom d'un marxisme authentique, puisé dans les textes, cet ouvrage polémique dirige ses attaques contre de malheureux dévoyés : Poulantzas, Stedman-Jones, Laclau et Mouffe, Hindess et Hirst. Derrière tout ce courant qui domine la pensée de gauche anglaise se cache en réalité le véritable inspirateur de ce nouveau *True Socialim,* Louis Althusser dont le péché originel aurait été une « méthodologie obsessionnelle ». Selon Meiksins Woods, tous ces auteurs sont coupables de n'avoir pas su reconnaître dans le marxisme une théorie matérialiste fondée sur l'analyse de la production et de la lutte des classes menée par le prolétariat. La démarche nous rappelle celle de Rancière dans sa *Leçon d'Althusser*. Déçus par le prolétariat des pays occidentaux qui tardent à se faire une conscience révolutionnaire, ces auteurs en auraient conclu que « les idées fausses viennent de la pratique ». Un marxisme coupé de la pratique ne pouvait que les conduire à une révision du marxisme. Pour eux, le marxisme n'est qu'une théorie qu'ils expriment pratiquement. Ce point de départ les oriente successivement vers des formes de politicisme, de politique culturelle, vers un travail de persuasion du peuple-nation par des élites intellectuelles qui apportent leurs lumières aux opprimés. « Au début, et à la fin, il y avait la Parole, la Parole était en Dieu et Dieu était la Parole, sujet final incarné en... Laclau et Mouffe ? » (p. 49).

Sans faire, étrangement, la moindre référence à Gramsci, Ellen Meiksins Woods établit une conjonction entre ces « erreurs » et la politique de l'Euro-communisme. Puisqu'ils ne croient plus au prolétariat, les auteurs dénoncés par Meiksins se replient sur le peuple-nation tel qu'il s'exprime dans des mouvements sociaux tendant à la création d'une démocratie de base. Dans un long chapitre elle nous explique que la démocratie, même celle d'un peuple militant, n'a rien à voir avec la lutte de classes marxiste.

Ce livre est donc un manifeste « fondamentaliste » contre les « incroyants ». Laissons de côté le style brutal qui nous rappelle *L'idéologie Allemande*. Il reste vrai que le marxisme dans le monde anglophone, et pas seulement là, a traversé au cours des dix dernières années une période difficile faite de révisions. Le débat s'est déplacé du niveau de l'analyse des contradictions du mode de production vers une analyse des contradictions des formations sociales. Et cela a abouti à un discours qui tourne autour de l'*hégémonie*. Les gens de gauche ont été conduits à repousser le rôle des mouvements sociaux et de la démocratie (rapport individu/Etat) d'une façon très peu traditionnelle, en tous cas très peu léniniste. Cela dit, il n'est pas vrai que le discours dénoncé par Meiksins Woods soit dépourvu de base *classiste*. On ne peut admettre davantage qu'il réduise la transition au socialisme à une simple politique de lutte des hégémonies, ni que cette lutte puisse être menée dans l'ignorance des contradictions objectives qui la conditionnent.

Meiksins Woods ignore l'histoire du marxisme et du mouvement ouvrier que beaucoup de ceux qu'elle dénonce ont vécue. Il y a un vide dans son livre entre les textes de Marx (et parfois de Lénine) et les textes qu'elle critique. Elle fait de la philosophie d'une façon que Marx lui-même a condamnée lorsqu'il préconisait de comprendre ce qui s'est passé dans l'histoire et non de regarder à travers l'histoire. C'est une méconnaissance de la réalité historique qui explique, semble-t-il, la fixation de l'auteur sur l'hégémonie qui ne serait pas étayée par une analyse des classes.

Si l'on ne croit pas à une lutte (du prolétariat) classificatrice des positions de classe tant au niveau de la pratique que de l'idéologie, c'est que l'analyse des rapports de classes contemporains nous montre (par exemple Sylos Labini) que la polarisation des classes précitée par le *Manifeste* n'a pas eu lieu. Il reste des combinaisons de classe bizarres qui découlent en fait de l'ordre économique mondial impérialiste. Les auteurs visés par Meiksins Woods en sont pleinement conscients. Tout au plus pourrait-on leur reprocher de ne pas avoir explicité tout ce fondement historique dans leurs analyses des classes. Le grand mérite de ce livre sera sans doute de provoquer un débat sur les limites d'une politique fondée sur les mouvements sociaux. J'irais même jusqu'à concéder à Meiksins Woods qu'une lutte démocratique des mouvements sociaux ne pourra déboucher sur une révolution socialiste. Mais cela n'a rien à voir avec un verdict explicite ou implicite qui aurait été prononcé par Marx, c'est parce que l'histoire, surtout celle du PCI, nous montre les limites d'une stratégie fondée sur les mouvements sociaux dans un seul pays.

Alastair Davidson

WRIGHT Erik Olin
Classes, *1985, Verso, Londres.*

E.O. Wright enseigne la sociologie à l'Université de Wisconsin. Il est l'auteur de *Class, Crisis and the State* (Londres, New Left Books, 1978), dans lequel, en polémique avec l'œuvre de Poulantzas, il analysait les classes ou couches non polaires de la société capitaliste (petite bourgeoisie, etc.) grâce au concept de « position contradictoire dans les rapports de classe ». En un mot, la position de classe des petits bourgeois, par exemple, était définie par leur appartenance contradictoire, en divers aspects de leur être de classe, à la bourgeoisie et au prolétariat.

Classes reprend et dépasse cette position. L'objet de l'ouvrage est la construction d'un concept marxiste de classe. Wright appartient en effet à l'école du « marxisme analytique » (cf. G. Cohen, *Karl Marx's Theory of History : a Defence,* Oxford, OUP, 1978 ; J. Elster, *Making sense of Marx,* Cambridge, Cambridge University Press, 1986 ; J. Roemer, ed., *Analytical Marxism,* Cambridge, Cambridge University Press, 1986), qui se donne pour tâche la clarification et la reconstruction des concepts fondamentaux du marxisme.

Les problèmes que Wright cherche à résoudre sont bien connus : la position de classe des « couches moyennes » et l'extension du prolétariat dans les sociétés capitalistes avancées ; l'existence et la nature des classes dans les sociétés post-capitalistes du « socialisme réel ».

La méthode est symtomatique : Wright part de la construction méthodique du concept de « position contradictoire dans les rapports de classe » : le contexte empirique, la définition de six « contraintes sur le concept » (les conditions qu'il doit remplir pour être un concept *marxiste*) les solutions concurrentes (la « classe moyenne », la « nouvelle classe », etc.), la formulation du concept et de son champ d'application, et enfin les problèmes qu'il laisse en suspens. La préoccupation épistémologique est évidente, ainsi que la volonté de scientificité : le concept produit est falsifiable, il se prête à comparaison avec les concepts concurrents.

Par rapport au texte de 1978, le centre du concept ne change pas fondamentalement : à côté des deux classes polaires du capitalisme, il y a place pour d'autres classes, dont la position est contradictoire, autrement dit dont l'appartenance est multiple. Ce qui change, c'est la définition des classes dans leur rapport. Pour Wright en effet, le concept de classe est relationnel, les classes se définissent dans le rapport d'exploitation qui les lie. Ce qui était en 1978 pensé comme *domination* l'est en 1985 sous le concept d'*exploitation.* Wright est influencé par la théorie de l'exploitation de l'économiste américain J. Roemer (*A General Theory of Exploitation in Class,* Cambridge, Mass., Harvard University Press, 1982).

Les types de structure de classe, c'est-à-dire les modes de production, sont caractérisés par la distribution inégale d'une ou plusieurs catégories de biens et par un mécanisme d'exploitation qui organise cette inégalité. Ainsi, dans la société capitaliste, l'aspect dominant est la répartition inégale des moyens de production, le mécanisme d'exploitation et l'échange sur le marché de la force de travail et des marchandises. Mais d'autres inégalités coexistent avec celles-ci : dans la répartition du « pouvoir d'organisation », c'est-à-dire de la position hiérarchique, et dans celle des « qualifications techniques », qui définissent les experts. L'intérêt de la table des structures de classe ainsi produite est qu'elle prévoit deux structures de classe post-capitalistes : l'étatisme (le bien inégalement réparti est le pouvoir d'organisation, le mécanisme d'exploitation, l'appropriation planifiée du surproduit fondée sur la hiérarchie) et le socialisme (le bien inégalement réparti est la qualification, le mécanisme d'exploitation, la redistribution négociée du surproduit entre les experts et les travailleurs). Bureaucrates et travailleurs, experts et travailleurs : les sociétés post-capitalistes sont donc bien des sociétés de classe.

L'extrême intérêt du livre apparaît donc clairement. Il met au centre de la problématique le concept d'exploitation, repense le concept de mode de production, analyse la diversité d'existence des couches moyennes en fonction de leur rapport à divers types d'exploitation (et pas seulement par rapport à la possession des moyens de production). Il est également facile de voir ce qui prête à la critique : une forme d'empirisme et de positivisme qui privilégie la taxinomie des classes par rapport à leur lutte, sous-estime le politique et l'idéologique au profit des intérêts objectifs (qui sont le fondement de la conscience de classe telle que Wright la définit). Mais on aurait tort de négliger les théories de Wright : elles renouvellent la problématique marxiste des classes, et elles soutiennent une recherche empirique, sur la structure de classe aux USA et en Suède, de très grand intérêt.

Jean-Jacques Lecercle

Histoire du marxisme

ARNDT Andreas
Karl Marx. Versuch über den Zusammenhang seiner Theorie,
Germinal Verlag, Bochum, 1985, 284 p.

Le fil conducteur est fourni par l'intérêt immanent au travail proprement marxien. On distingue soigneusement entre ce qui vient de Marx (et d'Engels) et ce qu'a par la suite ajouté l'histoire du marxisme. De façon conséquente cette démarche historique est aussi appliquée à Marx lui-même. Au lieu de compiler des fonds issus des différentes phases biographiques en une théorie unitaire, Arndt prend en compte les stades distincts de l'élaboration et met ainsi en lumière dans leur statut théorique spécifique les solutions partielles, les ébauches de problèmes et les champs thématiques laissés ouverts. Il évite ainsi deux variantes courantes de l'interprétation, également dogmatiques : la construction d'une doctrine close et l'affirmation d'un progrès linéaire de la connaissance. Le résultat de cet effort méthodique est la reconstruction de la théorie de Marx comme procès de recherche, compris comme une « entreprise ouverte et toujours en cours ».

A l'opposé de bien des purifications ultérieures, dont on retrouve aussi la trace dans la vieille édition des Œuvres de Marx et d'Engels (MEW), on nous donne ici à voir comment l'étudiant Marx a d'abord échoué dans ses études juridiques et philosophiques (sur la logique), jusqu'à ce que, par des détours et sous la contrainte de son activité de rédacteur à la *Rheinische Zeitung*, il en arrive à des thèmes qui devaient par la suite se révéler théoriquement pertinents. Ainsi les *Manuscrits philosophico-économiques* de 1844, qui pour les uns représentent le noyau d'un Marx humaniste qu'on doit aussi retrouver dans l'œuvre ultérieure, et pour les autres la preuve d'une coupure entre le Jeune Marx et celui de la maturité, sont-ils interprétés comme étape intermédiaire au sein d'un procès de recherche, étape à laquelle Marx, utilisant des concepts philosophiques traditionnels, s'approche d'un objet scientifiquement spécifique. De même la position intermédiaire de *L'idéologie allemande*, œuvre dans laquelle Marx réélabore le matériel empirique sans reprendre les termes spéculatifs de Hegel mais sans développer non plus ses propres instruments théoriques.

Cette présentation conduit aussi à remettre en cause l'influence souvent affirmée de Feuerbach sur Marx.

Ces exemples montrent que la ligne de tradition qui conduit à Marx n'est pas sans discontinuité : il faut rejeter le schéma laborieux qui va du matérialisme de Feuerbach et de la dialectique de Hegel au matérialisme dialectique, aussi bien que l'idée d'une application immédiate de la dialectique hégélienne. Arndt montre de façon convaincante que Marx après ses essais initiaux s'écarta totalement de Hegel et que ne n'est que plus tard, dans la *Critique de l'économie politique,* sur la base de données empiriques réélaborées théoriquement, qu'il osa renouer avec Hegel.

Le rapport entre empirie et spéculation constitue du reste le leitmotiv thématique de la suite de cette recherche, notamment du chapitre final sur la « dialectique », dont il faut souligner qu'il constitue l'un des rares travaux de synthèse proposés par l'auteur sur un complexe théorique non explicité par Marx. Sachant d'expérience que la métaphore indéfiniment répétée du « retournement », du « remettre-sur-ses-pieds » n'éclaire guère la relation Hegel-Marx, Arndt s'appuie sur les écrits de critique de l'économie politique et analyse le problème sous l'angle d'une critique de l'empirisme au moyen de la dialectique. Il parvient à ce résultat paradoxal : grâce aux moyens critiques de Hegel, Marx va de l'avant contre l'empirisme des économistes Smith et Ricardo, mais inversement sa compréhension théorique plus profonde des articulations de l'empirie lui permet en même temps de dépasser la dialectique spéculative de Hegel. Cela signifie critique des généralisations empiriques insoutenables telles que *la* société, *l'*histoire ou *la* dialectique. Et cela signifie développement de catégories différenciantes comme celle de rapports sociaux ou celle de formation sociale. La dialectique donne lieu à un concept de contradiction spécifique de l'objet, qui ne renvoie plus — comme c'était le cas chez Hegel — au primat d'une unité prédonnée mais découle d'éléments autonomes à l'intérieur d'un ensemble déterminé, qui éclate dans la crise économique. La référence à cette critique et à cette différenciation sont de nature à nous mettre à l'abri de l'universalisation injustifiée et du dogmatisme. Tout cela est présenté d'une façon agréablement sobre, ni apologétique ni dépréciative, dans un grand respect des textes.

Johannes Rohbeck
traduit par J. Bidet

SANTUCCI Antonio
Nueve lettere de Antonio Gramsci e altre lettere di Piero Sraffa, *prefazione di N. Badaloni, Editore Riuniti, Rome, 1986, 110 pages.*

Sept lettres de Piero Sraffa à Tatania, la belle-sœur de Gramsci viennent de voir le jour en Italie grâce à la diligence de Antonio A. Santucci et de l'Institut Gramsci. Le petit volume des Editori Riuniti (Biblioteca minima du Centro Mario Rossi) comprend six lettres inédites de A. Gramsci et quelques autres documents, ainsi qu'une préface de M. Baladoni contenant des informations et une première réflexion sur le rapport Sraffa-Gramsci. Rappelons que Antonio Gramsci est en prison à Turin, que sa femme Giulia

Schucht vit à Moscou avec ses deux fils (Delio et Giuliano), que sa belle-sœur Tatiana Schucht vit à Rome et sert d'intermédiaire entre A. Gramsci, sa femme et Piero Sraffa qui est lui-même en rapport avec Togliatti.

On saisira d'emblée en lisant ces lettres le rôle décisif que joue Sraffa sur tous les plans, dans la vie de son ami emprisonné. Quant à l'échange intellectuel il concerne diverses questions : les conceptions économiques de Machiavel, l'importance philosophique de Ricardo pour la naissance du marxisme, la question des intellectuels, les sciences naturelles et leur place (ou leur absence) dans la culture philosophique italienne, les conceptions économiques de Keynes, etc. La correspondance Gramsci-Sraffa est évidemment du plus grand intérêt pour bien des raisons, mais entre autres pour l'approfondissement de notre connaissance des *Cahiers de la prison* et pour mieux éclairer la question des rapports de Sraffa à la pensée marxiste.

Signalons que N. Baladoni publie dans sa préface plusieurs extraits de lettres encore inédites qui se trouvent dans des archives de la Fondation Gramsci à Rome. Après un premier examen des différents aspects du rapport intellectuel qui s'établit entre Gramsci et Sraffa, N. Badaloni conclut ainsi : « On ne peut exclure pourtant une certaine tension intellectuelle entre Gramsci et Sraffa, tension qui affleure dans les *Cahiers*, apparaît plus évidente dans la correspondance directe et indirecte encore inédite (souhaitons qu'elle pourra être rapidement publiée) et que l'on peut déjà reconnaître dans les lettres ici publiées ». Nous faisons notre souhait. On peut espérer que nous disposerons de ces textes encore inédits en 1987, année du cinquantenaire de la mort de Gramsci. Signalons dès à présent que le *« Centro Mario Rossi per gli studi filosofici »*, dirigé par G. Prestipino, organise du 6 au 9 mai 1987 un colloque international sur « La philosophie de Gramsci et les perspectives du marxisme contemporain ».

Jacques Texier

LABICA Georges
Etudier Marx, *Editions du C.N.R.S., Centre de Publication de Paris, 1986*

Le séminaire annuel du Centre de philosophie politique, économique et sociale dont le directeur est Georges Labica donne lieu à une publication régulière. Les nombreux chercheurs qui y participent ont donc le double intérêt d'une discussion libre et serrée de leurs propositions et d'une publication relativement rapide de leur communication.

Dans sa contribution à ce recueil, Saen-Yang Kha retrace les étapes du débat qui se déroula en Chine de 76 à 80. A la suite de la chute de la « Bande des Quatre », il s'agissait, par une appréciation correcte du rôle de la pratique, de libérer le pays de l'emprise de la pensée de Mao. Pour sa part, Kha intègre de façon dialectique le but dans la pratique, sans lui ôter son caractère matériel. Quant à l'autonomisation du Parti par rapport aux masses, son explication met en jeu la catégorie d'aliénation, authentiquement marxiste et applicable à la Chine actuelle.

G. Bensussan réfléchit lui aussi sur ces phénomènes de crise qui affectent périodiquement le rapport du marxiste à la lutte des classes. Mais sensible à la pluralité des marxismes façonnés par leur fusion avec une idéologie et un mouvement ouvrier préexistants, il refuse l'opposition norme/déviation. Le marxisme ne peut relever le défi qu'en produisant une analyse de son institutionnalisation. L'œuvre de Bloch et de Benjamin constitue une féconde incitation à une critique marxiste du marxisme.

Jean Robelin met en lumière les fils qui rattachent chez Marx et Engels vision du communisme, analyse de la classe ouvrière et appréciation de ses luttes. Il oppose deux versions successives de cette séquence théorique. La première, héritant de la philosophie allemande et d'une idéologie ouvrière spontanée, définit le prolétariat par son exclusion radicale et l'appréhende comme force productive. Le communisme est alors simple socialisation des forces productrives grâce à l'appropriation collective, et à l'association des individus. La seconde version, qui débute avec la gestation du *Capital*, relativise la portée de la soumission formelle (salariat) par rapport à la soumission réelle (machinisme). Celle-ci permet de caractériser le prolétariat par les pratiques qui le mettent en rapport avec les moyens de production et par ses formes de résistance au capital. Parallèlement à une réévaluation de la forme-coopérative, le communisme devient alors socialisation de la force de travail c'est-à-dire que la suppression de l'appropriation capitaliste se conjugue à la direction des producteurs sur l'économie.

Je ne dis rien ici du texte de J. Bidet, dont les thèses sont exposées dans le compte rendu de son livre *Que faire du Capital ?* par Pierre Dardot. Son interprétation de Hegel est en tous cas aux antipodes de celle de C. Colliot-Thélène qui soutient qu'un concept du savoir opposé à celui de Hegel serait impossible et que Hegel ne confond pas plus la genèse du concret intelligible et du concret réel que ne le fait Marx dans l'*Introduction de 57*. Elle montre sur des exemples comment la lecture de la *Logique* entreprise par Marx en 57/58 a marqué la discursivité du *Capital*.

S. Mercier-Josa qui consacre son étude aux rapports du jeune Marx et de Hegel donne une lecture anthropologique de la thèse hégélienne de la nullité de l'objet qui annoncerait la critique marxienne de la réification et du fétichisme. La proposition hégélienne « la conscience de soi est dans son être-autre en tant que tel près de soi-même » deviendrait chez Marx la naturalisation de l'homme et l'humanisation de la nature au terme d'un processus. L'auteur n'en réfute pas moins la thèse de G. Haarscher qui voit dans les *Manuscrits de 44* une hyperbole du spiritualisme hégélien. Car chez le jeune Marx, le devenir-sujet de l'objectivité à travers le travail n'a rien à voir avec sa résorption/sursomption dans la pensée. S. Mercier-Josa éclaire enfin la genèse du concept marxien d'aliénation à partir du renversement des concepts hégéliens de volonté libre et d'*Entaüsserung* (dessaisissement de la singularité qui ouvre à la conscience de soi l'accès à l'universalité et à la substantialité).

J. Texier exhibe dans l'*Idéologie allemande* et les *Grundrisse* le complexe catégoriel qui distingue la vision marxienne de l'histoire de l'idéalisme et du matérialisme naturaliste. Elucidant les concepts de formation économique de la société et de travail comme pratique autotransformatrice, il rappelle qu'il n'y a pas chez Marx d'antagonisme entre l'homme et la nature et que si le communisme met fin à cette naturalité du développement social qui affecte selon des modalités diverses les époques antérieures, ce n'est pas par la suppression des déterminations objectives de l'activité mais par leur contrôle conscient par les individus.

Quant a T. Andréani, c'est à un type de société qui fait problème pour les marxistes qu'il confronte les concepts du matérialisme historique. Il avance le concept de mode de production domestique des sociétés archaïques, distinct du mode de production familial-primitif, comme du mode de production familial-patriarcal des sociétés précapitalistes plus évoluées. Il le caractérise comme une société de classes, les femmes et les cadets y subissant une exploitation. Il refuse l'idée d'un mode de production lignager qui présuppose l'interprétation des systèmes de parenté comme rapports de production et réaffirme le rôle déterminant du procès de production immédiat.

Françoise Bellue

LABICA Georges
Le marxisme-léninisme, *Editions Bruno Huisman, Paris, 1984, 144 p.*

Ce mélange détonnant de férocité et de bonhomie nous livre l'histoire de la déchéance du marxisme en « marxisme-léninisme », dont la clé est évidemment la constitution d'une doctrine critique et anti-étatique en idéologie d'Etat revêtant l'éternité de la philosophie. Le marxisme-léninisme disloque la science de l'histoire voulue par Marx en un emboîtement de théories générales, dont la cohérence est assurée par un matérialisme dialectique érigé en méthodologie générale dominant et remaniant les savoirs par la « bolchevisation » de la philosophie : la direction politique stalinienne cautionne sa main-mise sur la théorie. Si le marxisme-léninisme se présente comme un corpus cohérent et bien constitué, la généralité même de ses thèses les rend interchangeables et adaptables à tout revirement politique. L'historicisme (le marxisme-léninisme se prétend marxisme de l'époque de la dictature du prolétariat) renforce la constitution d'une « science » universelle et achevée dans un formalisme par définition à géométrie variable.

L'enquête très convaincante de l'auteur montre comment la constitution du marxisme-léninisme est partie prenante de la prise de pouvoir stalinienne qui façonne un centre politico-idéologique unique auquel la totalisation philosophique sert de ciment. La fermeture de la systématisation philosophique reproduit la clôture d'un pouvoir qui militarise la lutte de classes. Le marxisme-léninisme donnerait là la vérité pratique du fonctionnaire de l'universel hégélien, porte-parole de la bureaucratie au pouvoir. S'il est vrai que l'idéologie est un langage, la philosophie est un lieu privilégié du pouvoir stalinien, puisque c'est en elle que s'élabore la langue de bois de ce pouvoir, qui définit un mode de pensée étatique et nationaliste avec ses justifications, son ritualisme, ses rectifications qui définissent les déviations politiques.

La prétendue destalinisation ne rompra pas avec ces schémas. A la pseudo-critique du culte de la personnalité, elle ajoute le reproche dérisoire à Staline d'avoir ignoré Hegel, comme si le petit-père des peuples n'était pas le véritable hégélien pratique grâce à qui la philosophie a dit ce qui était : la réalité du pouvoir d'État. Comme si le matérialisme dialectique n'était plus philosophie officielle, tirant à soi toutes les découvertes scientifiques dans une interprétation générale qui reste la caution d'un pouvoir d'État.

L'évidente collusion entre le triomphe de la prétendue philosophie marxiste et l'érection d'un État qui n'a plus rien de dépérissant permet à l'auteur d'interroger de nouveau le statut de la philosophie en termes radicaux. Si l'universalité philosophique n'est que la version théorique de celle de l'État, ne faut-il pas comprendre le marxisme comme affirmant le lien indissoluble entre dépérissement de la philosophie et dépérissement de l'État ? Rendre au marxisme sa force critique, n'est-ce pas rendre ses droits au travail du particulier, une analyse des rapports sociaux quasiment disparue en son sein, contre le travail de l'universel ?

Il existe pourtant, historiquement, un travail philosophique du marxisme. L'auteur prévient l'objection ; la philosophie marxiste est composée d'interventions qui sont des réactions. Les penseurs qui ont échappé au stalinisme (Bloch ou Korsch) ont ainsi élaboré une critique de la philosophie étatique du matérialisme dialectique. Mais cette philosophie prise de position serait amenée à dépérir avec la lutte dans laquelle elle prend position.

Ces thèses rejoignent l'inspiration du Korsch des années 30, qui écrira dans son *Karl Marx* que le marxisme est étranger à un mode d'exposition philosophique. Peut-être accordent-elles trop au mouvement historique du communisme. Si la philosophie se définit par son statut duel (ce qui renvoie à l'authentique tradition léninienne), le dépérissement de l'antagonisme général des classes et de l'Etat suffit-il à la faire dépérir ; ne renaîtra-t-elle pas des contradictions sociales qui se maintiendront, liées par exemple à la division du travail dont la disparition n'est pas une évidence ? L'exigence d'une critique interne du processus historique n'est-elle pas incontournable s'il est vrai que ce processus n'a rien de transparent, même sous le communisme ? Une telle critique des butées et des fermetures de l'histoire ne sera-t-elle pas encore une tâche philosophique ? Ces questions contiennent une demande adressée à l'auteur : confronter sa prise de position avec les perspectives ouvertes par un homme qu'il est un des rares à connaître, Labriola.

Jean Robelin

MERCIER-JOSA Solange
Retour sur le jeune Marx, *Méridiens-Klincksiek. Paris 1986. 335 pages*

Le livre renouvelle la problématique « des trois sources » en suivant Marx dans ses premières expériences pour faire travailler la dialectique hégélienne, et préfère l'enquête précise sur les textes à la délimitation d'un « vrai » Marx, caution d'une orthodoxie. Marque du malaise persistant dans la saisie de ce travail marxien, deux versions opposées, dont le livre se démarque, s'affrontent : la théorie althussérienne d'une rupture tendancielle de Marx avec la dialectique hégélienne ; une conception érigeant le marxisme en une ontologie de la pratique, qui n'aurait cessé de renforcer les effets spiritualistes et idéalistes de l'hégélianisme, aboutissant à l'érection d'une pratique totalitaire et donnant lieu à l'élaboration d'un mythe historique communiste. Cette tendance se cristallise dans les livres de G. Haarscher, *l'Ontologie de Marx*, Bruxelles, 1980, et de Michel Henry, *Marx*, 1976.

La première étude porte sur les *Manuscrits de 1844,* dans lesquels G. Haarscher croyait pouvoir opposer trois sens distincts de l'aliénation : une aliénation proprement capitaliste du produit face au producteur, une aliénation ontologique de la pratique, définie par la coupure entre une activité-moyen (l'économie politique) et une activité-fin, pratique totalitaire parce qu'elle absorberait l'individu dans l'humanité, et enfin une aliénation philosophique dans la coupure théorie et pratique.

Si les *Manuscrits* ne sont pas une œuvre écrite d'un seul tenant, Mercier-Josa montre l'unité de leur inspiration. La vision ontologique substantifie la pratique, alors que Marx entend la rendre à sa subjectivité libre, qui s'extériorise en rendant le monde sien. L'objectivation de l'ouvrier lui est étrangère parce que coupée de sa subjectivité ; l'aliénation du produit coïncide avec celle de l'activité, celle-ci produit l'appropriation par le non-travailleur. L'ouvrier perd la subjectivité de sa pratique parce qu'il ne reconnaît pas dans son rapport à la nature la manifestation de lui-même.

L'aliénation hégélienne est toujours à la fois dessaisissement de soi et médiation universalisante d'un rapport à l'autre. Chez Marx la séparation de l'ouvrier et de son activité la fait apparaître comme opération d'un autre pour lui-même et coupe l'ouvrier de l'homme dont il attribue l'essence à l'appropriateur. Si le travail n'est plus en tant qu'aliéné médiation à l'universel, il le reste comme objectivation qui mène à la réalité humaine par delà son aliénation. Pas plus que chez Hegel, il n'y a chez Marx de coupure entre l'activité-moyen et l'activité-fin.

G. Haarscher voit dans le dépassement de la scission entre théorie et pratique, une exhaltation spiritualiste de Marx : l'activité humaine deviendrait une fin dans laquelle l'esprit humain dominerait la nature en acte, absorbant une extériorité à laquelle Hegel lui-même aurait laissé ses droits. S. Mercier-Josa montre au contraire que chez Hegel déjà l'activité libre domine la nécessité extérieure, alors que chez Marx le dépassement de la séparation théorie/pratique déplace l'aliénation des formes de la conscience de soi vers les forces humaines génériques ; dès lors la réappropriation de son essence par l'homme ne peut plus être une simple réappropriation par la pensée, mais bien l'action historique pratique d'une conscience qui se heurte à des objets réels et non plus à une choséité qui n'est que l'envers de la conscience de soi. Un processus d'humanisation de la nature et de naturalisation de l'homme se substitue au mouvement du sujet-objet hégélien.

La deuxième étude porte sur la critique marxienne de la philosophie politique hégélienne en 1843. Michel Henry voyait l'universalisation politique par Marx d'une réalité économique niant l'universalité fondre indistinctement économie et politique, société civile et État et ouvrir au totalitarisme politique de Marx, étouffant l'individu dont le lieu serait la société civile bourgeoise. S. Mercier-Josa montre que Marx n'a jamais tenté cette fusion. Ce qu'il reproche à Hegel, c'est d'insérer les individus dans l'Etat par l'intermédiaire des ordres de la société civile. L'universalité de l'Etat se disloque alors : les fonctions étatiques apparaissent comme les propriétés privées de certains ordres sociaux comme la bureaucratie. Loin de vouloir revenir à l'identité de la société et de l'Etat caractéristique pour lui du moyen-âge ou d'écraser économie et politique sur un vague « social », Marx tente de penser un accès à l'universel qui dépasse l'opposition entre l'individu et le citoyen. La démocratie représentative dépasserait le caractère politique abstrait de l'Etat en ce que la société y investirait le pouvoir législatif. La liberté comme participation active au pouvoir renouvellerait l'inspiration rousseauiste, sans que Marx fasse encore sienne la critique de la représentation.

La précision de la lecture de ces textes est extrêmement convaincante. Le sont moins, à mes yeux, les coups de sonde lancés, sous réserve d'inventaire, par S. Mercier-Josa pour montrer le maintien de l'inspiration hégélienne dans les œuvres ultérieures. N'est-il pas hasardeux de faire de l'Esprit hégélien une sorte de métaphore du capital ? d'identifier la façon dont le mode de production capitaliste secrète ses finalités internes à la finalité de l'Esprit ? Si dans les *Manuscrits de 1844* c'est le rapport de l'ouvrier à son activité qui conditionne son rapport au capitaliste appropriateur, il en va tout à l'opposé dans le *Capital* où la classe ouvrière n'existe que dans sa subsomption au capital, ce qui porte un rude coup à la thèse du prolétariat classe universelle.

Jean Robelin

MÜNSTER Arno
Figures de l'utopie dans la pensée de Ernst Bloch, *Editions Aubier, collection « Philosophie de l'esprit », Paris, 1985, 224 p.*

Arno Münster, dont la recherche philosophique ne cesse d'interroger l'œuvre d'Ernst Bloch, a publié, en 1985, année du centenaire de la naissance du penseur allemand, *Figures de l'utopie dans la pensée de Ernst Bloch,* livre s'inscrivant au-delà d'une magistrale étude sur le « jeune » Bloch, éditée en Allemagne en 1982 (*Utopie, Messianismus und Apokalypse im Frühwerk von Ernst Bloch,* Francfort, éd. Suhrkamp).

Dans les pages qui suscitent notre intervention, issues d'un séminaire donné au Collège international de philosophie, Arno Münster, après avoir replacé l'itinéraire de Bloch au travers de la critique du vitalisme et du néokantisme, s'attache à cerner le marxisme blochien comme une « nouvelle éthique », contre le matérialisme vulgaire, marxisme rénové parce que réintégrant l'humanisme et l'utopie.

Philosophe du fragment, de la faille, Bloch a pour perspective le saisissement du non-encore-là, c'est-à-dire les germes du futur agissant et se manifestant déjà dans le présent. L'utopie s'impose dès lors comme concept essentiel de cette philosophie, s'appuyant sur la « potentialité de l'être » et l'espérance en la réalisation des possibles qui existent au cœur de la profondeur et de la complexité du réel.

« Contre l'empirisme, contre le positivisme et le criticisme logiciste, écrit A. Münster, Ernst Bloch souligne l'importance d'une pensée dialectique ouvrant des perspectives concrètes vers le futur ».

Aussi, l'intérêt de cette réflexion, fondée sur l'interprétation de la pensée de Bloch en tant que « marxisme de l'imagination créatrice », tient-il à la mise à jour des structures de la pensée utopique et d'une meilleure compréhension de la perception que propose Bloch du marxisme, comme « science de l'avenir du réel ».

A partir des « images-souhait » et de l'imagination utopique qui sont au centre des propos de Bloch, l'auteur nous permet de mieux comprendre l'analyse de la production culturelle effectuée par le philosophe allemand. De même, son essai est-il décisif dans l'approche de l'esthétique blochienne, à savoir l'esthétique du « pré-apparaître » *(Vorschein)*. Bloch, en travaillant sur la définition de l'art comme figuration/manifestation des potentialités utopiques, forge les fondements d'une esthétique de l'anticipation, indiquant à la conscience utopique les possibilités du non-encore-advenu.

En insistant sur le processus menant à l'à-venir, en critiquant un univers dominé par la réification et en convoquant « toutes les images et figures de l'utopie », Bloch, selon Münster, pense l'Espérance, liée « à un savoir et une analyse marxiste médiatisée par les contradictions des déterminants économico-politiques », comme « une puissance révolutionnaire ».

C'est donc une introduction à l'actualité de la philosophie de l'auteur de *L'Esprit de l'utopie*, de *Héritage de ce temps* et du *Principe Espérance*, entre autres ouvrages, qui nous est livrée.

Jean-Marc Lachaud

WEILL Claudie **et BADIA** Gilbert
Rosa Luxemburg aujourd'hui. *Textes réunis et présentés par C.W. et G.B. Presses universitaires de Vincennes. Paris. 1986. 148 p.*

Si l'intérêt pour l'action et l'œuvre de Rosa Luxemburg n'a guère cessé depuis plus d'un demi-siècle, il s'est déplacé.

Ce sont les prises de position de Rosa Luxemburg dans le domaine politique qui retenaient l'attention. Hormis quelques rares économistes, on s'intéressait moins à ce qui constituait sans doute à ses yeux son œuvre la plus importante : *l'Accumulation du capital* et, plus généralement, le rapport à Marx de toute son œuvre.

Que sa profonde connnaissance du marxisme n'ait fait de doute pour personne dans la IIe Internationale, plusieurs faits l'attestent. Lorsqu'il rédige sa biographie de Marx, c'est à elle que Mehring demande d'écrire les chapitres traitant des livres II et III du *Capital*. Même pendant la période où elle s'oppose violemment à la politique des dirigeants de la social-démocratie allemande, alors que la presse social-démocrate refuse ses articles sur la politique du parti, elle n'en est pas moins invitée à rédiger les articles obligés à l'occasion de tel ou tel anniversaire de Marx ou de la parution de son œuvre. D'où l'idée de centrer les journées d'études consacrées à Rosa Luxemburg en 1983 à Paris sur « Rosa Luxemburg marxiste ».

On peut regrouper les textes reproduits sous deux rubriques. Une rubrique économique d'abord : Narihiko Ito (Tokyo), Jan Dziewulsky (Varsovie), Luciano Amodio (Milan) analysent divers aspects de la théorie économique telle qu'elle est développée dans *l'Accumulation*. Sans nier un certain nombre d'erreurs logiques (souvent plus apparentes que réelles) dans le raisonnement de Rosa Luxemburg, ces trois auteurs insistent sur le caractère novateur, actuel de la recherche entreprise. Ainsi lorsque Rosa Luxemburg souligne que les emprunts internationaux sont pour les vieux pays capitalistes le moyen le plus sûr de maintenir les jeunes pays sous tutelle, de contrôler leurs finances et de faire pression sur leur politique étrangère, douanière et commerciale (*Accumulation*, trad. française, Ed. Maspéro, tome 2, p. 93), lorsqu'elle met en relief le rôle de l'Etat et des commandes d'armement, lorsqu'elle analyse la tendance permanente du capitalisme à « l'élargissement de la reproduction » qui se traduit par la conquête (théorie de l'impérialisme) de nouveaux territoires. Fritz Weber (Vienne) montre fort justement que Rosa Luxemburg n'a jamais cru à un effondrement « mécanique » du système capitaliste.

Une seconde série de contributions s'articule autour de la conception que Rosa Luxemburg a du Parti. Victor Fay (Paris) en particulier s'efforce de montrer qu'elle a renoué avec « la conception marxiste originelle de l'organisation », souple selon lui et qui s'opposerait aux conceptions de Lassalle pour qui « l'État joue le rôle décisif » dans la réalisation du socialisme, conception qu'on retrouverait selon Victor Fay aussi bien dans la social-démocratie allemande que dans le parti bolchevik. A l'opposé Annelies Laschitza (Berlin, RDA) soutient que Rosa Luxemburg et Lénine ont une conception concordante du « noyau du marxisme » (théorie de la libération de la classe ouvrière par la conquête du pouvoir politique). Autrement dit, pour Victor Fay, Rosa Luxemburg est marxiste, Lénine, non, pour A. Laschitza Lénine et Rosa Luxemburg sont tous les deux les légitimes héritiers de Marx.

Michael Löwy montre la fécondité de l'étude par Rosa Luxemburg du communisme primitif ; Thierry Paquot, dans un article précis et documenté, retrace l'historique de la réception de l'œuvre de Rosa Luxemburg en France entre 1909 et 1939.

Actuelle par certains aspects de sa théorie, Rosa Luxemburg l'est peut-être plus encore par son exemple : militante, femme, artiste, intellectuelle, elle refuse de sacrifier aucun des aspects de sa personnalité.

Jacques Bidet

ZAPATA René
Luttes philosophiques en URSS, *Presses Universitaires de France, Paris, 1983*

S'il est vrai que de l'histoire vient la lumière, l'ouvrage de R. Zapata projette sur la philosophie soviétique l'éclairage décisif de ses origines et de sa formation. Le but du livre est clair : présenter et décrire les querelles et les affrontements d'idées en URSS de 1922 à 1931, qui ont fini par aboutir à cette ontologie normative et officielle connue sous le nom de « Dia-mat », et liée à partir des années 30 aux appareils du Parti et de l'Etat. A cette fin, le livre de Zapata présente l'intérêt énorme de réunir les pièces essentielles du dossier, de rendre enfin disponibles en français les interventions et les articles significatifs des auteurs de cette histoire mouvementée de la jeunesse de la pensée philosophique marxiste en URSS. Dans ces luttes philosophiques, Zapata distingue trois périodes, et à vrai dire elles se distinguent d'elles-mêmes :

1) 1922-23 : lutte contre le « liquidationnisme », c'est-à-dire contre ceux (Emm. Enchmen, V. Vadoratsky, S. Minine...) qui veulent jeter au profit de la science « la philosophie par-dessus bord », qui mettent

radicalement en cause l'idée d'une philosophie spécifique du marxisme ne s'identifiant ni à l'idéologie, ni à la science. Dès 1923, les « liquidationnistes verront leurs thèses condamnées comme opportunistes.

2) 1924-29 : lutte entre les « mécanistes » et les « déboriniens » ou « dialecticiens ». Ceux-ci (Déborine, Ian Sten, N. Kerov...) veulent construire la philosophie dialectique matérialiste capable d'assurer la direction méthodologique des sciences et de les faire sortir des crises qu'elles traversent et desquelles l'idéalisme tire ses arguments contemporains. Les « mécanistes » (Stépanov, A.K. Timiriazev...), réductionnistes, soutiennent que la dialectique est immanente aux sciences de la nature. Elle n'a pas à être l'objet d'une élaboration séparée ni à être imposée du dehors. Les « dialecticiens » partagent-ils avec les « mécanistes », au cœur de la querelle qui les oppose les mêmes présupposés positivistes ? C'est ce que soutient R. Zapata, arguant que le projet de Déborine est de construire une épistémologie normative, « une méthodologie générale des sciences » : la dialectique matérialiste se présente comme une nouvelle logique unifiant les sciences particulières. Le projet des dialecticiens aurait ainsi, écrit Zapata, peu à envier à celui, contemporain, du positivisme logique (p. 34). De tels rapprochements mériteraient sans doute d'être nuancés. Ils permettent en tout cas à Zapata d'affirmer que les « déboriniens » ne sauraient à bon droit être considérés comme les héritiers philosophiques de Lénine. *(Ibid.)*

3) 1930-31 : lutte entre les déboriniens (vainqueurs des mécanistes) et les « bolchévisateurs (Mitine, P.F. Iudin...). Elle aboutira à la condamnation de Déborine pour « idéalisme menchévisant » en janvier 1931 : la dialectique matérialiste de Déborine est trop spéculative et hégélienne ; la philosophie doit être liée à la politique et devenir un instrument de justification immédiate des positions du Parti. D'autre part, elle doit non seulement permettre aux sciences de tenir bon la barre du matérialisme, mais plus radicalement devenir la base de leur « remaniement », de leur « reconstruction ». La « bolchévisation » de la philosophie scelle alors ce pacte qui unira pour longtemps la science à la politique, et dont les « remaniements » matérialistes et dialectiques de la linguistique en 1928 et de la biologie en 1948 furent les épisodes les plus spectaculaires.

Tout en fait a commencé en 1922 avec la création de *Sous la Bannière du Marxisme* qui fut la tribune principale du projet philosophique de Déborine. Cela permet à Zapata de bien mettre en évidence deux points :

1) ceux qui pensent que la philosophie soviétique « diamatisée » est la néo-scolastique immédiate et naturelle d'une révolution « marxiste » sont dans l'erreur (p. 45),

2) le débat s'est engagé dès le début (contre les liquidationnistes) sur une question qui ne cessera d'être une (sinon la) question centrale et toujours re-posée du matérialisme dialectique : celle des rapports entre la science et la philosophie (p. 46).

Au cours de la lutte contre les liquidationnistes et les mécanistes, l'orthodoxie s'est progressivement constituée. Déborine fut le premier à désigner dans *Matérialisme et Empiriocriticisme* un texte canonique de la philosophie marxiste (voir *« Lénine, le matérialiste militant »*, publié en 1924). La publication par Riazanov, en 1925 et sous forme de livre, des manuscrits de *Dialectique de la Nature* sera une autre étape, capitale elle aussi, dans la constitution du « matérialisme-dialectique » ou, ce qui revient au même, de l'idée d'une philosophie « marxiste-léniniste ». Le dernier épisode devient alors le plus épineux, car si Déborine fut le premier promoteur du dia-mat, il y apparaît nettement que l'orthodoxie va dévorer ses propres géniteurs.

En 1931, la philosophie « bolchévisée » — le « marxisme-léninisme » — s'impose donc avec son corps de « lois » et de « catégories ». Philosophie « stalinienne » ? Sans aucun doute ; mais peut-on dire alors, comme le dit clairement Zapata, qu'avec elle s'est constituée la philosophie soviétique telle que nous la connaissons actuellement (cf. p. 26) ? Cela suppose évidemment l'unité et la continuité de la philosophie soviétique des années 30 jusqu'à nos jours, et plus profondément encore la non-modification de la société soviétique. Ces présupposés mériteraient en vérité d'être étayés par l'analyse, même si le travail de Zapata permet d'ores et déjà de comprendre les attitudes pérennes de la philosophie en URSS, son intérêt persistant porté à son rapport avec les sciences, la prétention toujours affirmée du matérialisme-dialectique d'être une philosophie « scientifique », et le caractère volontiers ontologique de cette philosophie dont les lois se présentent comme le contenu d'une véritable science de l'Etre en tant qu'être.

Pierre Kahn

Tiers Monde

AMIN Samir
La Déconnexion, *La découverte, Paris, 1986, 338 p.*

En reprenant dans cette nouvelle étude le thème de la déconnexion, le même que celui de la rupture avec le marché capitaliste mondial selon l'expression employée dans des ouvrages antérieurs, Samir Amin le réactualise, d'une part face aux critiques se réclamant ou non du marxisme, d'autre part face aux mouvements de contestation de l'ordre établi que sont les Verts en Europe, les Fondamentalistes islamiques dans le monde arabe, contestataires mais non socialistes. Cette dernière partie peut paraître à bon droit la plus importante de l'œuvre.

Critiquer les idéologies véhiculées par ces deux courants n'empêche pas d'y lire des symptômes de la crise du système capitaliste ni de tenir compte de leur charge contestataire, en cela à l'opposé de l'idéologie non moins religieuse en son fond mais conservatrice d'un Reagan. Mais le jugement de Samir Amin n'appelle pas seulement à comprendre mais à tirer les leçons stratégiques. Il faut citer ce passage-clef auquel je souscris pleinement : « L'apparition des courants appelés Verts... est la manifestation de l'échec des stratégies mises en œuvre par la gauche européenne depuis plusieurs décennies. Elle appelle donc à une autocritique sérieuse, et en cela, elle constitue un phénomène positif. Tout a fait comme dans le Tiers Monde, l'échec des stratégies révisionnistes de soutien à la bourgeoisie nationale au nom de la libération nationale, substituées aux stratégies populaires maoïstes de libération nationale sous la bannière du socialisme et de la direction autonome des classes exploitées, est la raison de l'apparition de courants de renouveaux fondamentalistes comme celui de l'islam. Il s'agit là aussi d'un fait qui appelle à l'autocritique (p. 311).

Autocritique donc pour tous ceux qui voient comme l'auteur dans le marxisme la méthode — et non une doctrine ou une religion — la plus sûre de compréhension des réalités sociales et la plus sûre pour éclairer un mouvement révolutionnaire. Encore faut-il s'entendre sur ce que donne une lecture du monde actuel à la lumière du marxisme, et là encore, le mieux est de citer un passage essentiel qui résume d'ailleurs d'autres travaux : « Une thèse formulée dans ce domaine (de la nature du système capitaliste mondial) considère que le système capitaliste mondial ne peut être analysé comme une juxtaposition de formations nationales interdépendantes plus ou moins avancées ou attardées, mais qu'il constitue une unité dont les centres développés et les périphéries dites sous-développées sont inséparables. Dans la logique de cette thèse, les concepts fondamentaux de la valeur et de la valeur de la force de travail s'appliquent d'emblée au champ mondial et non aux champs particuliers de chaque formation nationale (p. 142).

Faute de pouvoir développer ici davantage, on se contentera de noter que ce point de vue n'est pas celui qui inspire aujourd'hui la pratique des partis ou mouvements se réclamant du marxisme dans les pays du Centre, et que là devrait commencer l'autocritique. Une dernière indication : Samir Amin qui a fort bien signalé la fréquente dégradation du marxisme en positivisme n'affiche aucune certitude *a priori* quant à une éventuelle « transition » au socialisme, tant au centre qu'à la périphérie. Est seule affirmée cette thèse, que tant au Sud qu'au Nord, la déconnexion en est une condition *sine qua non*.

Yves Benot

BENCHEIKH Madjid
Le droit international du sous-développement, *Berger-Levrault, 1984.*

Le milieu international, avec les révolutions politiques des années 50-60 donnant naissance à de nombreux nouveaux Etats, est devenu une mosaïque de souverainetés étatiques égales en droit. Simultanément, la concentration des forces productives et des puissances financières et la constitution de firmes transnationales réalisent une unification du marché. Une contradiction majeure survient donc entre la consécration des souverainetés étatiques et la mondialisation du marché par les pouvoirs privés dominants, entre la parcellisation politique et les « besoins » économiques (du capitalisme mondial) d'uniformisation.

La réaction des gouvernants occidentaux et de leurs juristes vise à sauvegarder l'idéologie juridique dominante dans les relations internationales et à utiliser le droit international nouveau (dont la juridicité même est contestée) comme instrument de régulation. La stratégie consiste donc à « balkaniser » le droit régissant des relations internationales, en reprenant sous des formes renouvelées les vieilles distinctions établies dans le passé par la doctrine européenne : le droit régissant les relations entre États « civilisés », membres « réguliers » de la communauté internationale, le droit (restreint à quelques règles) régissant les rapports avec « l'Humanité barbare » (sic), composée des Etats non-européens relevant du « demi-monde » de la société internationale, les quelques règles et pratiques des rapports avec le monde « sauvage » (resic), constitué des formations sociales radicalement étrangères à l'Occident. La doctrine juridique contemporaine euraméricaine prétend ainsi que chaque type de rapports internationaux relève d'un système juridique spécifique, doté d'une logique et de concepts propres ajustés à une finalité précise. C'est ainsi que le « droit international du développement » serait un ensemble de normes prenant en compte l'inégalité de fait des sujets de droit afin d'aider à la promotion des sous-développés. Le « nouvel ordre économique » international en constituerait le projet.

Madjid Bencheikh, ancien doyen de la Faculté de droit d'Alger, récuse cette prétention et se situe en rupture avec la tendance (trop fréquente) au mimétisme qui sévit dans la science juridique du Tiers Monde.

L'apparition de nouveaux principes (système de « préférences », « non-réciprocité », etc.), admis par les Etats industrialisés, ne peut réellement résulter d'une volonté de développement des économies du Tiers Monde ; ce n'est qu'une composante de la « stratégie d'expansion commerciale et de maintien ou d'acquisition de zones d'influence économique « des pays développés ». Les normes du « droit du développement » ont, par exemple, facilité l'accès des produits manufacturés des pays sous-développés sur les marchés des pays développés ; or ces biens sont, pour une grande part, ceux issus d'industries « délocalisées », c'est-à-dire ceux dont les pays sous-développés n'ont pu se « saisir » que parce que la politique de redéploiement industriel et la stratégie de grandes firmes occidentales le souhaitaient.

Les pays développés accordent sans contrepartie apparente des préférences tarifaires et non tarifaires aux pays sous-développés ; mais le « système » n'est applicable que lorsque l'Etat « donneur » décide de l'appliquer pour les produits qu'il choisit, à l'égard des pays qu'il désigne et pour une durée qu'il détermine. C'est une recherche de régulation de la vie économique des pays développés. De même, le concept de « patrimoine commun de l'humanité », visant officiellement à faire des ressources du globe un bien ouvert à tous, y compris aux plus démunis, permet surtout, compte tenu des rapports de force réels entre les Etats, d'assurer davantage la sécurité des approvisionnements en matières premières pour les pays développés.

Le « droit du développement », comme le « nouvel ordre », organisent une intensification des liaisons entre le Nord et le Sud et non la lutte contre la dépendance qui est l'un (avec les facteurs internes : structures sociales, corruption, fuite des capitaux nationaux, etc.) des facteurs du sous-développement. Il s'agit de procéder, à l'aide de la régulation du droit du développement, à un réaménagement de la dépendance, dans la phase post-coloniale.

Pour mesurer la nature substancielle du prétendu droit du « développement », il convient de mesurer dans le temps et l'espace les résultats économiques, sociaux et culturels effectifs de son application. Les premiers bilans sont extrêmement pauvres et la situation du Tiers Monde est globalement négative ; pourtant, nombre de juristes continuent à fonctionner dans le seul cadre d'une logique interne au droit, apparemment indifférents aux réalités sociales. La tendance dominante est de proposer pour tout remède un toujours plus grand développement du commerce international, doté des mesures juridiques d'accompagnement précitées : or, nul ne sait comment cette « solution » qui n'a pas provoqué le « décollage » durant la phase d'expansion du capitalisme mondial (jusqu'en 1973-74) en serait une en phase de récession.

L'ouvrage de M. Bencheikh est révélateur d'un Tiers Monde qui tend, échappant aux modèles occidentaux, à ne plus se limiter à une critique *interne* aux systèmes proposés et à se constituer en producteur autonome d'idéologie. Il permet aussi de s'interroger sur le rôle du droit en matière de relations internatinales et de développement et sur les liaions nécessaires à établir avec l'économie.

Une réflexion qui n'est encore sans doute qu'une ouverture dans un monde juridiquement relativement clos et qui a besoin de nombreuses monographies, mais dont la vertu décapante est essentielle.

Robert Charvin

NGO MANH-LAN
Unreal Growth, *Hindustan Publishing Corporation, Delhi, 1984, 2 volumes.*

Ces deux gros volumes de près de 900 pages rassemblent plus d'une quarantaine d'études sur le développement des pays asiatiques de 1947 au début de la décennie 80. Sont laissés de côté les pays du Proche-Orient jusqu'à l'Afghanistan inclus et la partie asiatique de l'URSS. Une partie introductive concerne les stratégies du système capitaliste vu du Centre, des multinationales en premier lieu, et des deux puissances occidentales principalement agissantes dans cette zone, Etats-Unis et Japon. La seconde partie concerne plus spécialement l'industrialisation, la troisième l'agriculture, la dernière envisageant les stratégies alternatives à celles d'aujourd'hui. L'accent y est nettement mis sur l'exigence du *delinking,* autrement dit de la déconnexion (évidemment sélective).

Analysant l'économie politique de ces pays à partir d'une problématique Centre/Périphérie, les auteurs de toutes nationalités tendent à montrer que la croissance, manifeste dans les statistiques agricoles et industrielles débouche et sur une intégration accentuée en position dépendante dans le système, et sur un approfondissement des inégalités sociales internes. C'est en ce double sens que cette croissance peut être qualifiée d'illusoire comme proclame le titre, les deux aspects étant inéluctablement liés.

Bien entendu il ne faudrait pas en conclure que rien ne se passe dans ces pays, d'ailleurs aussi divers économiquement que culturellement ou politiquement. Au contraire, un peu partout, des industries modernes se sont édifiées fonctionnant à un niveau de technologie fort avancée (voir le cas extrême de la Corée du sud), et l'on sait le bruit fait en Occident autour des « nouveaux pays industrialisés » dont cinq se trouvent dans le champ de ces études. Mais justement cette industrialisation, liée à des investissements étrangers attirés par les bas salaires (en zones franches, comme des sortes d'enclaves travaillant pour l'exportation, et dépendant des oscillations de la demande mondiale — celle du Centre — comme Singapour le ressent durement depuis 3 ans. Or dans le même temps, la croissance de la production agricole pour le marché intérieur (mais en Thaïlande, il y a croissance de productions agricoles d'exportation) a été obtenue par une forte concentration entre les mains de capitalistes agraires (en Inde notamment) ou de notables ruraux, seuls capables d'utiliser avec succès les nouvelles technologies agricoles tandis que la masse des paysans sans terre ou des ex-paysans émigrant dans les faubourgs urbains s'accroît 3 ou 4 fois plus vite que ne se créent des emplois industriels. Dans ces conditions, les auteurs notent que les conflits de classe deviennent plus aigus, aussi bien à la campagne que dans les villes (où par exemple les grèves de Bombay font l'objet d'une étude particulière).

Est-ce à dire que des révolutions sont immédiatement prévisibles ? Sans doute pas sous la forme d'explosions brusques et décisives, mais ces études démystificatrices attirent l'attention sur cette autre croissance qu'est celle de la conscience de classe et de ses manifestations.

Yves Benot

Livres reçus

BOTTOMORE Tom (éditeur)
A Dictionary of Marxist Thought, Blackwell, Oxford, 1983, 587 p.

DANNEMANN Rüdiger (éditeur)
Georg Lukács, Jenseits der Polemiken, Beiträge zur Rekonstruktion seiner Philosophie, Sendler, Frankfurt/Main, 1986, 261 p.

DAVIS Mike
Prisoners of the American Dream, Verso, 1986, 320 p.

DRAPER Hal
Karl Marx's Theory of Revolution, Monthly Review Press, New York, 1986, 470 p.

ELSTER Jon
Making Sense of Marx, Cambridge UP/MSH, Cambridge, Paris, 1986, 560 p.

FISHER Ernst
Ursprung und Wesen der Romantik, Sendler, Frankfurt/Main, 1986, 294 p.

FORSTER-LATSCH H., NOTH J.
China Weg in die Moderne. Anders als Moskau ? Sendler, Frandfurt/Main, 1986, 360 p.

GALKIN Alexander A.
Herrschaftselite. Politisches Verhalten. Politische Kultur. Soziol. des Kapital, IMSF, Frankfurt/Main, 1986, 242 p.

GEDÖ Andreas
Crisis Consciousness in Contemporary Philosophy, Marxist Eduo. Press, Minneapolis, 1982, 299 p.

GIACOMETTI M. (et alii)
La cognizione delle crisi, Saggi sul marxismo di Louis Althusser, Granco Angeli, Milano, 1986, 238 p.

GONZALEZ VICEN Felipe
De Kant a Marx, Estudios de Historia de les ideas, Fernando Torres, Valencia, 1984, 240 p.

HAUG W.F.
Pluraler Marxismus, tome 1, Argument, Berlin-Ouest, 1985, 370 p.

JAHRBUCH DES IMSF 9, II/1985
Zukunft des BRD. Linke Alternativen, IMSF, Frankfurt/Main, 1985, 680 p.

KLUCHERT Gerhard
Geschichtschereibung und Revolution, Die historischen Schriften von Marx und Engels (1846-52), Frommann-Holzboog, Stuttgart, 1985, 410 p.

KOENEN Gerd
Der unerklärte Frieden, Sendler, Frankfurt/Main, 1985, 415 p.

MACGREGOR David
The Communist Ideal in Hegel and Marx, George Allen and Unwin, London, Sydney, 1984, 312 p.

MARX/ENGELS
Correspondance, tome 11, juillet 70 à décembre 71, trad. G. Badia et J. Mortier, Messidor, Edit. Sociales, Paris, 1985, 490 p.

MAZZONE Alessandro
Questione di teoria dell'ideologia, La Libra, Messina, 1981, 308 p.

MILLER Richard W.
Analysing Marx, Morality, Power and History, Princeton UP, Princeton, 1984, 320 p.

MULDWORF Bernard
Le divan et le prolétaire, Messidor, Paris, 1986, 226 p.

NOWAK Leslek
Property and Power, Toward a Non-Marxian Historical Materialism, D. Reidel, Dordrecht, Boston, 1983, 385 p.

OTTO A., BISCHOFF J.u.a.
Grundsätze der Politischen Oekonomie, Der zweite Entwurf des Kapitals, VSA Verlag, Hamburg, 1984, 167 p.

PALA Gianfranco
Il lavoro e le sue forme economiche, Edizioni Kappa, Roma, 1981, 160 p.

PALA Gianfranco
L'ultima crisi, Fanco Angeli, Milano, 1982, 280 p.

PIKE Shirley R.
Marxism and Phenomenology, Croom Helm, Beckenham, 1986, 202 p.

POTIER Jean-Pierre
Lectures italiennes de Marx (1883-1983), PUL, Lyon, 1986, 530 p.

POZNAN Studies
Vol. I, B.R. Grüner, Amsterdam, 1975, 135 p.

POZNAN Studies
Social classes, Action, and historical Materialism, Rodopi, AMsterdam, 1982, 450 p.

QUADERNI DEL C.R.I.C., N° 1
Centro di ricerca e Iniziativa Communista, Torino, 1986, 90 p.

RICHET Xavier (éditeur)
Crises à l'Est ? PUL, Lyon, 1984, 227 p.

SEKINE Thomas T.
The dialectic of Capital, Yushindo Press, Tokyo, 1984, 580 p.

VACCA Giuseppe
Il marxismo e gli intelletuali, Editore Riuniti, Roma, 1985, 132 p.

WIDERSPRUCH N° 10
Herschaft, Klassen, Subjekt und Praxis des Marxismus, 1985, 146 p.

WOLF Dieter
Ware und Geld. Der dialektische Widerspruch im « Kapital », VSA Verlag, Hamburg, 1985, 410 p.

www.ingramcontent.com/pod-product-compliance
Lightning Source LLC
LaVergne TN
LVHW010926051026
849532LV00003B/861
* 9 7 8 2 8 5 8 0 2 8 6 2 7 *